W0088798

Buch

»Stolpersteine auf dem spirituellen Weg« nennt Sabrina Fox die Situationen auf dem Weg der Selbstfindung, in denen sich der Sucher entweder gar nicht mehr sicher ist, ob er sich auf dem richtigen Weg befindet, oder allzu sicher ist und sich dabei etwas vormacht.

Dabei schaut sie auf ihre persönliche Entwicklung und auf spirituelle Wege allgemein. Sie erinnert an unrealistische Erwartungen (»Ich brauche nur regelmäßig zu meditieren, dann habe ich ein permanentes Glücksgefühl«), an Anflüge von spirituellem Größenwahn (»Meine Meditationsgruppe – und nur meine – wird den Frieden in die Welt bringen«), Selbstüberschätzung (»Nur meine Bücher, meine Workshops und Methoden sind die einzig wahren«), zwanghafte Ängste (»Wenn ich nicht regelmäßig bete/meditiere/mich kasteie etc., wird mir Schreckliches passieren«) oder Lebensrückzug, der an Selbstbestrafung grenzt (»Keinen Sex und um Himmels willen keine starken Emotionen! Über dies und vieles andere ist Sabrina Fox schon gestolpert. Sie beschreibt mit Humor und Herzenswärme, wie sie ihre Lehren daraus zog und die Essenz davon in ihr spirituelles Leben integrierte. Eine ehrliche, humorvolle und doch tiefgehende Betrachtung für alle diejenigen, die sich eine gelegentliche Beratung auf dem Pfad der Spiritualität wünschen.

Autorin

Sabrina Fox ist Autorin, Referentin und Bildhauerin. Sie beschäftigt sich seit über 15 Jahren mit den Themen Engel, Spiritualität und persönliches Wachstum. Ihre Karriere begann sie unter dem Namen Sabrina Lallinger, als Fotoredakteurin und Reporterin. Von 1984 bis 1994 moderierte sie zahlreiche Sendungen im Deutschen Fernsehen. Seit 1995 veröffentlichte sie so erfolgreiche Titel wie »Wie Engel uns lieben«, »Die Sehnsucht unserer Seele" und »Über die Heilung von Krisen«. Mitte der Neunzigerjahre begann sie ihr Studium der Bildhauerei unter Jonathan Bickart in Los Angeles, wo sie 16 Jahre lang lebte. Sie ist Mutter einer erwachsenen Tochter und freut sich, wieder zu Hause in München zu sein.
www.SabrinaFox.com

Von Sabrina Fox sind bei Arkana außerdem erschienen:
Die Sehnsucht unserer Seele (21548)
Auf der Suche nach Wahrheit (21616)

SABRINA FOX

Stolpersteine
auf dem spirituellen Weg

GOLDMANN
ARKANA

Dieses Buch ist eine völlig überarbeitete Neuauflage des Buches
»Erleuchtung, Sex & Coca-Cola. Herausforderungen
auf dem spirituellen Weg«, das 2004 ebenfalls bei Arkana, München
in der Verlagsgruppe Random House GmbH erschien.

FSC
Mix
Produktgruppe aus vorbildlich
bewirtschafteten Wäldern und
anderen kontrollierten Herkünften
Zert.-Nr. SGS-COC-1940
www.fsc.org
© 1996 Forest Stewardship Council

Verlagsgruppe Random House FSC-DEU-0100
Das FSC-zertifizierte Papier *München Super* für Taschenbücher
aus dem Goldmann Verlag liefert Mochenwangen.

1. Auflage

Überarbeitete Taschenbuchausgabe Mai 2009
© 2004, 2009 Arkana, München
in der Verlagsgruppe Random House GmbH
Umschlaggestaltung: Design Team München
Umsschlagfoto: Getty Images/John Slater
Lektorat: Ralf Lay
WL · Herstellung: ReD
Satz: KompetenzCenter, Mönchengladbach
Druck: GGP Media GmbH, Pößneck
Printed in Germany
ISBN 978-3-442-21870-7

www.arkana-verlag.de

Für Susanne

Man entdeckt keine neuen Länder, ohne bereit zu sein,
die Küste für lange Zeit aus den Augen zu verlieren.

André Gide

Inhalt

Vorwort

Liebe Leserin, lieber Leser,

wir haben unseren Blick nach innen gelenkt und Licht und Schatten gefunden. Das Licht, das haben wir gesucht, den Schatten, den wollten wir loswerden.

Dann haben wir uns angestoßen. Da lag er. Der Stolperstein auf unserem Weg ins Licht.

Und doch, wenn wir uns diesen Stolperstein ganz genau betrachten, dann hat er die Qualität einer Perle. Hilfsbereit liegt er vor unseren Füßen, weil er uns den Weg weisen will. Den Weg zu einer Leichtigkeit … wenn – ja wenn – wir von diesem Stolperstein lernen.

Wir sind nicht die Ersten, die das tun. Neben uns räumt jeder irgendwie seinen Weg auf. So können wir uns zurufen, was uns geholfen hat. Und so ist dieses Buch ein liebevoller Zuruf von meinen Freunden und mir.

Licht und Liebe und Gottes Segen
Sabrina Fox

München, Oktober 2008

Wieso gibt es Stolpersteine?

Wir haben uns angestoßen. Vielleicht ein wenig, vielleicht viel. Vielleicht haben Sie einen Heiler getroffen, der sein eigenes Ego unterstützt, aber nicht Sie. Vielleicht ist es eine Lehrerin, die eigentümliche Eigenschaften hat, und Sie sind irritiert, ob das wirklich spirituell ist. Vielleicht hat eine Dunkelheit sich in Ihr Herz gelegt, gerade jetzt, wo Sie doch ins Licht schauen wollen. Vielleicht haben Sie gerade viel Geld für hellsichtige Kartenleger ausgegeben und wundern sich, wie das weitergehen soll. Irgendwo in Ihnen nagt dieses komische Gefühl, das wir alle kennen und das wir alle gelegentlich ignorieren. Doch dieses Gefühl lässt Sie dieses Mal nicht los. Irgendetwas will aufmerksam betrachtet werden. Und dieses Irgendetwas ist einer unserer Stolpersteine.

Stolpersteine – also Herausforderungen – liegen nicht deswegen auf dem spirituellen Weg, weil Gott gerne zuschaut, wenn wir uns anstoßen. Sie liegen da, damit wir auf sie aufmerksam werden.

Jeder von uns hat Hausaufgaben mitbekommen. Dinge, die wir, als Seele, lernen wollen. Und die tauchen auf, ob wir – als Ego, als Persönlichkeit – das wollen oder nicht. Sie sind einfach da. Gelegentlich können wir sie für eine Weile ignorieren und hoffen, dass sie damit verschwinden. Das tun sie manchmal auch, doch nur um kurze Zeit später wieder verstärkt aufzutauchen. Schließlich hat unsere Seele diese Aufgaben hierher mitgenommen, und sie wollen gelöst werden.

Wir hatten gehofft, dass menschliche Probleme dank unseres beginnenden oder fortgeschrittenen spirituellen Trainings bald der Vergangenheit angehören. Wir haben diesen neuen Weg beschritten, weil wir mit dem Leben, so wie wir es bisher gelebt hatten, nicht glücklich waren. Irgendetwas bereitete uns große Schmerzen und zwang uns tief nach innen. Dabei haben wir nicht nur unsere Umgebung, sondern auch uns selbst untersucht und versucht, mit Gottes Hilfe neue Wege zu gehen.

Als ich anfing, mich auf meinen spirituellen Weg zu machen, hatte ich eine ziemlich genaue Vorstellung davon, wie er aussehen würde: Er wird am Anfang recht steil bergauf gehen, was natürlich sehr anstrengend sein wird, aber dann, wenn ich gelernt habe, wie man »richtig« betet, »richtig« meditiert und »richtig« lebt, wird es ein gerader, herrlicher Spaziergang sein. Meine Mitmenschen werden voller Erstaunen danebenstehen und sich wundern, warum bei mir alles so gut klappt. Ich werde immer gesund, immer erfolgreich, immer strahlend und immer liebevoll sein. Ich werde in mir ein Gefühl völligen Friedens verspüren – schließlich will man ja nicht umsonst so lange meditiert haben –, und nichts, aber auch gar nichts wird mich aus der Ruhe bringen. Falls sich doch gelegentlich ein Schicksalsschlag in meine Gegend verirren sollte, werde ich den mit den nötigen Gebeten in etwas harmlosere Schranken verweisen oder, je nachdem, so schnell wie möglich meine Lehren daraus ziehen und dann weiterhin dem herrlichen Sonnenaufgang entgegengehen: selbstverständlich singend und in ewiger Glückseligkeit.

Gut, nicht wahr?

»Ha!«, wird sich da der liebe Gott schmunzelnd gedacht haben. »Das wäre doch aber zu langweilig. Bist du nicht hier auf Erden, um zu *leben*?«

Und meine Antwort hätte ungefähr so gelautet: »Gegen das Leben habe ich ja im Prinzip nichts einzuwenden, aber gegen die Aufregungen und gegen schmerzhafte Gefühle möchte ich mich absichern.«

Wir sind Seelen, die menschliche Erfahrungen machen. Und zum Menschsein gehören nun mal angenehme und weniger beliebte Gefühle. Das heißt nicht, dass ein spirituelles Training keine Vorteile hat. Es hat jede Menge Vorteile: Wir lernen, aufmerksam zu leben, volle Verantwortung für unser Leben zu übernehmen, uns besser zu verstehen und damit andere besser zu verstehen. Wir werden entspannter, regen uns weniger auf und entwickeln ein sehr viel größeres Mitgefühl. Wir wollen im Dienst stehen und lernen doch auch, uns selbst zu achten. Wir sind intuitiver. Wir können die schönen Momente mehr genießen, weil wir mehr im Jetzt leben. Wir haben gelernt, unsere Gedanken zu beruhigen und jede Herausforderung als Chance zu sehen. Das allein ist den Weg schon wert. Dazu kommen noch neue, interessante Menschen, andere, ungewöhnliche Ideen, eine nicht enden wollende Fülle von Erfahrungen.

Spannend ist es schon, dieses Leben.

Unser Bewusstsein hat sich entwickelt, unsere Aufmerksamkeit wurde geschärft. Unser Wohlbefinden wuchs. Und doch … sind wir Menschen, ob wir es wollen oder nicht. Ein spannungsloses Leben kann leblos werden. Um es mit Sexualität zu vergleichen: Gar keinen Orgasmus zu haben wäre doch schade, doch ein immerwährender Orgasmus würde uns nach einer Weile auch auf die Nerven gehen. Es braucht den Wechsel. Spannung-Entspannung. Und beides gibt es im Leben genug.

Deswegen haben wir uns dieses Leben ausgesucht: Wir wollen etwas erleben, wir wollen unsere Seelenhausaufgaben erledigen und wir wollen Leben lernen. Dabei helfen uns die Stolpersteine.

In welcher Phase meiner spirituellen Entwicklung bin ich?

Natürlich maße ich mir nicht an, am Ende meiner spirituellen Entwicklung zu sein, aber mir ist aufgefallen, dass ein Aufwachen in ein spirituelles Leben in bestimmten Phasen vor sich geht. Freilich ist die Dauer dieser Phasen individuell verschieden. Manche erleben wir gar nicht, in anderen lassen wir uns für lange Zeit häuslich nieder.

Wir Menschen sind uns sehr ähnlich. Wir alle wollen dasselbe: Liebe, Glück, Gesundheit, Wohlstand, eine Gemeinschaft, eine Aufgabe, ein Dach über dem Kopf, genug zu essen und die Möglichkeit, ohne Angst zu leben. Als ich anfing, Bücher zu schreiben und daraufhin die ersten Briefe bekam, hörte ich immer wieder ein verblüfftes »Ich glaube, Sie schreiben über mich; mir geht es genauso«. Es ist wunderbar, die Ähnlichkeit mit den Mitmenschen erleben zu dürfen, denn dadurch ergibt sich das tiefe Verständnis, dass wir doch alle zusammengehören. Wir sind in und aus Gott (der himmlischen Kraft, einem intelligenten Design ... wie immer Sie es nennen wollen) gemacht.

Ich unterscheide weniger zwischen den einzelnen Glaubensgemeinschaften als zwischen erlebter und erlernter Spiritualität. Jeder von uns, der in einer der großen Religionen erzogen worden ist – wie ich im Christentum –, hat spirituelle Grundwerte erlernt. Andere haben ihre spirituellen Werte aus weniger organisierten Quellen. Für mich war das Verhältnis zu Gott lange Jahre ein distanziertes. Ich kannte natürlich die Worte des »Vaterunser«, aber ich fühlte sie nicht. Wenn es brannte, rief ich Gott um Hilfe, aber ohne wirklich auf eine Antwort zu hoffen. Es war mehr ein Dampfablassen oder fast eine Floskel. Ansonsten war da eher Funkstille. Irgendwann einmal – hervorgerufen durch eine berufliche Krise – wünschte ich mir mehr. Eine Innigkeit zwischen Gott und mir ... falls ich ihn/sie überhaupt kontaktieren könnte. Sicher war ich mir damals noch nicht.

Damit beginnt der erste Schritt in die erlebte Spiritualität: mit der Phase des Aufwachens. Wer oder was auch immer uns dazu inspiriert hat – eine Krankheit, eine Krise, ein Pfarrer, ein Buch, ein Workshop, ein Freund –, irgendetwas hat uns dabei interessiert, und so haben wir nachzuforschen begonnen. Zuerst meistens heimlich. Wir sind uns noch nicht sicher, ob wir mit der einen oder anderen für uns doch seltsam erscheinenden Idee wirklich schon in die Öffentlichkeit wollen. Und da tut sich ein neues Land auf: Begriffe wie Chakren, frühere Leben, Meditationen, Gebete, Engel und weise Meister werden ganz selbstverständlich benutzt. Da gibt es ein hohes Selbst. Feng Shui und Reiki-Grade sind interessant. Plötzlich kann man alles irgendwie anders betrachten. Wie spannend! Wir kaufen Kristalle und jede Menge Engelbilder.

Die zweite Phase zeichnet sich durch eine große Begeisterung aus. Wir fühlen uns nicht mehr als die Anfänger, sondern haben bereits die eine oder andere Erfahrung gesammelt. Wir waren vielleicht schon auf Workshops und haben eine gänzlich andere Art des Umgangs miteinander erlebt. Oder wir haben unseren ersten Engelkontakt gehabt und sind verzückt von der Liebe, die da von uns erfühlt wurde. Wir haben spannende Bücher gelesen und neue, hochinteressante Leute kennengelernt. Und wir wollen das alles weitergeben. Da wir auch gleichzeitig beschlossen haben, aus der heimlichen Spiritualität in die öffentliche zu gehen – was nicht immer einfach ist –, wollen wir aber jetzt dafür allen anderen helfen. Wir wissen nun nämlich auch, wie! Wir erzählen von Engeln und von früheren Leben, empfehlen Heiler und Astrologen. Wir verschenken die Bücher, die uns geholfen haben, und kennen kaum mehr ein anderes Gesprächsthema. Unsere Umwelt schaut uns etwas verwundert oder verschreckt an und hofft, dass diese Phase bald vorbeigeht, und die große Sorge ist: »Gibt es da eine Sekte, die dahintersteckt?« Wir versuchen, so viel zu lernen, wie es nur geht, und hoffen, dass der nächste Workshop oder der nächste Lehrer uns weiterbringen. Manchmal haben wir vor lauter Lernen keine Zeit mehr zum Üben.

Die dritte Phase kann innerhalb von ein paar Stunden oder leider erst nach einigen Jahren wieder verlassen werden. Wir haben uns in eine leichte bis schwere Abhängigkeit begeben. Davon gibt es zwei Sorten: die von Ideologien oder die von Menschen. Wir »wissen« zum Beispiel jetzt, dass niemand Fleisch essen sollte oder dass eine bestimmte Maßnahme alles heilt, und/oder wir haben einen Hellsichtigen, Channel (siehe das Kapitel »Was ist eigentlich Channeling?«), einen Meister oder eine Meisterin, einen erfahreneren Freund oder eine Freundin beziehungsweise einen Astrologen, ohne den wir keine Entscheidung mehr treffen. Wir wollen uns in diesem Leben absichern – auch ein Grund, warum wir uns überhaupt für Spirituelles interessieren – und verschwenden nicht nur Zeit, sondern manchmal auch sehr viel Geld dabei. Wir suchen nach jemandem, der uns führt, der uns sagt, wo es langgeht, und haben somit unsere Verantwortung für unser Leben abgegeben.

Da wahre Spiritualität jedoch auch immer bedeutet, die volle Verantwortung für seine Gedanken, Worte und Taten zu übernehmen, wachen wir auch davon irgendwann einmal auf – spätestens dann, wenn uns das Geld ausgeht oder wir so schmerzliche Erfahrungen in dieser Abhängigkeit gemacht haben – und versprechen uns, so etwas nie wieder zu erlauben. Manche verlieren dabei, verständlicherweise, völlig das Interesse an Spirituellem und wenden sich ab.

Zur großen Beruhigung einiger unserer alten Freunde (falls wir sie dann noch haben) sind die letzten zwei Phasen abgeschlossen, und wir gehen in die vierte Phase: die des aufmerksamen Aussortierens von »Was funktioniert und was nicht?«. Wir haben verstanden, dass wir in der zweiten Phase der Begeisterung zu oft unsere Mitmenschen überfallen haben. Wir haben gelernt, dass unser Weg nicht für alle richtig ist, wir haben vor allen Dingen verstanden, dass wir nur dann Ratschläge geben sollten, wenn wir auch gefragt werden. Und wir haben gelernt, unserer eigenen Wahrnehmung besser zu vertrauen. Diese vierte Phase ist die der Selbstverständlichkeit. Wir haben unsere Routine. Wir üben mehr und suchen Workshops und Vorträge sehr sorgfältig aus. Unsere regelmäßigen Meditationen unterstützen uns. Gelegentlich erleben wir »die dunkle Nacht der Seele«, und da dies nicht unsere erste ist, wissen wir auch, wozu wir sie haben. Mit der gelebten Spiritualität hat sich das Leben verändert, und Freundschaften und Beziehungen haben keine manipulativen Tendenzen mehr.

In der fünften Phase – die nicht jeder geht – haben wir uns einem rigorosen spirituellen Training unterzogen. Wir sind sehr streng mit uns umgegangen. Haben sehr große Erwartungen darüber, wie sich ein spiritueller Mensch zu verhalten hat, und haben vieles abgelegt, was uns nicht »richtig« erscheint. Selbstverständlich trinken wir keinen Alkohol, nehmen weder Fleisch noch Zucker zu uns, verzichten eventuell auf Sexualität. Wir wollen ein ganz und gar geistiges Leben und lehnen unterbewusst unseren Körper ab, den wir zu bezwingen versuchen. Wir meiden Menschenansammlungen, da sie uns ermüden, und fühlen uns in unserer eigenen Stille oder in der Gegenwart einzelner, ausgewählter Menschen am wohlsten. Laute Musik können wir nicht ertragen. Wir sind mehr und mehr in der Lage, wohlwollend auf alle Mitmenschen zu schauen, und glauben, dass wir es fast geschafft haben, alle Menschen gleich zu lieben.

Die sechste Phase beginnt nicht selten mit einer weiteren »dunklen Nacht der Seele«. Falls wir die fünfte Phase erlebt haben, merken wir plötzlich, wie wir uns in einem flachen Leben wiederfinden. Wir leben eine gerade Linie ohne Höhen und Tiefen. Alles an Aufregung, Spaß und Lust haben wir uns abgewöhnt. Wir haben uns nicht einmal mehr getraut, uns zu verlieben, weil wir ja dann die Kontrolle verlieren würden, und zu unserem Schock wird uns klar, dass wir in der gerade erlebten, fünften Phase unser Leben kontrollieren wollten. Doch jetzt möchten wir unser herzliches, lustvolles Lachen wieder zurückhaben, ohne die tiefe spirituelle Wärme und das Wissen zu verlieren.

Nach dieser Klarheit erleben wir ein tiefes Verständnis für unsere Mitmenschen und Gott sei Dank endlich auch für uns selbst. Damit beginnt die siebte Phase. Wir haben gelernt, nein zu sagen, und erwarten den gleichen Respekt, den wir anderen entgegenbringen, auch für uns. Wir erkennen sehr wohl, wenn der Körper Signale schickt. Wir haben die vollständige Verantwortung für unser Leben übernommen und schieben nichts mehr auf Gott, die Wirtschaftslage oder unseren Nachbarn. Uns fällt auf, dass unsere Spiritualität privater wird. Wir reden seltener darüber. Wir haben tausend Fragen gestellt, und viele sind uns beantwortet worden. Jetzt heißt es, das Gelernte auch zu leben. Andere Gesprächsthemen interessieren uns nun auch wieder. Es passiert sogar ab und zu, dass uns das aufregende Leben wieder eingeholt hat und wir uns dabei erwischen, wie unsere Meditationen oder Stillezeiten kürzer werden. Und ohne großes Palaver setzen wir uns hin und fangen wieder an, regelmäßig zu meditieren. Und das in voller Dankbarkeit, dass Gott überall ist und wir jederzeit – durch einen tiefen Atemzug – in dieser Innigkeit sein können. Wir haben endlich auch praktisch verstanden, dass wir eine Seele sind, die menschliche Erfahrungen macht, und können das jetzt mit einer Leichtigkeit akzeptieren, die uns früher fremd war. Wir haben unsere spirituelle Engstirnigkeit verloren, und sie geht uns keinen Moment lang ab.

Wahrscheinlich gibt es noch Phasen danach. Ich sehe bei einigen meiner Freunde und Bekannten eine Art Meisterschaft in verschiedenen Aspekten. Meine Freundin Sunny zum Beispiel lebt wirklich im Jetzt. Sie hat eine Entspanntheit, die ich sehr bewundere. Ist das die Phase acht? Neun? Oder sind es Aspekte von uns, in denen wir es einfach schon zu einer Art Meisterschaft gebracht haben? Wir werden es sehen. Meine Schwester Susanne Adlmüller (www.Susanne-Adlmueller.com) und ich unterhielten uns vor einiger Zeit über die ersten Phasen. Ich bat sie, doch ein paar ihrer Erinnerungen aufzuschreiben. Susanne gibt Energie-Ganzkörpermassagen, ist Dozentin an der Paracelsusschule, leitet Visionquests und arbeitet freiberuflich an administrativen Aufgaben. Sie schreibt:

»*Am Anfang war das Missionieren.*

In der Zeit konnte man Sabrina nichts erzählen, ohne sofort den ultimativen Ratschlag zur Veränderung seines Lebens zu erhalten. Nicht, dass ich keine Ratschläge mag, aber immer, bei jeder Gelegenheit. Das hielt sich am längsten.

›Der heilige Blick‹ oder ›Das selige Lächeln‹.

Das gehört auch zur Anfangsphase. Ein sanftes Lächeln im Gesicht mit einem Blick, dass man meinen konnte, die Heiligsprechung durch den Papst sei schon vollzogen worden.

Damals lebte Sabrina noch in Los Angeles und wenn sie nach München kam, wohnte sie bei mir; sie hatte dort ein eigenes Zimmer, direkt über meinem Wohnzimmer. Ich wohne in einem alten Bauernhof, den ich sehr liebe, der aber auch sehr hellhörig ist.

Ich bin bekennender Fernsehschauer. Mit Sabrina war es schwierig, fernzusehen.

Sobald etwas ansatzweise brutal war oder Action hatte, floh sie regelrecht aus dem Zimmer, und es hallte Meditationsmusik, bevorzugt von Enya, durchs Haus. Ich hab mir dann angewöhnt, mit Kopfhörern fernzusehen, denn jedes noch so kleine Geräusch von Action hatte die Folge, dass Sabrinas Stimme von oben den ultimativen Satz ›Kannst du leiser machen?‹ sprach. Andere Musik gab es bei ihr auch kaum mehr. Die Phase ist Gott sei Dank vorbei.

Essen und Trinken.

Sabrina in München bedeutete immer Coca-Cola und Spezi, Semmeln mit warmem Leberkäs, Hofpfisterei-Brot und Bierschinken. Das war immer so, bis die große Veränderung stattfand. Ich hatte, wenn sie zu Besuch kam, diese Sachen vorher eingekauft.

Auf einmal erklärte sie, dass sie keine Getränke mit Kohlensäure mehr trinkt. Also besorgte ich beim nächsten Mal statt Coca-Cola Wasser.

Dann erklärte sie, dass sie kein Fleisch mehr isst, sondern nur noch Fisch. Also besorgte ich, bevor sie kam, Fisch.

Das ging einige Jahre ganz gut, bis sie alles änderte und wieder Fleisch aß. Spezi und Coca-Cola trinkt sie inzwischen auch wieder. Die Zeit ohne Alkohol ist ebenfalls vorbei; und ich genieße es sehr, mit ihr abends ein Glas Wein zu trinken.

Rauchen.

Das war sehr nervig. Bei jeder Zigarette (und ich weiß, dass es schädlich ist und stinkt und, und, und …) das ultimative Augenbrauenhochziehen. Dann die Frage ›Musst du schon wieder rauchen?‹ oder ›Du hast vor einer Stunde erst eine geraucht …‹ und so weiter, und so fort.

Dann der Höhepunkt: Es war an der Zeit, meine Pfeife zu bekommen, die indianische Zeremonienpfeife. Sabrina ergriff die Gelegenheit und erklärte mir, dass ich die Pfeife erst bekommen würde, wenn ich zu rauchen aufhörte.

Nur als Anmerkung: Bei Sabrinas Pfeife wurde ihr vom Spirit gesagt, dass sie, Sabrina, ihre erst bekäme, wenn sie mit dem Rauchen aufhörte, was sie dann auch sofort tat. Ich hatte nie das Gefühl, dass das bei mir ebenfalls stimmt.

Monate später gestand sie mir, sie habe mich nur zum Aufhören bewegen wollen.

Obdachlose.

Das war sehr mühsam und peinlich: Man geht mit jemandem spazieren, und alle zehn Meter bleibt man stehen, um mit einem Obdachlosen zu reden oder ihn zu umarmen. Das hat sich inzwischen auf ein normales Maß reduziert. Und wenn sie darauf angesprochen wird, dass jemand Hunger hat, gibt sie ein Frühstück oder Mittagessen aus.

Das Highlight: die Abfallphase.

Man soll seinen Abfall nicht auf die Erde werfen, das wissen wir alle. In unserer Familie wird das auch nicht gemacht. Doch wenn man mit Sabrina damals spazieren ging, kam man nicht sehr weit, da sie Müll immer aufhob. Wenn ich schreibe ›immer‹, meine ich ›immer‹. Jedes kleine oder große Fitzelchen, egal, ob im Wald oder in der Stadt.

Es kam vor, dass sie mit zwei prallgefüllten Tüten voll Dreck zurückkam. Es war auch sehr lustig, dass sie nie mit Plastiktaschen das Haus verlassen hatte. Diese fand sie ebenfalls auf ihren Spaziergängen.

Als mich Sabrina gebeten hatte, aufzuschreiben, was mich auf
ihrem spirituellen Weg am meisten genervt hat, dachte ich, dass
es unheimlich viele Dinge waren. Erst beim Schreiben ist mir
aufgefallen, dass es gar nicht so viele sind.

Aber mir fiel auf, dass ich in meiner Anfangszeit auch einigen
Freunden ziemlich auf die Nerven gegangen sein muss. Eine
meiner ältesten Freundinnen hat mir sogar einmal angedroht,
mir das Haus zu verbieten, falls ich das Wort ›Engel‹ noch ein-
mal benutzen würde. Wir sind immer noch befreundet.«

Würde ich alles noch mal so machen? Davon abgesehen,
dass diese Frage komplett sinnlos ist – es ist, wie es ist –,
liegt es an meiner Persönlichkeit, mich auf etwas tief einzu-
lassen. Wie sonst kann ich herausfinden, ob es mir das
bringt, was ich suche? Das mit dem Rauchen tut mir leid,
und das war auch noch vor meiner Zeit, in der ich mir versprach, nicht mehr zu lügen. Wie bei allem, was man sich
angewöhnt, ist die erste Zeit eine Phase des Ausprobierens.
Es fühlt sich noch fremd an. Wir müssen jedes Mal darüber
nachdenken, bevor wir in Aktion treten. Es ist noch nicht
»natürlich«.

Ich nahm vor einer Weile Tangounterricht, und in der
Tanzschule fiel mir ein Plakat auf mit den verschiedenen
Phasen, die man dabei durchläuft:

1. Lernen der Schritte,
2. unbeholfener Gebrauch der Schritte,
3. bewusster Gebrauch der Schritte,
4. selbstverständlicher Gebrauch der Schritte

So ging es mir bei allen meinen Veränderungen. Es braucht eine gewisse Übung, bis man sich neue Verhaltensweisen angewöhnt hat. Und manche Schritte – also Verhaltensweisen – wurden später modifiziert. Susanne und ich haben eine Weile zusammengearbeitet. Sie organisierte meine Buchtouren und Workshops und machte unser kleines Büro. Obwohl wir diese Zeit sehr genossen haben, merkten wir nach ein paar Jahren, dass wir lieber wieder nur als Schwestern miteinander sein wollen. Wir haben uns während unserer Kindheit überhaupt nicht vertragen, und diese Innigkeit, die wir nun schon lange haben, ist ein weiteres großes Geschenk, das nur durch unseren spirituellen Weg und den einen und anderen Stolperstein entstanden ist.

Irgendwie ist das komisch ...

Ich fing 1993 mit dem Meditieren an und begann kurz danach ein intensives spirituelles Training. Ich erinnere mich an Erlebnisse, die mir damals schon seltsam vorkamen. Das waren diverse Stolpersteine, die mir alle eines sagen wollten: Höre auf deine Intuition.

Als ich zu meditieren begann, wurde mir dringendst geraten, einen Lichtkreis um mich zu ziehen, bevor ich meine Chakren öffnete. Das bedeutet, dass man sich in Gedanken von Licht umgeben sieht und dann – ebenfalls in Gedanken – die einzelnen Energiezentren wie Blumenblätter aufmacht.

Seltsame Dinge sollten da passieren können, wenn man das nicht tue. Es gab keine richtige Erklärung dazu. Jedenfalls habe ich diesen Lichtkreis am Anfang regelmäßig aufgestellt, aber immer auch mit einem seltsamen Gefühl der Sorge. Dann hieß es immer, dass diese Chakren nach der Meditation wieder zugemacht werden müssen. So als ob man seine Haustür anständig absperren müsse, weil sonst was geklaut würde.

Das hat mich enorm verunsichert. Die Leute, die mir das sagten, waren schon so viel länger auf dem spirituellen Weg. In meiner Unsicherheit entstand eine gewisse Angst, die ich kaum richtig loswurde. Ich erinnere mich an viele Situationen, in denen ich unsicher war. In denen ich befürchtete, Fehler zu machen, und Rat bei Erfahreneren suchte.

Dann gab es natürlich auch noch diese ganz spezielle Sprache, von der ich nichts verstand: Jeder schien eine andere Vorstellung von Karma zu haben. Wie war das noch mal mit dem Pendeln? Ist das gut? Ist das schlecht? Was bitte ist die geheime Geometrie, und wie funktioniert eigentlich Numerologie? Ich war begeistert von allem Neuen und nahm vieles einfach auf oder gab es als Fakt weiter, ohne wirklich genau darüber nachgedacht zu haben. Wenn irgendjemand sagte, dass es dazu ja wissenschaftliche Untersuchungen gäbe, fragte ich nie nach, wo man denn diese Untersuchungen nachlesen könne.

Dann wird von Seelen oder dunklen Gestalten erzählt, die mich energetisch besetzen können. Die in meine Träume oder in meine Aura kommen und mein Leben negativ beeinflussen. Da muss man besonders vorsichtig sein. Da muss man sich absichern. Manchmal mit bestimmten Ritualen, Meditationen, Kristallen und manchmal dadurch, dass man sein Bett verstellt. Weiter hörte ich von irgendwelchen karmischen Vorgängen, die an einem hängen bleiben wie Mundgeruch, den man nicht wieder loswird. Außer mit einem bestimmten Schamanen oder bestimmten Gebeten, Mantras oder Ritualen.

Damit man mich nicht falsch versteht: Ich bin sehr für Rituale, sehr für Gebete, und ich würde selbstverständlich mein Bett verstellen, wenn ich mich unwohl in der jetzigen Position fühlte. Ich habe selbst erlebt, dass man Stimmungen auffangen kann und sie in sich aufsaugt wie ein Schwamm. Ich glaube darüber hinaus, dass wir mit vielen Menschen besonders verbunden sind und sich diese Verbundenheit ebenso körperlich zeigen kann.

Ich glaube aber auch, dass es eine große Herausforderung ist, sich nicht hineinzusteigern. Gerade auf dem spirituellen Terrain gibt es unglaublich viele Vorstellungen, die sich gegenseitig widersprechen. Letztendlich ist es das innere Gefühl, unsere innere Stimme, auf die wir uns verlassen sollten. Denn sonst kann es passieren, dass wir uns zu sehr beeinflusst fühlen und damit unsicher in Entscheidungen werden. Neben den offensichtlichen Gefahren, die das Leben nun mal mit sich bringt, erfahren wir plötzlich auch noch von unsichtbaren Bedrängnissen, denen wir uns ausgesetzt fühlen. Wer kann sich da noch zurechtfinden? Jeder Lehrer und jede Lehrerin hat eigene Regeln, die es zu befolgen gilt. Ganz abgesehen von den selbst auferlegten Normen. Allein, was man laut Feng Shui darf oder nicht darf, kann einem das Wohnungseinrichten vermiesen. Ein guter Feng-Shui-Berater wird natürlich immer eine Balance suchen, da sich diese Philosophie auf alte chinesische Traditionen beruft, die sich nicht so einfach auf den mitteleuropäischen Haushalt übertragen lassen. Wann immer eisern an Regeln festgehalten wird, so scheint es mir, entsteht eine Abhängigkeit und Starrheit, die ich mir nicht wünsche.

Durch alle diese neuen Informationen kann leicht eine gewisse Überheblichkeit entstehen, die von manchen, die länger auf dem spirituellen Weg sind, auch noch gefördert wird.

Meine Freundin und Seelenschwester Sheila Kenny lernte viel von ihrem Stolperstein »Ich bin besser als …«:

»Größenwahn war eine meiner ersten Erfahrungen, mein erster Stolperstein auf dem Weg meines spirituellen Erwachens. Ich glaube, dass diese ›Ich-bin-besser-als-…‹-Einstellung eintritt, damit wir ohne Bedauern unseren alten Weg verlassen und den neuen einschlagen können. Ich war gerade nach vielen Jahren in Aspen, Colorado, nach Kalifornien gezogen und schloss mich da einer spirituellen Gruppe an, deren Namen ich aus Respekt gegenüber einigen Freunden, die immer noch dort sind, nur mit A. benennen möchte. Ich war bereit, neue Wege zu Gott zu finden, und eine Cousine war schon lange dort Mitglied. A. gab es bereits seit vielen Jahren, und das Training konzentrierte sich auf fortgeschrittene Meditationstechniken und Lichtarbeit.

Die Lichtarbeit und die Meditationen waren phantastisch! Doch die Exklusivität war trügerisch. Die Gruppe hatte sehr strikte hierarchische Regeln. Das löste bei uns Anfängern ein Gefühl der Unzulänglichkeit aus, weil wir ja nicht so weit entwickelt waren, um auf die nächsthöhere hierarchische Stufe zu gelangen.

Als ich mich dieser Gruppe anschloss, war ich sehr stolz auf mich, denn ich glaubte, dass ich wirklich den besten und vor allem einzigen Weg zur Erleuchtung gefunden hätte. Mir taten meine Freunde zu Hause in Aspen leid, weil die keine Ahnung von Lichtarbeit hatten und in vielen Fällen nicht einmal den Wunsch danach verspürten. Mitleidig nahm ich zur Kenntnis, dass ihr Leben natürlich nicht halb so wundervoll sein würde wie meines. Meine Familie und meine Freunde waren sehr besorgt um mich, und sie nahmen an, dass ich von einer Sekte entführt worden wäre.

Das alles spielte sich übrigens Ende der siebziger Jahre ab, und damals stand Kalifornien besonders in dem Ruf, ein Land der

Verrückten zu sein. Meine Freunde versuchten verzweifelt, mich zu allen möglichen Zeiten in meinem neuen Zuhause zu erreichen. Die Frau, mit der ich mein Zimmer teilte, legte einfach immer auf. Ich durfte das Telefon nicht benutzen, denn ich war noch nicht ›entwickelt‹ genug.

Einige der Lehrer fühlten sich überlegen, und das nicht nur den Schülern gegenüber, sondern auch dem Rest der Welt. Im gleichen Verhältnis, wie wir durch die Klassen und das Training in der Hierarchie stiegen, wuchs das Empfinden unserer eigenen Bedeutsamkeit. Strenge Regeln waren hier sehr wichtig, denn sie gaben uns ein Gefühl der Ordnung und Kontrolle. Man durfte sich in niemanden verlieben, der nicht Mitglied bei A. war. Das wäre unvorstellbar gewesen. Meine Freundin und ich hatten einmal eine Party, auf der auch einige Nichtmitglieder waren. Wir kamen sofort auf die ›Liste für gefährdete Personen‹. Trinken, Gesellschaftsspiele und dann auch noch Umgang mit Nichtgruppenmitgliedern!

Man durfte auf keinen Fall irgendwelche Stunden verpassen. Da wurden keine Ausnahmen gemacht. Ferienreisen nach Europa, Beerdigungen, Familienfeiern, alles war weniger wichtig als die Unterrichtsstunden. Niemand traute sich, eine Stunde abzusagen, weil man damit rechnen musste, aus der Gruppe rausgeschmissen zu werden. Was wir nicht alles tun für Meditation und Spiritualität!

Jahre später erzählten mir meine Freunde, wie unhöflich, arrogant und eingebildet ich zu dieser Zeit war. Als sie mir das endlich gesagt hatten, war das ein riesiger Schock für mein Ego, aber in meinem Herzen wusste ich, dass sie recht hatten. Ich zeigte damit, was ich von A lernte: Größenwahn und Überlegenheitsgefühl im Namen von Spiritualität.«

Ich habe sehr wenige spirituell arrogante Menschen getroffen. Entweder gibt es sie selten, oder wir gehen uns gegenseitig aus dem Weg. Natürlich rede ich hier nicht über meine eigene spirituelle Arroganz, die ich gerade am Anfang gefühlt hatte. Und obwohl die Hochphase vorbei ist, muss ich mich doch gelegentlich zurechtrücken, wenn ich mal wieder meine, ich wüsste etwas besser. Es schadet uns wahrscheinlich nicht, wenn wir aufmerksam bleiben und uns so die nötige Demut bewahren. Außer wir wollen noch ein paar Mal über den Stolperstein fliegen.

Wenn wir uns zu vielen spirituellen Regeln unterwerfen, verlieren wir die Leichtigkeit, die das Leben angenehmer macht. Wir werden kleinlich, besorgt.

Konzentriere ich mich mehr und mehr auf einen »Schutz«, dann gibt es offensichtlich vieles in meinem Leben, vor dem ich mich schutzlos fühle. So sende ich in Gedanken diese Schutzlosigkeit aus und nicht das, was ich eigentlich will, nämlich mich sicher fühlen. Wir beginnen auch, uns doppelt und dreifach absichern zu wollen: durch Astrologie, Channeling, Pendeln, Mantras. Wir versuchen ängstlich, jeden Fehler zu vermeiden, was uns schlichtweg nicht gelingen wird. Wenn wir uns bei jedem Bissen überlegen, ob wir ihn überhaupt zu uns nehmen dürfen, ist es mit dem Genuss des Essens vorbei. Mit all diesen »Buhrufen« bringen wir die Spiritualität auf ein ängstliches Terrain. An jeder Ecke lauert angeblich die Gefahr; und nur wenn wir »die richtigen (!)« Wege und Rituale wissen, dann sind wir geschützt. Doch auch hier geht es um ein gesundes Mittelmaß: aufmerksam beobachten und nicht alles für bare Münze nehmen. Dabei den gesunden Menschenverstand eingeschaltet lassen, ohne die Begeisterung zu verlieren. Das bedeutet, sich auf sich selbst zu verlassen und doch offen zu sein für die Inspiration anderer.

Manchmal höre ich auch Schauergeschichten von Treffen, die in der Regel in seltsamen Kellern stattfinden. Die Leute dort sehen beunruhigend aus, und das Ganze ist dann selbstverständlich auch noch hoch geheim. Damit soll bei uns das Gefühl entstehen, dass wir etwas ganz Besonderes sind, wenn wir zu so was eingeladen werden. Unsere Intuition sagt uns sofort, dass wir das Meditationskissen nehmen und uns schnellstens aus dem Staub machen sollen. Aber dann sind wir mit Freunden da, haben das eigene Auto nicht mitgebracht, und mal sehen, so schlimm wird es schon nicht werden. Manchmal wird es dann doch schlimmer als gedacht oder schlichtweg nur unangenehm. Gelegentlich wird man dann zu einem Exorzismus oder einem Channeling eingeladen von einem Kerl, den man bei Tageslicht nicht einmal nach dem Weg fragen würde.

Vielleicht haben wir ja schon unverschämt lange mit der Gefahr geflirtet, und gerade in spirituellen Kreisen kann man da einiges ausprobieren. Von schamanischen Tees über Rauchbares bis hin zu Trinkbarem, zu Schluckendem, Einzureibendem und Aufzusprühendem. Vieles kann uns in Gegenden verschlagen, die uns nicht vertraut sind, und uns somit Erfahrungen bringen, die wir uns anders gewünscht haben.

Einmal drin, mag es schwer sein, sich davon zu trennen. Manchmal fühlen wir eine Zugehörigkeit. Die Leute sind ja auch zum Teil ganz nett, und was sollen wir denn sonst am Mittwochabend anfangen?

Wenn wir uns nach solchen Zusammentreffen seltsam fühlen, irgendwie tiefer und irgendwie dunkler, irgendwie erschreckter und irgendwie düsterer, dann heißt es: Vorsicht!

Die ersten Schritte in die Spiritualität sind häufig von dem unbewussten Wunsch nach Sicherheit geprägt. Wir wollen eine Vorausschau ins Leben haben; und wenn da ein Engel an unserer Seite ist, dann kann uns doch nichts mehr passieren, oder? So ging es mir auch. Ich wollte mich absichern. Vor dem Leben absichern. Ich wünschte mir, dass alle meine Entscheidungen leicht sind.

In dieser Woche musste ich ein Dutzend Entscheidungen treffen, deren Echo mein Leben in jeweils unterschiedliche Richtungen bewegen würde. Als ich mir mit meiner Tochter am Abend eine alte Fernsehsendung ansah (die Sechziger-Jahre-Serie mit dem Hund »Lassie«), dachte ich mir eine kurze Weile lang, wie herrlich es doch sein müsste, die Mutter in dieser Serie zu sein. Nette weiße Schürze, sie kennt ihren Platz in der Welt, und die Entscheidung, die sie in der heutigen Folge zu treffen hatte, war, ob Timmy (der Sohn) noch mit Lassie (dem Hund) draußen eine Weile spielen darf. *Das* ist eine Entscheidung, zu der ich fähig bin. So einfach und schön kann das Leben sein.

Im Laufe unseres Lebens kommen wir an viele Weggabelungen. Soll ich kündigen oder bleiben? Umziehen? Wegziehen? Heiraten? Mich scheiden lassen? Mich operieren lassen? Die Wahrheit sagen? Was trinken? Auto fahren?

Wir wünschen uns manchmal jemanden, der uns Entscheidungen abnimmt. Vielleicht haben Sie sich ja zu solch einem Leben entschlossen? Da mag es der Ehepartner sein, der seinen Willen durchsetzt; und obwohl es Ihnen nicht gefällt, sind Sie doch unterbewusst dankbar, dass Sie keine Entscheidungen treffen müssen. Ob das Ergebnis dieser Entscheidung ein angenehmes oder ein unangenehmes ist, zumindest können Sie es dann auf Ihren Partner schieben, und damit wurde die Verantwortung für das eigene Leben vermieden.

Gerade am Anfang suchen wir uns Lehrer auf dem spirituellen Weg, die uns ganz genaue Anweisungen geben. Der Astrologe, der mit Bestimmtheit sagt, was zu tun ist, der Channel, der das Geschehen der nächsten Jahre detailliert aufführt, das Pendel, das uns anzeigt, ob es mit dem neuen Job auch klappen wird.

Erinnern wir uns daran, wie sehr die Eltern uns genervt haben, als sie uns mal wieder aus nicht nachvollziehbaren Gründen etwas abgeschlagen hatten, und wie wir es kaum erwarten konnten, bis wir endlich allein für unsere Entscheidungen zuständig sind? Und jetzt, als Erwachsene, wollen wir wirklich freiwillig dieses Privileg aufgeben, um uns auf jemanden zu verlassen, der angibt, einen engeren Draht zu Gott zu haben …?

Wenn wir mit Engeln sprechen wollen, uns Unterstützung von Gott wünschen, dann steht dahinter der Wunsch nach einem Rat, der fehlerlos ist und nach dem wir uns richten können. Wir sollten aber versuchen, diesen Rat persönlich und direkt in der Meditation oder dem Gebet herauszuspüren, nicht über »fehlerlose« Mittelsmänner. Ein Lehrer oder Channel bringt mich auf den Weg, regt an, schlägt vor, meine Intuition aber ist die letztendliche Instanz, die entscheidet, was ich tun werde.

Damit ist schon das Wichtigste für den spirituellen Weg gesagt: Wir lernen, uns auf unsere Intuition, also auf uns selbst zu verlassen. Wir können zwar von anderen Ideen aufnehmen, die aber von uns überprüft werden sollten. Gott sei Dank gibt es auch ein Kontrollsystem: Wann immer wir uns für etwas entschieden haben, das uns nicht guttut, merken wir es früher oder später. Der Grund: Es funktioniert einfach nicht.

Worauf sollte ich besonders achten?

Wenn sich etwas komisch anfühlt, dann ist es meistens komisch. Wenn ich Wahrheit höre, dann regt sich in mir ein ganz starkes Gefühl, ein intensives Wiedererkennen, das mit einer Logik einhergeht: »Ja klar! Warum ist mir das bloß nicht vorher aufgefallen!« Plötzlich lösen sich Fragen auf, weil die Antwort so sauber und stabil im Raum steht. Da gibt es kein Zögern mehr. Das ist es, und ich weiß das jetzt.

Ich bin sicher, Sie haben das schon erlebt.

Manches kommt mit einem »Hm, interessant«. Und das schaue ich mir dann noch ein bisschen intensiver an. Wenn ich aber das Interesse verliere oder merke, das wird irgendwie schwammig, dann lasse ich es sein.

Manches ist jedoch von Haus aus unmöglich und wird mit einem Kopfschütteln weggeschmissen: Da gibt es zum Beispiel einen Brief aus dem Jahr 1996, in dem mir mitgeteilt wurde, dass ich zu den Auserwählten gehörte, die beim Weltuntergang (der kurz bevorstünde) einen Platz in einem bestimmten Bunker hätte, an dem ich mich auch innerhalb der nächsten vier Wochen einzufinden hätte. Dringendst wurde mir geraten, diese Information mit niemandem zu teilen, da es nicht genügend Plätze in dem Bunker gab und man von dem erwarteten genervten Gebettel an der dann verschlossenen Tür nicht gestört werden wollte.

Offensichtlich ging man davon aus, dass ich mein Kind und meine Familie so ohne weiteres zurücklassen würde … klar wird da mit Angst geworben.

Vage erinnere ich mich auch noch an eine vergleichbare Geschichte, die einem Bekannten von mir passierte. Nennen wir ihn »Michael«. Er fand einen an ihn persönlich adressierten Brief von einem Unbekannten in seiner Post.

Der Absender stellte sich als Schamane vor. In dem Brief stand, dass die Geistführer von Michael den Schamanen gebeten hatten, sich mit Michael in Verbindung zu setzen. Sie hätten es natürlich zuerst bei Michael selbst probiert, aber er sei noch so blockiert, dass ein Kontakt nicht möglich sei und diese Geister sich deswegen an den Schamanen gewendet hätten, obwohl er eigentlich keine Zeit habe, da sehr viele Besucher seinen Rat suchen. Und er (der Schamane) sei auch sehr wichtig – Letzteres hatte er natürlich sehr viel unauffälliger formuliert. Da diese Geister ihn jede Nacht aus dem Schlaf gerüttelt hätten, habe er sich dann doch dazu bereit erklärt, mit Michael Verbindung aufzunehmen, um endlich seine Ruhe zu haben.

Angeblich hätten die Geister dem Schamanen erklärt, dass Michael Beziehungsprobleme habe (wer hat die nicht?); diese könnten ausschließlich durch ein bestimmtes Ritual aufgelöst werden. Dazu müsste er eine Sammlung von Kristallen, die der Schamane besorgen würde, in eine leere Kaffeedose legen. Ich glaube, es sollte eine Dose von Tchibo sein. Die Marke schien jedenfalls eine große Wichtigkeit zu haben. Diese Dose müsste dann in seinem Kleiderschrank für einundzwanzig Tage liegen. Und ganz wichtig: Niemand dürfe sie berühren!

Am Ende des Briefs kommt, was zu erwarten war: Obwohl diese Kristalle besonders aufwendig hätten besprochen werden müssen und auch vorher schon während eines mitternächtlichen Rituals für einige Monate in heiliger Erde vergraben worden wären – da der Schamane bereits geahnt habe, dass sie für irgendjemanden wichtig sein würden –, gäbe er ihm trotz all seiner Arbeit die Edelsteine für damals »nur« fünfhundert Mark (etwa zweihundertfünfzig Euro).

Natürlich gab es da auch ein PS, das etwa so lautete: Falls er sich nicht dafür entschiede, würde er eben sehen, was er davon habe. Wer wolle schon sein ganzes Leben ohne Partner sein …?

Michael war sehr verwirrt. Er begann gerade seinen spirituellen Weg und war verwundert darüber, dass seine Geistführer sich an diesen Schamanen gewendet haben sollten.

»Komisch«, fragte er mich nach einer Weile des Nachdenkens, »warum sind sie denn nicht zu dir gekommen? Dich kenne ich doch wenigstens?«

Vielleicht lag's an der Kaffeedose. Ich trinke nur Tee.

Ich schlug ihm vor, den Schamanen anzurufen und ihm eine Frage zu stellen – ob er denn nicht glaube, dass eine Änderung von Verhaltensweisen nur durch persönliches Wachstum stattfinden kann? Das tat Michael dann auch. Der Schamane meinte daraufhin verschnupft, dass seine Gaben zu kostbar seien, um sie an jemand »Ungläubigen« wie Michael zu verschwenden. Dieser beschloss dann, wie jeder andere vernünftige Mensch auch seinen Beziehungsproblemen mit Gesprächen, Liebe, Offenheit und gegenseitigem Verständnis zu begegnen.

Das Verständnis für den sogenannten Schamanen ist mir allerdings schwergefallen.

Jeder von uns ist dankbar, dass wir gelegentlich vorsichtig gewesen sind. Das heißt nicht, dass wir die Begeisterung aufgeben sollen oder unseren Mut für Neues. Es bedeutet nur, dass wir nicht alles blind glauben sollen, was sich vor uns aufbaut oder sich anbietet. Ich bin zum Teil entsetzt, was sich da unter dem Deckmantel der Spiritualität und Menschenliebe herumtreibt. Nicht jeder, der sich Meister, Schamane, Channel, Hellsichtiger oder Heiler nennt (weiblich wie männlich), ist auch einer. In Indien sollen jetzt zum Beispiel Ayurveda-Kliniken ein offizielles Zertifikat bekommen, damit man die echten von den falschen unterscheiden kann. Leider gibt es das noch nicht auf dem spirituellen Gebiet. Deshalb sollte jede spirituelle Information immer mit größter Sorgfalt betrachtet werden. Selbstverständlich gilt das auch für all das, was ich selbst schreibe. Aus diesem Grund habe ich vor einer Weile die fünfzehn Regeln der Achtsamkeit auf meiner Website veröffentlicht. Vielleicht kann ja die eine oder andere anstrengende Erfahrung vermieden werden, wenn man sie im Vorhinein berücksichtigt.

Die fünfzehn Regeln der Achtsamkeit

1. Macht das mein Herz auf oder geht es dabei zu?
Jeder spirituelle Rat, der Angst macht, hat nach meiner Erfahrung nur wenig Wert.

2. Versprechen
Glauben Sie es nicht, wenn großartige Versprechen gegeben

werden, die nicht eingehalten werden können. Zum Beispiel: »Sie werden nie wieder Probleme haben«, »Damit kommt Ihr Mann bestimmt zurück« oder »Jede Krankheit wird besiegt«.

3. Teuer
Natürlich sollen auch spirituelle Berater Geld verdienen, allerdings muss es im Rahmen bleiben.

4. Abhängigkeiten
Wenn Sie tägliche oder wöchentliche Beratung brauchen und keine Entscheidung mehr allein treffen, dann ist eine Abhängigkeit entstanden.

5. Distanzieren von Freunden oder Familie
Falls man Ihnen mehr oder weniger bestimmt vorschlägt, sich von Ihrer Familie oder von Ihren Freunden zu trennen, dann nehmen Sie bitte Ihr Meditationskissen und verschwinden Sie so schnell, wie Sie gekommen sind. Hier geht es ausschließlich um Kontrolle.

6. Anbetung
Ich bin immer wieder erstaunt über selbsternannte »erleuchtete MeisterInnen«. Wer kann das wohl von sich sagen? Da gibt es keine Krise? Keine Bescheidenheit? Keine Frage? Keine Demut? Häufig wird jedes noch so kleine Erlebnis großartig ausgeschmückt, um die Bedeutung des eigenen spirituellen Erwachens darzustellen, und dies wird nicht selten mit den

Erfahrungen Jesu oder Marias gleichgestellt. Meine wunderbaren LehrerInnen haben sich nie als »erleuchtet« dargestellt. Es wäre ihnen zutiefst peinlich gewesen.

7. Plattitüden
Vorsicht, wenn Ihre Fragen nicht wirklich beantwortet, sondern mit Floskeln wie »Wir sind alle eins« oder »Atme durch dein Herz, und wir erschaffen den Weltfrieden« abgespeist werden! Selbst bei näherem Nachfragen wird man dann noch so behandelt, als ob man einfach »noch nicht so weit ist« oder »nicht genug Vertrauen hat«. Ja, Gott sei Dank.

8. Rigidität
Man sollte wieder nach Hause gehen, wenn unumstößliche Regeln und viele Verbote das spirituelle Leben bestimmen und neugieriges Nachfragen nicht erwünscht ist. Dabei wird mit Druck vermittelt, keine anderen Bücher mehr zu lesen und auch sonst keine anderen Informationen aufzunehmen, außer der des Beraters oder der Gruppe. Alle »Nichteingeweihten« seien im Jenseits verloren.

9. Hierarchien
Wenn sich eine spirituelle Organisation darauf aufbaut, dass man von unten nach oben durch teure und angebliche extrem wichtige Kurse kommt, entsteht folgende Situation: Die, die unten auf der Hierarchieleiter stehen, fühlen sich dumm und schwach und setzen sich einem extremen Druck und häufig großer finanzieller Belastung aus, um nach oben zu kommen.

Die, die schon oben sind, schauen nicht selten arrogant auf die herab, die eben noch nicht so weit sind.

10. Neue »Kunden« mitbringen
Wenn Sie neue Mitglieder mitbringen müssen, damit »die Welt gerettet wird« oder sonst irgendetwas »weitergeht«, wird auch hier Druck ausgeübt, ähnlich den Kettenbriefen, die ich wegen der unterschwelligen Drohung »Wenn du das nicht machst, dann wirst du schon sehen, was du davon hast« nicht weiterschicke.

11. Gechannelte Informationen
Nicht alles, was da als »Die Engel sagen mir...« angeboten wird, mag von den Engeln kommen. Wer in Trance geht, um spirituelle Wahrheiten zu erfahren, hat immer noch seinen eigenen Filter; seine guten und schlechten Tage. Jede Information sollte im eigenen Gebet überprüft werden, und das bedeutet: Fühlt sich das für mich stimmig an oder nicht?

12. Rat
Selbst die besten spirituellen Ratgeber haben ihre schwächeren Stunden. Nur weil die letzten zehn Mal etwas auch sehr viel Sinn gemacht hat, muss es das nächste Mal nicht auch so sein. Jede Information – wirklich jede! – muss durch den eigenen Verstand, die eigene Intuition und das eigene Gebet überprüft werden.

13. Lehrer

Jeder von uns ist Lehrer und Schüler zugleich, und auch spirituelle Lehrer haben ihre eigenen Herausforderungen. Manchmal sind sie liebevoll, warmherzig und humorvoll, und vieles, was sie sagen, mag sich auch richtig anfühlen. Und doch gibt es da bei einigen »dunkle Löcher«, »seltsame Regeln« oder »eigenartiges Verhalten«. Lassen Sie Ihre leise Stimme nicht verstummen, die Ihnen da sagt, dass sich das oder jenes aber komisch anhört. Fragen Sie nach. Auch in sich selbst.

14. Pausen

Es ist notwendig, häufiger Pausen im spirituellen Lernen zu machen, um auch Zeit zu haben, das Gelernte umzusetzen. Wenn man von einem Kurs in den anderen geschleust werden soll, hat man zu wenig Zeit, um die neuen Erfahrungen zu verdauen.

15. Ergebnis

Falls ein spirituelles Training nach einer Weile unser Leben nicht verbessert, dann scheint dieser spezielle Aspekt uns nichts zu nutzen. Ich sage deshalb so vage »eine Weile«, weil natürlich alles seine Zeit braucht. Wenn wir andere Erkenntnisse gewinnen und damit unser Verhalten verändern, dann verändert sich auch unsere Umwelt – aber eben nicht gleich morgen. Wenn also langfristig unser Leben dadurch nicht glücklicher und einfacher wird, dann sollte man das Training wechseln.

Gott sei Dank ist die Welt voll von wundervollen, hilfsbereiten Menschen, die gerne ihr Herz aufmachen und die uns auf diesem spirituellen Weg liebevoll und uneigennützig begleiten. Ich habe eine Gruppe von sechs Seelenschwestern und einigen Freundinnen und Freunden, auf die ich mich dankbar in jeder Tiefe verlassen kann. Ich treffe meistens Menschen, die hilfsbereit, offen, fröhlich, konsequent, warm und spannend sind. Und dafür kann man doch sehr dankbar sein.

Vorsichtig: Beispiele

Wenn ich auf die letzten fünfzehn Jahre spirituelles Training zurückblicke, dann habe ich einige großartige Lehrer gehabt, denen ich immer sehr dankbar sein werde. Neben Zarathustra, Solano und Theo (gechannelte Wesenheiten) ganz besonders Byron Katie und Ekkehard Tolle. Natürlich habe ich jede Menge aus guten Büchern und in interessanten Vorträgen gelernt und – ganz besonders – von den Erfahrungen anderer.

Alles in allem gab es zwei, drei Lehrer, bei denen ich auch nur kurzfristig war und deren Persönlichkeit nicht mit ihren Gaben mithalten konnte. Das soll nicht heißen, dass diese Erfahrungen einen großen Teil meiner Erlebnisse ausmachten. Im Gegenteil: Es waren eher wenige.

Jeder, den ich für dieses Buch befragte, hatte solch eine Erfahrung. Irgendwie scheint sie dazuzugehören, damit wir das Nützliche von dem Manipulierenden unterscheiden können. Jeder von uns hat sich als Kind irgendwann einmal verbrannt und dadurch gelernt, dem Feuer und der großen Hitze Respekt zu zollen. Und so haben wir auch in unserem persönlichen Wachstum von dem profitiert, was nicht funktionierte.

Da ich in diesem Buch nicht den wunderbaren, aufregenden, fürsorglichen und unterstützenden Weg beschreibe, sondern eben die Stolpersteine darauf, bin ich immer ein wenig besorgt, dass sich das alles zu abwehrend anhören könnte. Deshalb hier noch mal: Kaum jemand hat solche Erlebnisse mehr als ein-, höchstens zweimal gehabt. Denn einmal gelernt, ist uns das nicht wieder passiert. In diesem Sinne folgen nun ein paar Beispiele, beginnend mit einigen meiner Erfahrungen.

Ich kannte sie nur als liebevolle Frau. Sie war diejenige, bei der ich zum ersten Mal einem Channeling beiwohnte. Sie war mir wärmstens empfohlen worden, und ich vertraute ihr schnell. Ich traf sie alles in allem nur dreimal, ansonsten telefonierten wir, oder wir kommunizierten per Fax, da ich in Los Angeles und sie im tiefsten Bayern wohnte. Als wir schon ein paar Monate Kontakt hatten, erwähnte ich bei einem Telefongespräch ein spirituelles Buch, das ich gerade las. Ihre Stimme wurde merklich kühler. Und ich wunderte mich ein bisschen. Seltsam, so dachte ich mir. Sie kennt das Buch doch gar nicht. Später, als sich der Vorgang noch einmal wiederholte, gab ich es auf, ihr von Büchern zu erzählen, die mich fasziniert hatten. Alles, was nicht von ihr kam, wertete sie ab.

Ich plante mal wieder eine Reise nach Deutschland, das muss 1993 oder 1994 gewesen sein. Ich freute mich sehr, sie nach langer Zeit wiederzusehen, und dieses Mal wollte ich ihr auch etwas Gutes tun. Ich hatte ein Training für »Johrei« mitgemacht, das lässt sich mit einer Reiki-Einführung vergleichen. Per Fax kündigte ich meinen Besuch an und erwähnte, dass ich ihr gerne eine Behandlung Johrei geben möchte. Eine Stunde später kam ein Fax zurück. Es war so scharf geschrieben, dass ich mich erst mal setzen musste. Sie schrieb äußerst dringlich, dass ich in Gefahr sei. Diese Art der Behandlung wäre »Teufelszeug«, und ich müsste sofort damit aufhören, da ich in alte Muster zurückgefallen wäre. Ich sollte mich ausdrücklich nur nach ihren Anweisungen richten.

Ich war schockiert. Was ist da passiert? Vielleicht hat sie ja recht? Habe ich jetzt einen Fehler gemacht? Schließlich hatte ich damals von Spiritualität überhaupt keine Ahnung, und sie besaß immerhin den »heißen Draht nach oben«. Womöglich haben sie die Engel gewarnt und ihr Informationen gegeben, von denen ich keine Ahnung hatte?

Das mit dem »Teufelszeug« nahm ich nicht an, da ich nicht an eine Gestalt glaube, die der Teufel ist. Ich glaube, dass wir verschiedenen Versuchungen erliegen, die negative oder positive Auswirkungen haben, aber dass ein Teufel mir etwas zufügen oder mich zu irgendetwas überreden beziehungsweise zwingen kann, halte ich für ausgeschlossen.

Aber vielleicht bin ich doch in alte Muster, alte Gewohnheiten zurückgefallen? Obwohl mir nicht ganz klar war, was das denn sein könnte. Die Leute, die mich in Johrei eingewiesen hatten, sind wundervolle Asiaten, die sehr liebevoll und sanft auftraten. Und wenn ich Behandlungen an andere weitergab, dann wurde immer von einem angenehmen Gefühl gesprochen.

Natürlich war ich verwirrt und durcheinander. Meine Lehrerin, zu der ich Vertrauen hatte, schmiss mir solch einen Vorwurf vor die Füße. Und selbstverständlich habe ich erst bei mir nachgeschaut, ob sie denn recht hat. Schließlich habe ich sie mir nicht umsonst als Lehrerin ausgesucht. Ich will ja was lernen. Ich will ja auf alte Muster, alte Fehler aufmerksam gemacht werden. Ich will ja wachsen.

Ich sprach mit meinen spirituellen Freundinnen, und es kristallisierte sich mehr und mehr heraus, was da passiert war. Meine Lehrerin hatte so reagiert, weil sie glaubte, dass ihr Einfluss auf mich geringer geworden war. Dass ich andere Bücher las, war ja in ihren Augen ja schon schlimm genug, aber dass ich jetzt auch noch eine Einführung in Johrei ohne ihre ausdrückliche Befürwortung oder Genehmigung gemacht hatte, das ging ihr wohl zu weit.

Ich musste mich damals von ihr trennen, denn ich vertraute ihr nicht mehr. Ich konnte erkennen, woran sie als Lehrerin noch arbeiten musste. Ich weiß nicht einmal mehr, ob ich versuchte, mich ihr zu erklären oder mit ihr eine Einigung zu finden. Ich glaube es fast nicht. Vielleicht hätte sich im Gespräch sogar eine Lösung ergeben, wenn ich offen und ehrlich meine Bedenken mit ihr geteilt hätte. Aber ich hatte, so glaube ich, das Gefühl, dass sie dafür kein offenes Ohr haben würde, und so ließ ich es denn bleiben. Oder, was wahrscheinlicher ist: Ich hatte nicht den Mut, mich mit ihr anzulegen. Ich war nicht wahrhaftig genug, um ihr zu sagen, wie ich mich fühlte. Das waren alles Dinge, die ich erst sehr viel später lernte.

Mit ihrer Abwertung hatte sie mir allerdings ein großes Geschenk mitgegeben: Diese Episode hinterließ solch einen tiefen Eindruck in mir, dass ich später sehr viel aufmerksamer darauf achtete, wem ich mein Vertrauen schenke. Was fast noch wichtiger war: Als ich Jahre später selbst lehrte, vermochte ich mich großzügiger zu verhalten.

Meine zweite Erfahrung kam von einer Lehrerin, die mir

und einem Kreis von acht Meditierenden mitten in der Meditation mitteilte, dass wir zu den Auserwählten gehörten, die diese Welt retten würden. Dazu müssten wir uns regelmäßig jeden Donnerstag um achtzehn Uhr (pünktlich!) bei ihr zu einer zweistündigen Meditation einfinden. Abwesenheit sei nicht entschuldbar! Sie erklärte, sie sei unsere Führerin (was ich mit diesem Wort für Probleme habe!) und hoffe, es noch lange zu bleiben, obwohl sie größte Befürchtungen um ihr Leben habe. Die Pharmaindustrie plane nämlich, sie umzubringen, da sie über größte Heilkräfte verfüge – und dadurch würden in naher Zukunft selbstverständlich sämtliche Medikamente überflüssig werden. (Wie sie allein alle Menschen auf dem ganzen Planeten heilen wollte, hat sie uns nicht erklärt.) Natürlich wolle die Pharmaindustrie dies mit allen Mitteln verhindern.

Obwohl ich den Kontakt zu ihr abgebrochen habe, nehme ich trotzdem an, dass sie noch lebt.

Sie war es auch, die mich ein paar Wochen vorher am Ende einer geführten Meditation um Geld anpumpte. Natürlich hatte sie es anders formuliert. Sie meinte, ich hätte die einmalige Gelegenheit, sie mit fünftausend Dollar zu unterstützen, damit sie ihr Netzwerk von telefonisch geführten Meditationen besser aufbauen kann. Ich war noch so naiv und überfordert, dass ich ihr glatt das Geld gab. Allerdings nicht die ganze Summe, die sie forderte, ich hatte offensichtlich noch ein bisschen gesunden Menschenverstand übrig. Für genau zweitausend Dollar. Die habe ich natürlich nie wiedergesehen.

Wenn jemand sich in solchen Fällen unethisch verhält, dann kann man es sich an zehn Fingern abzählen, dass er auch im Übrigen nicht richtig handelt. Natürlich ist es vollkommen inakzeptabel, wenn man seinen Klienten in eine Meditation führt, damit ein tiefes Vertrauensverhältnis aufbaut und ihn dann noch vor dem Ende der Meditation anpumpt.

Meine erste und meine zweite Erfahrung liegen zirka ein Jahr auseinander. Ich glaube, dass ich die zweite Lehrerin bekam, damit ich sehen konnte, ob ich aus der ersten Erfahrung etwas gelernt habe. Eine meiner Seelenhausaufgaben ist, dass ich mich auf meine innere Stimme, meine Intuition verlasse und nicht auf andere, von denen ich annehme, dass sie mehr wissen. Beide Lehrerinnen kamen in mein Leben, damit ich das lerne. Deshalb bin ich beiden da auch besonders dankbar.

Meine Freundin Olga erzählte mir von einem Erlebnis mit einem »Heiler«, das auch ein interessantes Warnbeispiel ist.

Olga hörte von einem angeblich ganz tollen Heiler. Er lebte in Malibu, Kalifornien, und man konnte bei ihm intensive Tagesworkshops buchen. »So was hast du noch nicht erlebt«, meinten ihre Freundinnen, und sie sollten recht behalten.

Olga hatte immer schon ein großes Interesse an Außergewöhnlichem gehabt, fühlte sich dazu hingezogen und meldete sich an. Normalerweise, so war die Regel des Meisters, sollte man sich mit ihm unter der Woche treffen, um dann für das Wochenende vorbereitet zu sein. Da Olga aber erst einen Tag vorher aus Deutschland kam, wurde für sie eine Ausnahme gemacht. Sie sollte sich am Samstagmorgen, ohne Duftstoffe wie Körpercreme und Parfüm, ohne Make-up, locker gekleidet und ohne gefrühstückt zu haben, bei ihm einfinden. An diesem Wochenende machten mit ihr noch vier Frauen und drei Männer mit. Olga ist sehr erfahren in spirituellen Dingen. Sie meditiert seit vielen Jahren, hat neben den üblichen Workshops diverse schamanische Erlebnisse gehabt und sich immer wieder auf Ungewöhnliches eingelassen.

Der Meister war eine imposante Erscheinung: groß, dunkel, gutaussehend. Er trug eine lange, helle Tunika, die bis zum Boden reichte, und war barfuß. Er bewegte sich ruhig und bestimmt, und seine Augen hatten ein undurchdringliches Dunkelblau. Er starrte Olga von oben bis unten an und blieb mit dem Blick an ihrer nicht unbeeindruckenden Oberweite hängen. Olga fiel das natürlich auf, und es behagte ihr nicht.

Die Teilnehmer wurden in einen Raum gebeten, und man bot ihnen ein Getränk an. Olga fragte, was drin sei. Der Heiler hielt ihr weiterhin die Tasse unter die Nase und meinte etwas lapidar: »Kräuter.«

Olga hielt die Tasse in der Hand und sprach in Gedanken ihr Gebet. »Lieber Gott, was immer das ist, es soll die Wirkung haben, die mich unterstützt.« Sie trank es.

Das war der Moment, in dem ich zusammenzuckte, als sie mir die Geschichte erzählte. Ich konnte mir ein »Olga, wie kannst du nur?« nicht verkneifen.

Nun denn, Olga konnte.

Alle Teilnehmer wurden aufgefordert, sich hinzulegen, und der Heiler begann zu trommeln. Olga ließ sich auf die Trommeln ein. Plötzlich gab es da etwas, was sie störte. Sie fühlte, wie der Heiler, der sich mit der Trommel um die Teilnehmer bewegte, auf sie hinunterstarrte. Und das war auf keinen Fall ein heiliges Starren. Sie konnte sein Begehren fühlen, und die Stimmung in dem Raum veränderte sich. Sie wurde heißer, aufgeladener, sexueller.

Olga, die darauf nun wirklich keine Lust hatte, erinnerte sich an ihr Gebet und konzentrierte sich auf die Trommelgeräusche, was mit den »Kräutern«, die sie getrunken hatte, nicht ganz einfach war. Alles andere, das versprach sie sich, wird ignoriert.

Musik, geführte Meditationen, Trommeln, Bewegungen. Der Tag war lang. Am Abend beschloss die ganze Truppe, noch zum Essen in ein Restaurant zu fahren.

»Olga!«, kam es aus mir heraus.

»Ja, ja, ich weiß«, lächelte sie nur milde. »Ich hätte nicht mitgehen sollen, aber ich war so schlecht drauf, dass ich dringend irgendetwas zum Essen brauchte.«

Immer noch in irgendeinem Drogenrausch, fuhr die Truppe (im Auto!) zu einem Restaurant. Einige der Teilnehmer lachten unkontrolliert vor sich hin, während der Meister weiterhin Olga anstarrte. Als sie später hinausging, um frische Luft zu schnappen, folgte er ihr.

Und das Angebot ließ nicht lange auf sich warten. Olga sei seine Muse, das habe er gleich gesehen. Seine Dualseele, auf die er schon seit Jahren warte. Er erklärte ihr, dass sie eine herrliche gemeinsame Zeit miteinander haben würden und dass sie jetzt natürlich hier bleiben solle. Was wolle sie noch in Deutschland?

Olga war mittlerweile nicht nur schlecht von den Kräutern, sondern auch von seinem Angebot. Sie lehnte ab, höflich war sie dabei auch noch, und machte sich dann per Taxi schnellstens aus dem Staub. Das Ergebnis des Vierhundert-

Dollar-Workshops: rasende Kopfschmerzen, immer noch ein Riesenhunger und ein unsittliches Angebot.

René Tischler ist ein Schweizer Journalist und Autor; er beschäftigt sich seit über zwanzig Jahren intensiv mit allem, was mit Spiritualität zu tun hat. Ich schätze ihn sehr. Er ist ein Experte in der spirituellen Szene. Er kennt einfach jeden und alles. Für mein Buch schickte er mir einen Auszug aus seinem Werk *Irdische Schritte, himmlische Schätze*:

»Groß in Mode sind auch Austritte aus dem Körper und sogenannte Astralwanderungen gekommen. Dabei geht eine der feinstofflichen ›Hüllen‹, die mit dem grobstofflichen Körper normalerweise verwoben sind, auf die Reise. Das kann der Traumkörper sein, der Astralleib, der Mentalkörper oder der Lichtkörper der Seele.

Oft werden wunderschöne Astralwelten des Jenseits beschrieben. ›Am liebsten wäre ich gar nicht mehr zurückgekommen. Die Farben der Blumen, der Berge und der Anblick der astralen Sonne übertrafen alles. Ich fühlte eine tiefe Zufriedenheit‹, bekennen die Betreffenden verzückt. Und ich glaube ihnen das auch. Nicht, weil es mir gesagt wurde, sondern weil ich selbst einen Körperaustritt erleben durfte. Der ganze Leib fühlt sich plötzlich taub an, die Atmung steht still, dann befindet man sich in einem unvorstellbaren Universum.

Was ich aber nicht glauben kann, ist das Konzept, das in den Köpfen der Astralweltenbummler herumgeistert. Sie sagen: ›Nur durch den Austritt aus dem Körper kannst du höheres Bewusstsein und echtes Glück erfahren.‹ Es würde jedoch vollauf genügen, in tiefer Meditation die Schönheit des ›inneren Königreichs‹

zu erleben. Das ist auch viel weiser, haben wir doch einen Kör-
per geschenkt erhalten, mit dem wir uns an den materiellen
Erscheinungsformen erfreuen können. Wenn später der Sensen-
mann anklopft und wir die Körperhülle verlassen müssen, wer-
den wir wohl noch genug ›Zeit‹ haben, die Astralwelten zu ent-
decken. Abgesehen davon sind nicht wenige Astralwanderer, die
aus unreifer Neugierde oder aus fehlgeleitetem Enthusiasmus
einen Austritt erzwingen, gar nicht reif dafür. Sie können außer-
körperliche Erlebnisse noch gar nicht ertragen. Dabei nehmen sie
geistigen Schaden, und es kommt sogar vor, dass jemand längere
Zeit verwirrt bleibt.«

Polly Dovenmuehle habe ich durch meinen Freund LD
Thompson* kennengelernt, von dem noch die Rede sein
wird. Wir kennen uns eher flüchtig, da wir uns immer nur bei
den gleichen Veranstaltungen gesehen haben. Bei einem
Abendessen sprachen wir über mein neues Buch. Sie erzählte
mir ein bisschen von ihren Erfahrungen; und ich bat sie, sie
für uns aufzuschreiben:

»Alles scheint ein Stolperstein zu sein. Wenn man sich bewusst
entscheidet, ein Wahrheitssuchender zu werden oder sich selbst zu
finden, dann überkommt einen eine Art von Wahnvorstellung.
Haben wir einen Lehrer gefunden, eine Methode, die uns fas-
ziniert, oder eine Gruppe, der wir beitreten, verlieren wir den
größten Teil unserer Perspektive; und wir glauben, wir ›wissen‹ es
jetzt. Und weil wir es ›wissen‹, wollen wir auch, dass die ande-
ren es ebenso ›wissen‹.

---

* www.ldthompson.com.

Zuerst wollen wir, dass jeder, den wir kennen, es auch ›weiß‹. Dann wollen wir, dass uns jeder zustimmt und mitmacht. Wenn unsere Familie und unsere Freunde aber nicht mitmachen wollen, dann fangen wir an, wie wahnsinnig auf sie einzureden, in der irrigen Hoffnung, dass sie endlich kapieren, wovon wir sprechen. Wir bilden uns ein, wenn wir es nur ›richtig‹ erklären, dann werden die anderen uns auch verstehen. Falls die Familie uns nicht zustimmt, dann gehen wir zu unseren Freunden, und falls die uns nicht zustimmen, dann besorgen wir uns neue Freunde. Und durch diesen ganzen Prozess fällt uns nicht auf, was für einen schrecklichen Eindruck wir bei anderen Leuten hinterlassen, denn wir sind es ja, die es ›wissen‹.

Ich bin mit achtzehn von zu Hause weggelaufen und zog nach San Francisco – es war ›der Sommer der Liebe‹, 1968, und wir alle wollten von dieser Liebe ein Stück abhaben. Nichts und niemand konnte uns aufhalten. Das ist immer so bei zwanghaften Handlungen.

Für mich wurde die spirituelle Suche nach dem Vietnamkrieg noch zwingender. Zwei Jahre später flüchtete ich mit meinem Freund aus San Francisco auf eine Obstplantage nach Colorado. Wir hatten entschieden, dass wir organisches Obst anbauen und weit weg von der bösen, korrupten Stadt leben wollten. Denn, darin waren wir uns sicher, die Zivilisation würde bald zusammenbrechen. Wir dachten, dass nur Leute, die sich auf Landwirtschaft konzentrierten, auch während dieses bevorstehenden Städteuntergangs genug zu essen haben würden.

In den frühen siebziger Jahren gab es nicht viel zu tun auf so einer Obstplantage, außer dem Wachsen der Bäume zuzuschauen und von Insekten gebissen zu werden. Als wir die Farm kauften, hatten wir nicht den geringsten Schimmer von Land-

wirtschaft. Aber wir dachten, dass das Land zu bearbeiten etwas Intuitives ist, nicht wahr?

Stolperstein: *Wenn wir auf dem spirituellen Weg sind, dann glauben wir, dass wir alles wissen, selbst wenn wir keine Ahnung haben.*

Und selbst wenn wir keine Ahnung haben, gehen wir trotzdem davon aus, dass Gott uns schon informieren wird. Und da es so aussah, als ob Gott leichter mit den Leuten spricht, die in Indien leben, haben wir – mein Freund und ich – beschlossen, nach Indien zu fahren, um das Wissen, das wir brauchten, dort zu bekommen.

Das war mal wieder eine unserer perfekten Schlussfolgerungen. Eines der Probleme dabei, Spiritualität an geographischen Plätzen zu suchen, ist der Gedanke, dass sie irgendwo anders existiert. Nicht da, wo du gerade bist. Man kann sich jede Menge Gefahren, Krankheiten und Umleitungen ersparen, wenn man den Zwang, Gott zu finden, nach innen umdirigiert.

Ein Yoga-Lehrer, bei dem wir Unterricht nahmen zu der Zeit, als wir noch in Los Angeles lebten, nahm achtzig Leute auf eine Reise nach Indien mit, um ihnen dort die ›heiligen Plätze‹ zu zeigen. Das hörte sich so verlockend an, besonders als der Yoga-Lehrer davon sprach, dass wir dort auch alles über organische Landwirtschaft lernen könnten, denn schließlich hätten die Menschen in Indien das schon seit Beginn der Zeit ausgeübt. Spirituelles Wissen gab es quasi als Zugabe …

Mein erstes komisches Gefühl, dass da irgendwas nicht stimmte, tauchte auf, als die ganze Gruppe im November 1970 auf dem Flughafen in New York City in einem kleinen Raum zusammengetrommelt wurde. Dort sagte man uns, dass in unserem Namen jeweils eine Stange Zigaretten und zwei Flaschen Scotch (das legale Limit) gekauft worden seien und dass diese Produkte von uns in Indien eingeführt werden müssten. Wir nahmen an, dass sie als Geschenke oder als Bestechungsgüter benutzt würden, was allerdings nie mit uns besprochen wurde. Dann sagte man uns, dass jeder seinen Pass abzugeben hätte und wir, um mitzufahren, ein Dokument unterschreiben müssten.

Wir waren alle ziemlich schockiert, allerdings doch sehr jung, unerfahren und entschlossen, diese Reise auf jeden Fall anzutreten. Wir dachten uns, wenn wir das ›Mutterland‹ Indien sehen wollen, dann müssen wir eben bestimmte Dinge dafür in Kauf nehmen. Uns wurden auch Regeln mitgegeben, wie wir uns zu verhalten haben: kein Händchenhalten oder Berühren in der Öffentlichkeit, die Köpfe immer bedeckt et cetera. Und dann haben sie uns unsere Pässe abgenommen, um sicherzustellen, dass wir nicht weglaufen. Weglaufen?

Als wir schließlich landeten, wurden wir von einer Gruppe von zirka dreihundert alten Männern mit langen Bärten und Girlanden mit Blumen empfangen, welche sie uns um den Hals legten, wonach sie sich verbeugten und unsere Füße küssten. Wir fühlten uns dabei furchtbar unwohl, und es war uns natürlich auch sehr peinlich. Sind es nicht wir, die ihre Füße küssen sollten? Die müssen doch auf jeden Fall heiliger als wir sein?

Wir alle hatten uns unter dem Lehrer unseres Lehrers einen älteren, heilig aussehenden weisen Mann vorgestellt, mit einem langen weißen Bart, der uns segnen und uns noch mehr Yoga beibringen würde. Stattdessen trafen wir auf einen wütenden, sehr viel jüngeren Mann mit kleinen schwarzen Erbsenaugen, der uns gleich auf den ersten Blick nicht ausstehen konnte. Wir dachten natürlich am Anfang, dass dieses Treffen eine große Ehre für uns sei. Wir hatten nicht damit gerechnet, dass unser Lehrer uns nicht mochte. Wir hatten natürlich ebenfalls nicht damit gerechnet, dass auch wir ihn nicht leiden konnten (alle achtzig von uns). Hier wurden keine Füße geküsst …

Der Kampf um unsere Seele – und um unser Geld – hatte begonnen. Von wem waren wir eigentlich die Schüler? Unser Lehrer aus den USA sollte uns in den sicheren Hafen seines Yogis bringen. Unser Lehrer hatte den seinen als junger Student verlassen und kam sehr viel mächtiger als dieser zurück. Er war nicht bereit, uns seinem Meister zu überlassen, der in Windeseile sein ›früherer Lehrer‹ wurde. Da flogen nur so die Fetzen!

Uns wurde verboten, den Aschram zu verlassen, während unsere Lehrer miteinander kämpften (für Tage). Wir waren umgeben von Feldern und trockenem Land, soweit das Auge sehen konnte, und so wussten wir sowieso nicht, wo wir hätten hingehen sollen. Wir wurden in alten Armeezelten an den Grenzen des Aschrams auf staubigem Boden untergebracht, doch selbst das kühlte unsere freudige Aufregung nicht.

Am nächsten Morgen ging ein Mann mit sieben Kamelen dicht an unseren Zelten vorbei und erklärte uns, dass wir in einem Land voller Wunder seien – was wir auch begeistert glaubten. Die Älteren von uns (sie waren fünfundzwanzig statt einundzwanzig Jahre alt) bestanden schließlich darauf, ihre Pässe wiederzubekommen, und flüchteten entweder auf Hausboote in Nepal oder ließen es sich an dem weißen Sandstrand von Goa gut gehen.

Nicht aber wir übrig gebliebenen treuen Schüler! Wir bekamen stattdessen DDT über unseren Zeltboden ausgestreut, als wir uns beschwerten, dass es da Skorpione gab. Mein Freund verlangte nach ein paar Tagen, dass er endlich etwas über organische Farmen lernen kann. Einige Tage später tauchte der

Agrarminister – unser Berater in organischer Landwirtschaft –
auf. Seine überraschende Antwort auf unsere Bitte, uns doch zu
erklären, wie wir mit den Würmern in unseren Äpfelbäumen
umgehen sollen: ›Das verstehe ich nicht. Es gibt kaum ein Insekt,
das nicht durch die passenden Pestizide gestoppt werden kann.‹
Das war dann das Ende unserer ›organischen‹ Landwirtschafts-
stunden.

Vielleicht braucht es einfach mehr Zeit, um das zu finden, was
wir suchen? Vielleicht sogar mehr als ein Leben? Möglicherweise
ist das der Grund, warum in Büchern über Yogis immer wieder
angeführt wird, wie lange, manchmal lebenslang (!), sie bei Meistern studieren, um den inneren Frieden zu finden. Aber wir, wir
lernten ja schließlich Kundalini-Yoga, auf jeden Fall die schwie-
rigste Art von Yoga. Und dadurch waren wir überzeugt davon,
dass wir die schnellste, brutalste Abkürzung eingeschlagen hatten,
und glaubten deshalb fest daran, dass das mit der Erleuchtung zu
schaffen sei. Und so trainierten wir viel und häufig – trotz des
Kameldungs, des Rauchs und Staubs, der feiner als Gesichtspuder
durch unseren Yoga-Atem tief in unsere Lungen zog.

Wir hatten unsere täglichen Yoga-Instruktionen, und uns war
nicht klar, dass unsere bloße Anwesenheit jeden Tag größere Kon-
troversen auslöste. Kundalini-Yoga ist in Indien nur den Studen-
ten vorbehalten, die schon Dutzende von Jahren Yoga studiert
haben. Wenn nicht sogar ein ganzes Leben lang. Wir dagegen
verstießen gegen diesen Status quo, veränderten nicht nur die
Regeln, sondern auch die langjährigen Traditionen. In den Staaten wären wir darauf stolz gewesen, hier bekamen wir Angst.

Der Lehrer unseres Lehrers verlangte, dass mit den Kundalini-
Yoga-Instruktionen aufgehört werden müsse; und als sich dieser
weigerte, wurden wir alle zurück in den alten Bus verladen und

zu einer entfernten Mangoplantage in der Nähe von Delhi gebracht. Wir campten von nun an dort. Unser Lehrer wurde durch diesen Umzug selbst zum Guru, mit uns als seinen willigen Schülern.

Wir machten unser Yoga, lebten in riesigen, farbenprächtigen Zelten, wachten zu brüllendem Vogelzwitschern auf, und wir waren sogar in der Lage, in kleinen Gruppen nach Delhi zum Einkaufen zu gehen. Wir alle starben beinah an Atembeschwerden. Das Heilmittel? Riesige Teller voller roher Zwiebeln und eine Knoblauchknolle, die uns jeweils zum Frühstück und zum Abendessen vorgesetzt wurden.

Als wir wieder einigermaßen auf der Höhe waren, um zu reisen, wurden wir regelmäßig nach Sikh Gudwaras (vergleichbar mit einer Kirche) gebracht, nicht ohne vorher weiße Umhänge und Turbane bekommen zu haben. Wir sangen und wurden anschließend in ein Privathaus zum Essen geleitet. Das war die ›Verpflegung‹, die in der angepriesenen Broschüre unter der von uns gebuchten und bezahlten ›Reise mit Verpflegung‹ stand. Wir bekamen überall das Gleiche, zu jeder Mahlzeit, an jedem Tag. Und das für drei Monate, falls uns nicht vorher schon übel wurde.

An einem dieser Ausflüge warteten zehntausend Leute auf uns, und sie begannen, unseren Bus vor- und rückwärts zu schaukeln, während wir immer noch drin waren. Langsam wurde auch uns klar, dass es da noch einiges geben musste, was man uns an Hintergrundinformationen vorenthielt. Junge Männer, die wie Krieger aussahen, tauchten immer häufiger während der Zeremonien auf und trugen Äxte, Messer und Macheten. Sie standen grummelnd am Ende der Tempel. Waren alle diese Leute nur da, um uns singen zu hören?

Später – als wir schon lange zu Hause waren – erfuhren wir den wahrscheinlicheren Grund: Eine alte Legende besagte, dass es einen Sikh gäbe, der in den Westen gehen würde (unser Yoga-Lehrer, ein früherer Zollbeamter), und er würde mit einer ›New Wave‹ (neuen Welle: also uns!) zurückkommen, welche die Macht der Sikhs wiederherstellen würde, nicht nur in der Religion, sondern auch in der Politik. In Indien sind Religion und Politik nicht auseinanderzuhalten, eine meiner Meinung nach unglückliche Allianz, die es häufig in der Welt gibt.

Plötzlich fanden wir uns alle in einer Übertrittszeremonie in die Sikh-Religion wieder. Man macht dabei einen für ewig währenden Schwur. Ich schloss meine Augen und sagte innerlich: ›Nein, wirklich, ich schwöre das nicht!‹, hoffend, dass Gott meinen inneren Dialog und meine Ablehnung verstehen würde und ich mich nicht für immer einer Religion verpflichtet hätte, die mit einem heiligen Kerl (gut) begann und sich in eine Sekte von Kämpfern entwickelte, deren letzter Guru – in einer langen Linie von Gurus – kämpfte, selbst als sein Kopf schon abgeschnitten war (nicht gut). Das wirkte auf mich auf jeden Fall gänzlich unerleuchtet. In Indien, wie zu Hause in den Vereinigten Staaten, ist es immer gefährlich, Leute zu unterstützen, die in beiden Bereichen, Politik und Religion, Macht haben wollen.

Stolperstein: *Geh denjenigen aus dem Weg, die kontrollieren wollen, außer du möchtest deren Leben lieber als deins leben.*

Und jetzt komme ich zu einem Punkt, der ein riesiger Stolperstein ist, einer, der wahrlich universell und nicht einzigartig ist. Ein Stolperstein, der immer noch in allen Religionen fortbesteht.

Stolperstein: *Gott spricht nur mit uns! Zu niemand anderem, nur zu uns!*

Wenn eine Gruppe von Individualisten sich um bestimmte Philosophien herum versammelt und sich damit durch die Ideen abheben will, an die sie fest glaubt, dann gehen die Mitglieder dabei ein großes Risiko ein: das Risiko, die Perspektive zu verlieren. Dann glauben sie, in der Regel inbrünstig, dass ihr Weg der Weg ist und dass ihre Gruppe das Ohr Gottes hat. Gott spricht zu ihnen (als ob Gott eine Person wäre), und was immer Gott sagt, ist wahr, wahr, wahr! Ihre Gruppe ist ›erwählt‹ – und das bedeutet meistens auch, dass sie alle anderen mit allen Mitteln überzeugen wollen. Die Schlimmsten darunter versuchen das mit Gewalt.

Die Wahrheit lautet, dass Gott keine Person ist, die ganz speziell nur zu einer bestimmten Gruppe von Menschen spricht, weil sie bestimmte Dinge denken, bestimmten Benimmregeln folgen (üblicherweise exzentrischen) und bestimmte Übungen ausführen. Wenn wir an diese Exklusivität glauben, besteht die große Gefahr, fanatisch zu werden, außer wenn wir Glück haben und an unserer eigenen Exklusivität fast ersticken, spätestens dann, wenn wir feststellen, dass es keinen Spaß macht, isoliert von den anderen Menschen zu leben. Manchmal merken wir das auch, wenn unsere Mitgläubigen wirklich extrem widerlich und unausstehlich und wir müde geworden sind, ihnen – die wir unter normalen Umständen nicht mal in unsere Nähe lassen würden – gegenüber weiterhin tolerant zu sein.

Endlich waren wir auf dem Weg zum Flughafen in Kalkutta, glücklich darüber, dass unser Lehrer ein früherer Zollbeamter war und uns einigermaßen heil aus Indien herausbrachte. Wir trafen dann auch am Flughafen die ›älteren, weiseren‹ Schüler, die sich schon viel früher abgesetzt hatten, die aber noch ein bisschen mitgenommener als wir aussahen, denn sie mussten sich den Weg aus Kalkutta regelrecht freikaufen, um den Flug nach Hause noch zu erwischen. Im Flugzeug stürzten wir uns auf die angebotenen Kekse und die Tomatensuppe: Was für eine Götterspeise!

Als wir in New York City gelandet waren, küsste ich den Boden. So viele unspirituelle Dinge waren auf dieser Reise nach Indien passiert, dass mir klar wurde, dass Spiritualität nichts mit einem bestimmten Ort zu tun hat oder zumindest nicht mit dem Indien, das ich kennengelernt hatte. Und wenn wir es nicht auf der anderen Seite der Welt finden können, dann können wir es auch nicht daheim finden.

Im Laufe des nächsten Jahres, kirre gemacht durch Frost und diverses Insektengetier, welches unsere Ernte ruinierte, entschieden wir uns, wieder in die Stadt zurückzukehren. Unser ›Lehrer‹, der mittlerweile auch wieder in Los Angeles war und dort weiterhin Yoga-Unterricht gab, fragte mich, ob ich das Geld, was ich aus dem Verkauf der Farm bekommen hatte, in bar in einen Koffer legen könnte. Damit sollte ich nach L.A. fliegen, und er würde jemanden schicken, der einen anderen Koffer ebenfalls mit Bargeld mitbringt. Die sollten wir dann austauschen, und ich sollte so schnell wie möglich wieder zurückfliegen. Ich lehnte ab, denn es war mir inzwischen klar, dass er nun wirklich nicht mein wahrer Lehrer sein konnte. Er verlangte von mir etwas, was nicht nur illegal, sondern auch gefährlich sein konnte, und das erst weckte meinen gesunden Menschenverstand wieder auf. Meinem Lehrer war weder mein Wohlbefinden, meine ›spirituelle Sicherheit‹, noch meine körperliche Sicherheit wichtig, denn sonst hätte er mir nicht solch ein Angebot gemacht. Ich verließ ihn. Endlich.«

Natürlich soll hier nicht der Eindruck entstehen, dass alle heiligen Männer und Frauen in Indien wirr oder zumindest seltsam sind. Viele Gurus und Swamis leben ein ehrenhaftes Leben, und das Wohl ihrer Schüler und Schülerinnen liegt ihnen wahrhaftig am Herzen. Teil unseres spirituellen Trainings ist es ja, herauszufinden, wem wir Gehör schenken wollen. Ich selbst hatte eine wundervolle Erfahrung in Rishikesh, die ich in meinem Buch *Wie Engel uns lieben* beschreibe. Ich habe die Reise sehr genossen.

Ich glaube nicht, dass unser Schicksal ein Bus ist, den wir verpassen können. Unser Schicksal ist eine Busstation – wann immer wir bereit sind, steht da ein Bus für uns. Natürlich erweitert jede Reise unseren Horizont. Aber nur weil wir uns eine Reise nach Indien nicht leisten können, werden wir unsere spirituelle Entwicklung nicht verpassen. Das wäre nicht in ihrem Sinne.

Was mache ich falsch, wenn es bei mir nicht funktioniert?

Vor Jahren besuchte ich eine Freundin, und es roch ein bisschen komisch in ihrer Wohnung. Als ich sie danach fragte, zeigte sie mir einen in Milch eingelegten Pilz, der, grauslich anzuschauen, auf ihrer Fensterbank stand. Anlässlich meines überraschten Gesichtsausdrucks erzählte sie mir, dies sei ein großartiger Pilz mit unglaublichen Heilkräften. Er müsse einige Tage nach bestimmten Regeln in Milch eingelegt werden (eine ganz bestimmte Milch natürlich) und werde dann scheibchenweise verzehrt. Meine Freundin hatte schon seit vielen Jahren Magenprobleme und hoffte auf Heilung.

Natürlich kann das etwas ganz Wunderbares sein, was ich mal wieder nicht zu beurteilen vermag, aber vielleicht entfaltet er in asiatischen Mägen seine Heilkräfte besser als in mitteleuropäischen? Warum also nicht solch einen Pilz ausprobieren, solange man sicher sein kann, dass es sich hierbei nicht um etwas Gefährliches handelt. (Sind wir nicht alle vor Pilzen gewarnt worden?) Ich fragte sie, wie lange sie denn diesen Pilz schon zu sich nehme? »Einige Wochen«, bekam ich zur Antwort.

»Und? Geht es deinem Magen besser?«

Sie zögerte mit der Antwort. »Noch nicht. Aber das wird

schon noch, bei den anderen hat es ja auch funktioniert; und in Tibet ist das die Medizin gegen Magenprobleme.«

»Das wissen wir woher?«

»Das haben mir schon einige gesagt.«

»Aha. Wie lange gibst du dem Pilz denn noch, bis er funktioniert?«

»Hm«, meinte sie, »wahrscheinlich sollte ich mir da einen Zeitrahmen überlegen …«

Einen Monat später war der seltsam riechende Pilz aus der Küche verschwunden. Die Magenprobleme leider nicht.

Ein paar Jahre vor dieser Pilzgeschichte sagte mir meine chinesische Ärztin, dass ich wahrscheinlich einen Parasiten im Darm habe und, um ihn loszuwerden, von jetzt an auf Zucker und Kohlehydrate verzichten müsse. Ich schätzte meine Ärztin sehr, obwohl mir schon ein paar Mal aufgefallen ist, dass viele der chinesischen Kräuter bei mir irgendwie nicht funktionieren oder andere Reaktionen als üblich haben. Einmal gab sie mir ein paar Kräuter gegen Blähungen, und ich fühlte mich nach dem Genuss des Tees wie betrunken. Niemand anders schien diese Reaktion zu haben. Da ließ ich es lieber.

Nach vier Wochen ohne Zucker und Kohlehydrate stellte ich plötzlich fest, dass ich irgendwie anders war. Meine Tochter, damals vielleicht acht Jahre alt, wollte mit mir spielen, und ich betrachtete sie plötzlich mit nie da gewesenem Desinteresse. Ich bemerkte erstaunt, dass ich mich für überhaupt nichts mehr interessierte. In den letzten Wochen war mir langsam und von mir unbemerkt meine Lebenslust ausgelaufen. Wie gibt es denn das? Ich rief meine Ärztin an, und sie gab mir sofort einen Termin. Sie warf einen besorgten Blick auf mich und sagte: »Essen Sie, was Sie wollen!«

Mir war damals nicht klar, wie wenig ich es vertrage, wenn man mir meine Kohlehydrate wegnimmt. Und es dauerte ein paar Tage – voll mit Pasta, Kartoffeln und Brot –, bis ich wieder normal war. Was mit dem Parasiten geworden ist? Ich weiß es nicht. Ich hatte irgendwie nie das Gefühl, einen zu haben …

Machen wir etwas falsch, wenn es bei uns nicht funktioniert? Eine Milliarde Chinesen können sich doch nicht irren, oder?

Akupunktur dagegen wirkt bei mir wunderbar. Schon im Vorzimmer meiner chinesischen Ärztin in München geht mein Körper ganz selbstverständlich in Aufnahmeposition, so dass ich schwebeähnlich auf der Liege lande. Mein Körper hat schon vorher begonnen, obwohl die Nadeln noch nicht gesteckt waren. Genauso geht es mir mit Jin Shin Jyutsu – einer Art Akupunktur ohne Nadeln.

Wir wissen mittlerweile, dass die Reaktion unseres Körpers der einzige sichere Anhaltspunkt ist, ob etwas bei uns funktioniert. Wenn ich etwas ausprobiere, dann gebe ich mir ein Zeitlimit dafür. Wenn ich merke, dass sich etwas in die richtige Richtung bewegt, dann kann ich dieses Zeitlimit immer noch ausdehnen. Wenn ich aber merke, da tut sich gar nichts, dann lasse ich es eben wieder. Dabei gehe ich nicht davon aus, dass es bei niemandem funktioniert. Es funktioniert nur eben bei mir nicht.

Ich habe eine seltsam kritische Einstellung gegenüber allem, was mich spirituell erleuchten soll, indem es aufgesprüht, angeklebt oder eingecremt wird. Ich glaube, dass persönliches Wachstum aus Worten, Gedanken und Taten resultiert, die es zu erarbeiten gilt, und nicht aus einer Spraydose oder einer Pillenschachtel.

Natürlich bereichern uns Gerüche, so wie gute Musik und zärtliche Berührungen. Mamas Hühnersuppe und liebevolle Umarmungen helfen uns natürlich. Die Untersuchungen von Dr. Masaru Emoto sprechen dafür, dass sich Wasserkristalle verändern, wenn darüber gebetet wird. Alles besitzt eine Vibration, eine Schwingung, die entweder fein oder dicht ist und alle Stadien dazwischen hat, und die Schwingungen wiederum haben Einfluss auf mein Leben und auf mein Wohlbefinden.

Natürlich wissen wir alle mittlerweile, wie wichtig eine gesunde Einstellung ist. So wirken einige Medikamente, Behandlungen und Handauflegungen deswegen, weil wir daran glauben. Was ja an sich nicht gegen derartige Methoden spricht. Schließlich haben wir alle selbstheilende Kräfte in uns, und die gilt es zu aktivieren. Und natürlich würde ich auch nicht schwimmen lernen, wenn ich mir pausenlos bei den ersten Versuchen einrede: »Ich lerne nie schwimmen! Ich lerne nie schwimmen!« Wir vertrauen ja auch unseren Ärzten. Und welcher Schmerz ist in der Kindheit nicht weniger geworden, weil Mama oder Papa gepustet haben?

Grundsätzlich ist es wohl eher so für mich: Was immer mir schnellen und mühelosen Erfolg verspricht, stimmt meistens nicht. Das ist wie bei den Diätpillen, da habe ich auch noch nie jemanden kennengelernt, bei dem es funktionierte. Ich persönlich benutze wenig von den angebotenen Sprays. Einige meiner Freunde benutzen selbst solche Wasser und haben damit unterschiedliche Erfahrungen gemacht (keiner allerdings hat nach der eigenen persönlichen Aussage Erleuchtung erreicht – egal, wie viel gesprüht worden ist). Gelegentlich benutze ich ein Spray, das von meiner Freundin Sharon Walker zusammengestellt worden ist. Während des Sprühens halte ich ein Gebet in meinem Herzen und bitte darum, dass sich alles von mir löst, was nicht meins ist. Dann sprühe ich es ein paar Mal über meinen Kopf, schließe die Augen und benutze es wie eine innere Reinigung.

Sharon Walker ist eine meiner engsten spirituellen Freundinnen. Sie ist Malerin und Bodyworkerin. Sie schrieb zu diesem Thema die folgenden Zeilen:

»Es scheint, dass wir Menschen häufig auf der Suche nach einer schnellen Lösung sind. Manchmal sehen wir etwas und hoffen, dass es sich dabei um ein ›spirituelles schnelles Schnäppchen‹ handelt. Diese gibt es in vielen Variationen: Klassen, Lehren, Bücher, Kristalle, Kerzen, Statuen, Öle und so weiter. Manchmal gibt es so viele neue Angebote, dass man schon gar nicht mehr weiß, was man machen soll. Also, was soll man sich aussuchen? Wie soll man etwas aussuchen? Erinnern wir uns, dass es keine ›schnellen Lösungen‹ gibt. Es gibt viele Dinge, die uns unterstützen, aber jeder von uns muss trotzdem seine Arbeit tun!

Um andere zu unterstützen, habe ich vor Jahren eine Firma gegründet, die ›Angel Elixir‹ heißt. Ich habe, mit der Unterstützung meiner Engel, schwingende Aromatherapie-Produkte kreiert, die aus zersplitterten Diamanten und Halbedelsteinen, reinen essenziellen Ölen, Farben und Gebeten bestehen. Es gibt dabei fünf verschiedene Formeln, jede davon enthält eine unterschiedliche Intention und Vibration. Während der Zusammenstellung halte ich in meinen Gebeten eine bestimmte Absicht, die sich dann energetisch mit dieser Formel verbindet. Das heißt aber nicht, dass man nur mit den Produkten weiterkommt. Wir müssen unsere Arbeit schon noch selbst tun. Und die Entscheidung – was für mich richtig ist – beginnt immer mit dem, was man fühlt …

Fragen Sie sich selbst: ›Wie fühle ich mich dabei?‹ Fühlen Sie sich glücklich, traurig, zögernd, erregt, friedlich, aktiv, ausgeglichen oder was sonst? Reisen Sie in Ihre eigenen Sinne: Berührung, Geschmack, Hören, Riechen, Sehen, Fühlen. Sie sind es, die sie auswählen, und zwar am besten dadurch, dass Sie beobachten, wie Sie sich dabei fühlen.

Meine Lieblingsblume ist die Rose; meine Tochter bevorzugt das Gänseblümchen, und Ihre mag die Lilie sein. Es gibt viele wundervolle Geschenke und Werkzeuge, die uns dabei unterstützen, ein Gleichgewicht und eine Harmonie in uns zu schaffen auf unserer spirituellen Reise, aber jede ist eine individuelle Wahl. Die Wahl heißt: aufmerksame Einsicht.«

Ich glaube nicht, dass die meisten Menschen, die uns Hilfe auf dem spirituellen Weg anbieten, das tun, um uns übers Ohr zu hauen. Natürlich wird es den einen oder anderen geben, der da eine »Geschäftsidee« sieht, bei der er Geld verdienen will. Die meisten von uns, die etwas anbieten, tun es mit reinem Herzen und dem Wunsch nach Unterstützung der Mitmenschen. Die Frage ist nur, wie gut diese Unterstützung denn ist. Ist sie wertvoll für mich? Bekomme ich das, was ich brauche? Es gilt, die Resultate aufmerksam zu beobachten: Bin ich wirklich gesünder? Fühle ich mich wohler? Entscheidend ist nicht, ob seit Jahrhunderten diverse Asiaten damit steinalt werden. Wer kann das schon wirklich nachprüfen?

Auch hier gilt, was für alles zu gelten scheint: Wohin fühle ich mich hingezogen und wie wähle ich etwas aus? Ich rate den Besuchern meiner Vorträge – wenn sie mich fragen, welches meiner Bücher sie nehmen sollen –, eines in die Hand zu legen, die Augen zu schließen und sich zu fragen: »Ist mir dieses Buch nützlich?« Dann anschließend bitte aufmerksam den Körper beachten: Rührt sich nichts, ist es ein »Nein«; rührt sich etwas (eine Bewegung im Herzen, Gänsehaut, ein leichtes Kribbeln, Wärme, ein Windhauch et cetera), dann ist es ein »Ja«.

Woran erkenne ich einen guten Lehrer?

Brauchen wir überhaupt Lehrer? Ich glaube, ja, denn es hilft uns – wie beim Lesenlernen, Autofahren oder Skifahren auch –, schneller Zusammenhänge zu verstehen. Spirituelle Lehrer wechseln. Und selten ist es nur einer. Wenn wir uns auf die Suche nach einem Lehrer machen, dann fühlen wir uns zu denen hingezogen, die uns das anbieten, was wir möchten.

Manche suchen nach jemandem, der sie den eigenen Weg gehen lässt, der dafür sorgt, dass sie ein persönliches Verhältnis in Gott erleben. Andere wünschen sich einen Lehrer, der den Weg gemeinsam mit ihnen geht, dabei die Verantwortung dafür übernimmt und sie weise führt.

Natürlich sind diese beiden Sparten nicht so hundertprozentig voneinander zu trennen, beide Schülertypen existieren nicht unbedingt in Reinform. Man mag sich ein bisschen wünschen, dass einem jemand sagt, wo es langgeht, aber ist doch in der Regel eher selbständig.

Wenn wir uns unseren Lehrer – falls wir einen haben – genau anschauen, dann wissen wir, was für ein Typ Schüler wir sind. Haben wir uns einen Lehrer gesucht, den wir automatisch sehr viel höher stellen, den wir bewundern, dem wir jeden Wunsch von den Augen ablesen wollen, dann suchen wir unterbewusst nach jemandem, der für uns die Verantwortung übernimmt. Im besten Fall hat uns unser Lehrer schon darauf aufmerksam gemacht. Im schlechtesten Fall schickt er uns zum Einkaufen und lässt uns seine Wohnung putzen – unentgeltlich natürlich. Oder ... schläft mit uns, damit wir »schneller« höhere Weihen erreichen.

Wenn ich mir einen neuen Lehrer gewünscht habe, dann bat ich immer im Gebet darum. Anschließend war ich deswegen aufmerksam, was sich mir denn anbot. Manche Lehrer tauchen nur noch mal auf, damit wir sehen, ob wir den letzten Stolperstein auch richtig erkannt haben. Haben wir etwas aus der vergangenen ungesunden Lehrer-Schüler-Beziehung gelernt? Wenn ja, dann merken wir sehr schnell, dass es das Gleiche in Grün ist, und beenden diese Beziehung. Wenn nein, machen wir solch eine ähnliche Situation einfach noch mal durch. Irgendwann lernen wir es schon.

Dadurch eliminieren sich erst mal diejenigen, die jeden anderen Lehrer abwerten. Ich habe einige Briefe von Lesern und Leserinnen bekommen, die in spirituellen Gruppen waren und diverse Herausforderungen mit ihren Lehrern und Lehrerinnen hatten. Meistens ging es um das Übliche: Kein anderer Lehrer war gut. Jedes andere Buch war unwichtig, und nichts, was von außen kam, war diskussionswürdig.

Ich glaube, dass jede Lehre für beide ist: für den Schüler, damit der den Mut aufbringt, seinen Lehrer anzusprechen; und für den Lehrer, damit er die Gelegenheit bekommt, über sein Verhalten nachzudenken. Natürlich gibt es verschiedene Möglichkeiten, solch einen Lehrer anzusprechen. Eine, die ich immer bevorzuge, ist die der Fragestellung. Dabei bemühe ich mich natürlich auch, aufmerksam auf die Antworten zu hören und meine Frage nicht nur pro forma zu stellen:

- Manchmal entsteht bei mir der Eindruck, dass es Ihnen nicht gefällt, wenn ich andere Bücher erwähne. Ist das so?
- Wenn ja, warum?
- Welche Bücher würden Sie mir denn empfehlen?
- Was genau gefällt Ihnen an dem/der Lehrer(in) nicht?
- Und haben Sie sie/ihn schon persönlich kennengelernt?
- Woher nehmen Sie Ihre Informationen über den/die Lehrer(in)?

Ich würde vorher ein gemeinsames Gebet vorschlagen. Somit bringen wir unsere Absicht in eine Klarheit und Reinheit, die solch einem potenziell dramatischen Gespräch gut bekommen kann. Die Lehrer, die in ihrer Führungsposition zu weit gegangen sind, ahnen es in der Regel selbst. Weswegen sie nicht früher aufgehört haben, mag ihnen selbst ein Rätsel sein.

Als Schülerin habe ich natürlich selbst vieles gesehen und beobachten können. Es ist leicht, in eine Begeisterung hineinzufallen, die langsam in eine Abhängigkeit führt. Da kann einiges an Stolpersteinen herumliegen:

»Oktober.

Noch nie in ihrem Leben hatte sich Klara so zu Hause gefühlt. Was für eine tolle Gruppe von Leuten! Wenn nur alle in ihrem Leben so liebevoll wären! Mit ihren zweiunddreißig Jahren hatte sie schon eine Sammlung von anstrengenden Mitmenschen ›angehäuft‹. Sie war so froh, dass sie sich von Yvonne, ihrer Kindergartenfreundin, hatte breitschlagen lassen, zu ihrer Medita-

tionsgruppe mitzukommen. Eigentlich war ihr Yvonne mit ihrem ewigen ›Komm doch mal mit, das wird dir bestimmt gut-tun!‹ ziemlich auf die Nerven gegangen, aber als letzte Woche dieser unsägliche Streit mit ihrer Mutter einfach kein Ende fand, hat sie sich dann doch überreden lassen.

Sie schaute sich in dem großen Wohnraum um, in den die Leiterin der Gruppe eingeladen hatte. Mindestens fünf Buddhas standen da, irgendwas roch ganz gut. Ach ja, wahrscheinlich Salbei. Verbrennen das nicht die Indianer bei ihren Zeremonien? Dann gab es da noch diverse Jesusbilder und eine Frauenstatue, die die anderen als ›Quan Yin‹ bezeichneten. Was immer das bedeuten mag. Sie traute sich nicht zu fragen. Jeder schien über alles Bescheid zu wissen. Sie kam sich ein bisschen blöd vor. Sie hielt sich in der Nähe von Yvonne auf, die sich auch liebevoll um sie kümmerte. Jeder umarmte jeden, und am Anfang war ihr das ein bisschen unangenehm. Aber wenigstens rochen alle gut, ob-wohl ihr auffiel, dass die meisten von Fußpflege nicht viel hielten, geschweige denn von kurzen Zehennägeln. ›Aber na ja, niemand ist perfekt. Wer wird denn so kleinlich sein?‹, maß-regelte sie sich selbst.

Besonders fasziniert war sie von der Leiterin der Gruppe, Anandi, eine Frau wohl Ende vierzig, Anfang fünfzig, die wie selbstverständlich das Zentrum aller Aufmerksamkeit war. Sie war keine Inderin, sondern kam aus Mönchengladbach. Sie trug eine weite, cremefarbene Hose, eine lockere Bluse und hatte diverse Amulette um den Hals. Sie war ›Reiki-Meisterin‹, was ihr Yvonne einmal erklärt hatte, aber irgendwie hatte sie das ver-gessen. Meisterin ist schon mal nicht schlecht, und dann kannte sie sich wohl auch noch mit Astrologie aus – etwas, was ihr völ-lige Bewunderung abverlangte. Nicht wegen des Wissens, sondern wegen des Gedächtnisses. Klara konnte sich gerade mal ihren Aszendenten merken, aber wenn dann gefragt wurde, ›wo ihr Mond ist‹, dann konnte sie sich nie erinnern.

Außerdem ist die Meisterin Anandi, wie sie von allen hier genannt wird, wohl auch sehr intuitiv, weil viele der Anwesenden sie auch privat um Rat fragen und die Antworten auch so eintreffen. Yvonne erzählte ihr ebenfalls, dass Anandi eigentlich Brigitte heißt und dass sie diesen Namen aber vor Jahren nach einer Indienreise angenommen hatte. Ob Anandi oder Brigitte, das war Klara nun wirklich gleich. Ihr fielen nur die warmen Augen von Anandi auf, und sie merkte, wie sie gelegentlich auf ihr ruhten.

Was für eine Frau! So eine hätte sie auch gerne als Freundin. Im Laufe des Abends, an dem meditiert, gebetet und geredet wurde, fiel ihr eine kleine, dunkelhaarige Frau auf, die wohl Anandis rechte Hand zu sein schien. Sie sprang immer sofort auf, wenn Anandis Wasserglas leer war, brachte ihr ein weiteres Kissen, als sie merkte, dass Anandi ihre Position veränderte, und jedes Mal bedankte sich Anandi bei ihr mit einem herzlichen Lächeln und sagte: ›Danke, Maria.‹

Yvonne hatte Babysitterprobleme und musste rechtzeitig zu Hause sein, und da sie mit nur einem Auto gekommen waren, ging Klara auch gleich mit. Sie sah noch aus dem Augenwinkel, wie sich Anandi zurückzog und eine Gruppe von fünf oder sechs Leuten ihr folgte. Die anderen – es müssen wohl um die fünfzig gewesen sein –, die noch zurückblieben, unterhielten sich, und es schien ihnen nicht aufzufallen. Schade, dachte sich Klara, ich würde gerne auch zu den Leuten gehören, die mit ihr gehen können.

November.

Zu bedauerlich, dass diese regelmäßigen Abende bei Anandi nur einmal die Woche stattfanden. Sie war gerade mal fünf Abende dabei, aber sie fühlte sich so viel besser als vorher. Mittlerweile kannte sie auch fast alle in der Gruppe und war schlichtweg begeistert. Von so vielen Sachen hatte sie keine Ahnung. Und Anandi war einfach sagenhaft. So warm, so klug und doch so humorvoll. In ihrer Nähe kam sie sich immer so beschützt vor. Sie hat so etwas unglaublich Mütterliches, was sie von ihrer eigenen Mutter einfach nie bekam. Ihre Mutter war, soweit sie sich zurückerinnern konnte, immer schon ein Nervenbündel gewesen. Nichts konnte man ihr recht machen, und auch jetzt, wenn sie miteinander telefonierten, musste sich Klara erst einmal Tiraden anhören, dass sie sich schon wieder nicht meldet und es ihr doch wieder so schlecht geht und sich keines ihrer Kinder um sie kümmert. Klara konnte es schon nicht mehr hören. Immer fühlte sie sich anschließend wie gerädert. Wann wird ihre Mutter endlich dieses Gejammere aufgeben? Wenn sie doch endlich mal Verantwortung für sich selbst übernähme! Anandi meinte auch, dass das wichtig wäre und dass sie vielleicht mal ihre Mutter mitbringen könnte.

›Das fehlt mir gerade noch‹, dachte sich Klara. ›Endlich habe ich mal eine Gruppe, in der meine Mutter kein Bein auf die Erde kriegt, und dann soll ich sie auch noch mitnehmen? Nein, nein, so weit wird es nicht kommen.‹

Sie wollte Anandi so gerne ein bisschen näher kennenlernen. Wann immer der Abend vorbei war, so gegen zehn Uhr, stand in der Regel eine Gruppe von fünf Leuten mit ihr auf, die dann mit ihr aus dem Zimmer ging. Seit Yvonne die Babysitterprobleme nicht mehr hatte, blieben die beiden auch gerne ein bisschen länger, um sich mit den anderen zu unterhalten. Manchmal hörten sie lautes Lachen aus dem Hinterzimmer, und Klara wünschte sich nichts sehnlicher, als dabei zu sein.

Einige aus dem engen Kreis hatte sie schon kennengelernt. Da gab es einen Markus, der wohl schon seit Jahren in Anandis Nähe war und sie zu diversen Veranstaltungen fuhr. Anandi fuhr nicht selbst Auto, das täte ihr nicht gut. Weswegen, wusste sie nicht. Und es ging nur in Markus' Auto. In dem Wagen durfte nie geraucht werden, und auch sonst wurde er von Markus persönlich geputzt. Markus erzählte ihr mal, dass nur ein bestimmtes Reinigungsmittel benutzt werden durfte und auch nur er, Markus, sie fahren dürfe. Einmal wurde er krank, und sein Bruder fuhr. Die arme Anandi war anschließend ebenfalls fünf Tage krank, und man musste die Gruppe ausfallen lassen. Markus erklärte ihr auch, dass er seither natürlich noch eifriger versuchte, gesund zu bleiben; und selbst als er einmal eine wirklich böse Magenverstimmung hatte, fuhr er Anandi trotzdem. (Stolperstein ...) Da war sie ihm unendlich dankbar dafür. Na ja, irgendwie auch kein Wunder. Anandi war nun mal sehr ›feinstofflich‹, und da muss man einfach ein bisschen vorsichtiger sein.

Dezember.

Das war mit Abstand ihr schönstes Weihnachten! Nicht nur, dass am ersten Weihnachtsfeiertag Anandis Zentrum eingeweiht wurde. Eine ihrer Anhängerinnen hatte ihr eine Scheune vermacht, und die wurde von allen schon seit einigen Monaten renoviert. Jetzt war sie endlich fertig geworden. Anandi bat sie auch, mit ihr ›Stille Nacht, heilige Nacht‹ zu singen. Anandis Stimme ist – bei aller Liebe – nicht so toll, aber Klara war besonders geehrt, dass sie ausgerechnet sie gebeten hatte, mit ihr zu *singen. Anandi nahm sogar ihre Hand dabei und drückte sie ein paar Mal. Ihr Arm war noch den ganzen nächsten Tag wie heiß. Sie war so glücklich. Und am Schluss meinte Anandi, es sei doch herrlich, dass sie so eine wundervolle Familie seien. Und diejenigen unter ihnen – Klara hätte schwören können, dass Anandi sie länger dabei angeschaut hat –, die sich solch eine liebevolle Familie immer gewünscht hätten, mögen in dem kommenden neuen Jahr das Gefühl haben, ›nach Hause‹ gekommen zu sein.*

Ja, das Gefühl hatte sie. Hier gehörte sie hin, und sie wünschte sich nichts sehnlicher, als näher bei Anandi zu sein. Das schönste Weihnachtsgeschenk war allerdings, als der Abend vorbei war und die übliche Gruppe ins Hinterzimmer verschwand, dass Anandi sich umdrehte und Klara zu sich herwinkte. Sie konnte es kaum fassen!

Im Hinterzimmer stand ein großes Sofa, und Anandi legte sich wie selbstverständlich darauf. Markus massierte ihre Füße, und Maria brachte ihr ein Tablett mit Süßigkeiten und jeder Menge Schokolade. Klara kriegte kaum den Mund zu, sie hatte ja keine Ahnung, welche Mengen an Süßigkeiten Anandi verdrücken konnte. Und sie dachte immer, dass Naschen etwas Schlechtes sei. Na ja, offensichtlich schadete es Anandi nicht. Sie wusste nicht genau, was sie tun sollte, und so ging sie zu Anandi und massierte ihr die Schläfen. Ihr schien es zu gefallen, und sie schloss dabei die Augen. ›Danke‹, murmelte sie noch, und Klara fühlte sich einfach großartig.

Die Woche darauf ging sie nach dem Vortrag wie selbstverständlich mit nach hinten. Kurzfristig hatte sie Angst, dass vielleicht irgendjemand der anderen sie komisch anschauen würde. Aber nein, Anandi sagte auch sofort: ›Ah, Klara, wie schön, massier mich doch bitte nochmal so toll wie letzte Woche.‹ Da wusste sie, dass sie dazugehörte.

Januar.

Klara fiel auf, dass Anandis Büro nicht ganz durchorganisiert war. Maria schickte regelmäßig die Einladungen zu den diversen anderen Veranstaltungen raus, aber häufig kamen sie zu spät an, oder die Adressen stimmten nicht. Als mal wieder einiges danebengegangen war, hörte sie nach einem der Abende, während sie um ihr Sofa herumsaßen, Anandi sagen, dass es doch toll wäre, wenn sie irgendjemanden finden könnte, der das durchorganisierte. Klara stand gerade zufällig (obwohl es ja keine Zufälle gibt, wie Anandi häufig betont, aber trotzdem schien es sehr zufällig zu sein) neben ihr und bot sich ganz automatisch an. Anandi schaute hocherfreut und dankbar, und Klara versprach, sich um alles zu kümmern.

Am nächsten Tag im Büro – eigentlich müsste sie sich ja um den neuen Etat kümmern, aber der kann warten – (Stolperstein …) organisierte sie das alles. Sie entschied sich für einen Fragebogen, der alle Mitglieder erfasst, die dann automatisch Informationen über die diversen Veranstaltungen erhalten. Der Fragebogen durfte natürlich nicht zu lang sein (weil das nervt) und musste dringend folgende Angaben enthalten: Adresse, E-Mail-Adresse, Telefonnummer, ob sie über zukünftige Termine informiert werden und freiwillig mithelfen wollten. Vielleicht noch, ob sie regelmäßig etwas spenden mochten oder wobei sie Lust hätten mitzuarbeiten. Sie machte genügend Kopien für alle und freute sich schon auf Anandis Gesicht, wenn sie ihre Arbeit sehen würde.

Februar.

O mein Gott, was für ein Drama! Klara hatte natürlich keine Ahnung, welch einen Aufruhr sie mit diesen Fragebögen beschwören würde. Anandis Assistentin Maria, die Anandi umsorgt, rief sie gestern an, um sich zu beschweren. Sie hatte schon von Yvonne gehört, dass Maria über irgendetwas sauer war, aber Klara konnte sich natürlich beim besten Willen nicht erklären, was das sein könnte. Maria hatte offensichtlich den Geburtstag von Anandi geplant, und es hat sie gestört, dass ausgerechnet da Klara ihren Fragebogen hervorholte und jeden aufforderte, sich einzutragen.

Ja, das darf doch nicht wahr sein. Wie kann man sich denn über so was aufregen? Wir sind doch hier schließlich nicht in einem Kleingartenverein. Na ja, Anandi hat sich auf jeden Fall gefreut, dass sie alles so gut in die Hand genommen hatte, und schenkte ihr dann dieses herrliche blaue Kreuz mit der Kette. Dass Anandi an sie gedacht hat! Sie sagte dazu auch noch, dass sie vor ein paar Wochen dieses Kreuz gekauft hatte, aber noch nicht wusste, für wen, und es ihr plötzlich in den Sinn kam, dass es ein Geschenk für sie sei.

Dass Anandi an sie denkt, das war das Tollste dabei. Sie schrieb auf, dass sie noch die Termine für morgen im Büro verschieben muss (Stolperstein …), weil Anandi dringend jemanden brauchte, der sie nach Augsburg fahren konnte. Endlich wieder Zeit allein mit Anandi! Selbstverständlich hat sie sich sofort angeboten. Sie hoffte natürlich, dass Anandi ihr Auto vertrug.

Später im Februar.

Dreimal hat sie Anandi schon fahren dürfen. Markus ging es nicht gut die letzten Wochen. Sein Vater lag im Sterben, und obwohl Anandi sich sehr viel um Markus zu kümmern schien, sie telefonierten häufig, war es halt nicht möglich, dass er sie fuhr. Klara war zum ersten Mal richtig froh, dass sie diesen schönen Oldtimer hatte, den sie sich in einem Anflug von Größenwahn leistete, als sie den ersten Großkunden für sich geangelt hatte. Anandi hatte ihn ebenfalls schon ein paar Mal bewundert. Er sah auch wirklich toll aus. So ein alter Mercedes, richtig hergerichtet, hat natürlich schon was.

Selbstverständlich hat sie sich sofort bei Markus erkundigt, was für ein Reinigungsmittel er benutzt, und er sagte es ihr auch, obwohl er doch ein bisschen seltsam klang. Aber das wird wahrscheinlich an seiner Situation liegen, tröstete sich Klara. Schließlich lag sein Vater im Sterben. Yvonne, ihre alte Freundin, wurde allerdings auch in letzter Zeit ein bisschen seltsam ihr gegenüber. Nun gut, sie musste ein paar Verabredungen absagen und hatte unglücklicherweise an Yvonnes vierzigstem Geburtstag kurzfristig keine Zeit (Stolperstein …), weil Anandi sie brauchte, aber daran konnte es ja wohl nicht liegen? Vielleicht hatte sie einfach nur nicht genügend Schlaf, Ärger mit dem Babysitter oder ihrem Mann.

März.
Klara zitterte immer noch. Yvonne musste vollkommen durchgedreht sein. Wahrscheinlich war sie nur eifersüchtig. Wie konnte sie ihr denn vorwerfen, dass sie sich verändert hätte? Klar hatte sie sich verändert (Gott sei Dank!), und das hatte sie schließlich alles Anandi zu verdanken. Natürlich wollte sie sich dafür revanchieren, und es stimmte überhaupt nicht, dass sie sich dazu zum Sklaven machte. Sie tat das gerne! Und Yvonne sollte einfach mal ein bisschen in sich gehen, da taten sich ja alte

Muster auf, die nicht sehr erfreulich waren. Klara fühlte einen seltsamen stumpfen Schmerz (Stolperstein …) in ihrem Herzen. ›Ich muss meditieren‹, beschloss sie. ›Irgendwie wird das schon werden.‹

April.

›Ich brauche dich morgen dringend!‹ Die Nachricht auf ihrem Anrufbeantworter war nicht besonders erfreulich. Gerade am nächsten Tag ging es so schlecht (Stolperstein …). Klara hatte einen neuen Kunden, der nur für einen Tag hier war, und Anandi brauchte ausgerechnet da jemanden, der sie in die Stadt zum Arzt fuhr. Vielleicht konnte ja Markus? Nun ja, Markus hatte sie in den letzten Wochen kaum mehr bei den Zusammenkünften gesehen. Er verabschiedete sich auch immer sehr schnell, und sie merkte natürlich ebenso, dass Anandi kaum mehr Zeit mit ihm verbrachte. O Gott, was soll sie nur machen? Vielleicht würde sie den Kunden ja nur am Nachmittag treffen können und Anandi früh zum Arzt fahren?

Mai.

Yvonne geht ihr mittlerweile aus dem Weg. Das ist klar, und jetzt ist es ihr auch egal. Schließlich hat sie dafür Anandi. Anandi erklärte ihr auch, dass manche Menschen sich eben langsamer entwickeln als andere (Stolperstein …), offensichtlich ist das bei Yvonne der Fall.

Gestern war sie mit Anandi beim Essen. Sie hat sich in diesen Heiler aus Peru verliebt, und der saß mit dabei und spielte immer auf seiner Flöte. Komisch war das schon. Sie kam sich ein bisschen wie das dritte Rad am Wagen vor, obwohl Anandi sich bemühte, sie einzubeziehen. Sie war so hundemüde und froh, dass sie die beiden schließlich nach Hause fahren konnte. Warum hat Anandi eigentlich keinen Führerschein? Sie schien doch sonst alles so gut im Griff zu haben?

Juni.

   Was soll sie bloß machen? Anandi plant schon seit einigen Wochen diese Reise nach Peru für die ganze Gruppe. Gestern hat sie dann vor versammelter Mannschaft den Termin verkündet, und der ist ausgerechnet Mitte September, wenn sie mit ihrer Schwester auf diese Fotosafari (die schon irgendwie seit hundert Jahren geplant ist) gehen wollte. O nein, das kann doch nicht sein!

   Später, als sie Anandi wie immer an den Schläfen massierte, sprach sie sie natürlich darauf an, ob der Termin schon feststehe, und Anandi schaute sie ganz entsetzt an und meinte – schon ein bisschen vorwurfsvoll –, dass sie doch schließlich wissen müsste, dass das der einzig mögliche Termin sei. Sie habe ja schon seit Monaten daran gearbeitet. Klara traute sich nicht, zu sagen, dass sie da schon andere Pläne hatte (Stolperstein …). Vielleicht konnte man ja die Safari verschieben.

Juli.

   O Gott, jetzt ist auch noch ihre Schwester sauer. Nicht nur, dass Yvonne, mit der sie seit der Kindergartenzeit engstens befreundet ist, kein Wort mehr mit ihr spricht. ›Warum können die denn nicht verstehen, dass diese Reisen mit Anandi unendlich wichtig sind? So was gibt es halt nur einmal im Leben. Auf Fotosafari kann man schließlich immer gehen, na ja, nun gut, zur Regenzeit ist das ein bisschen blöd. Aber sonst geht das nun wirklich. Ich kann von Anandi nicht verlangen, dass sie diese Peru-Reise mit dreißig Leuten verschiebt, nur weil ich Pläne mit meiner Schwester habe. Natürlich kann ich Peru nicht verschieben. Warum verstehen sie nicht, wie wichtig mir das ist? Schließlich will ich ja was lernen. Anandi ist nun mal meine Lehrerin, und da will ich in der Nähe sein, wenn sie mich braucht.‹ (Stolperstein …)

August.

Was für ein schrecklicher Monat! Anandi ist bei ihrer Familie in Hamburg – das macht sie wohl einmal im Jahr. Klara hatte ja keine Ahnung, dass Anandi dort einen erwachsenen Sohn hat. Na gut, dann kann sie sich endlich in Ruhe um ihre Buchhaltung kümmern und die Reise nach Peru vorbereiten.

Gerade ist einer ihrer Kunden abgesprungen, weil er meinte, dass sie sich nicht genug um ihn kümmerte (Stolperstein …). Was bilden sich die Leute eigentlich ein, dass sie kein Leben außerhalb ihres Jobs hat?

September.

Mein Gott, war diese Reise anstrengend! Kaum ausgepackt, schon ein Anruf von Anandi, dass sie morgen um zehn Uhr zur Akupunktur gefahren werden müsse. Klara kann nicht mehr (Stolperstein …). Die Reise, na ja, sie weiß nicht, irgendwie seltsam war sie schon. Dauernd hing Anandi mit diesem merkwürdigen Schamanen zusammen, der auch noch irgendwie scheußlich diese Flöte spielte. Beim Abendessen im Restaurant war das ja noch ganz amüsant, aber der spielt jedes Mal, wenn ihm keine richtige Antwort einfällt.

Anandi benahm sich auch ein bisschen seltsam (Stolperstein …). Sie ist schon recht eitel. Bei aller Liebe, das fällt einem einfach auf. Und wie sie da so gnädig die Geschenke dieses

anderen Schamanen angenommen hat, na, irgendwie hat ihr das
nicht gefallen.

Während Klara ihre Post durchsah, fiel ihr eine Ansichts-
karte von ihrer Schwester in die Hand, die eine Freundin nach
Afrika auf Fotosafari mitgenommen hatte. Es beruhigte Klara
ein bisschen, dass sie eine Nachricht von ihrer Schwester erhielt.
In Gedanken fragte sie sich, ob sie da nicht mehr Spaß gehabt
hätte. Ein leichtes Bedauern machte sich in ihr breit, und als
sie auch noch den Haufen Post sah, den ihre Nachbarin ge-
bracht hatte, wurde ihr ganz übel. Rechnungen über Rech-
nungen.

Klara hatte sich in den letzten Monaten einfach nicht genug
um ihre Kunden gekümmert. Langsam wurde das teuer. Und
obwohl sie manchmal bedauert, nicht fest angestellt zu sein, ist
sie doch froh um die Freiheiten, die sie sich nehmen kann. Sie
hätte niemals die Chance gehabt, Anandi zu chauffieren, wenn
sie irgendwo angestellt wäre. Und obwohl sie eigentlich keine
Zeit hat, wird sie es schon irgendwie schaffen, dass sie Anandi
morgen zum Termin fahren kann ...«

Immer wieder versuchen diese Stolpersteine auf Klaras Weg,
ihr zu zeigen, dass sie überprüfen soll, wie viel Zeit sie wirklich jemand anderem schenken kann. Ihr Leben ist jetzt ein
Balanceakt geworden.

Ein guter Lehrer, eine gute Lehrerin hat klare Eigenschaften: Sie wollen uns zu Schäfern und nicht zu Schafen ausbil-
den. Sie haben keine übergeordneten finanziellen Interessen
(obwohl auch sie natürlich Geld verdienen müssen, und das
sollen sie ja auch). Sie wollen keine Abhängigkeiten. Sie suchen nicht nach Leuten, die alles für sie tun. Natürlich kann

man jemanden unterstützen – das fühlt sich ja auch ganz anders an, als jemandem dauernd zu Diensten zu sein. Gute Lehrer, gute Lehrerinnen sind warmherzig. Wenn sie streng sind, tun sie das, ohne uns bloßzustellen oder uns mit Absicht zu verletzen. Wir müssen nicht neue Leute dazubringen, um den Kreis zu vergrößern; und wenn wir gehen wollen, dann umarmen sie uns, wünschen uns viel Freude und Erfolg und lassen uns gehen.

Welche Stolpersteine gibt es für Lehrer?

Jeder, der sich auf das spirituelle Feld begibt und irgendwann einmal als Lehrer Erfolg hat, findet sich auf einem Weg mit vielen Stolpersteinen wieder. Auf einem Stein steht »Überheblichkeit«. Auf einem anderen »Größenwahn«. Auf einem dritten »So tun, als ob«. Der Grad zwischen Wissen und Arroganz ist ein sehr schmaler. Wir sind Lehrer und Schüler zugleich, und manchmal kann das in Vergessenheit geraten.

Wie wir wissen, ziehen wir als Lehrer genau die Schüler an, die wir unterbewusst haben möchten. Mit der Verantwortung unserer Lehrmethode übernehmen wir auch die Verantwortung dafür, in welche Richtung wir unsere vorübergehenden Schüler leiten. Falls wir eine individuelle Betreuung aufbauen, ist es wichtig, dass wir diejenigen, die ungern eigene Entscheidungen treffen, dazu anhalten, genau das zu tun. Übungen, die die eigene Intuition fördern, sind da sehr wichtig. Und selbstverständlich kann der Lehrer ein gutes Vorbild sein, indem er eben keine Ratschläge gibt, sondern immer wieder nachfragt, wie sich denn der Schüler entscheiden möchte.

Jene Schüler, die selbständig ihren Weg gehen, sehen sich häufiger der Herausforderung gegenüber, keine Hilfe annehmen zu können. Alles allein machen zu wollen. Auch Schmerzen allein ertragen zu müssen. Sie haben große Schwierigkeiten, sich wirklich zu öffnen, sich hinzugeben. Da ist es nützlich, sie zu mehr Miteinander, mehr Offenheit anzuregen.

Über die Gefahr der Arroganz oder die der Überheblichkeit ist schon gesprochen worden. Wenn wir als Lehrer merken, dass jedes Mal, wenn jemand anderes erwähnt wird, eine sofortige Abwehrreaktion auftaucht, dann können wir für diese Zeichen sehr dankbar sein. Offensichtlich gibt es da ein Glaubenssystem in uns, das uns sagt, die anderen taugten weniger als wir. Sind wir vielleicht eifersüchtig? Wenn gerade mal der Papst und der Dalai Lama als »gut« gelten und alles andere »schlecht« ist, dann stimmt was nicht.

Ein weiterer Stolperstein liegt in der Bewunderung anderer. Ein guter Lehrer hat immer das Interesse seines Schülers im Auge. Also wird er ihn dazu anregen, selbständig weiterzugehen. Wenn es Leute gibt, die ohne unsere Ratschläge nicht mehr entscheiden, die nur dann aufblühen, wenn sie in unserer Nähe sind, die durch ein Lächeln oder einen kritischen Blick entweder in Verzückung oder in Verzweiflung gestoßen werden, dann haben wir unsere Aufgabe falsch verstanden. Wenn unser eigenes Selbstwertgefühl von der ungesunden Bewunderung anderer aufgebaut wird, dann wird es auch irgendwann einmal wieder zusammenfallen. Nämlich dann, wenn die Bewunderer sich einen anderen Lehrer suchen. Und das werden sie. Wir sind im besten Fall ein Straßenschild, das die Richtung anzeigt.

Nach dem Stolperstein, der »Bewunderung« heißt, findet sich gleich das »So tun, als ob«. Auch spirituelle Lehrer haben schlechte Tage, sind krank oder müde. Viele zwingen sich dann, so zu tun, als sei alles in Ordnung. Sie sind erschöpft, zeigen es aber nicht. Da ich selbst mal eine Phase des »auf den Himmel gerichteten Blicks« hatte (so meine Schwester Susanne), erkenne ich diesen Stolperstein sehr schnell. Mir ist das zu wenig bodenständig. Ich glaube nicht, dass der Lehrer oder die Lehrerin anständig geerdet ist, wenn sie mich mit diesem konstanten milden Lächeln von ihrer Erleuchtung oder Heiligkeit überzeugen wollen. Zu viele Kerzen, zu viel Drumherum, zu viele süßliche Gerüche. Die wirklich weisen Menschen, die ich getroffen habe, zeichnen sich durch eine lebhafte Herzlichkeit aus. Der Dalai Lama zum Beispiel lacht laut und herzlich. Gelegentlich raucht auch mal einer, und es wird manchmal stürmisch getanzt.

Ich habe einige Lehrer kennengelernt, die niemals über ihre Herausforderungen sprachen. Warum nicht? Glauben sie, dass die anderen ihnen nicht mehr vertrauen, wenn sie ihre eigenen Unsicherheiten zugeben? Glauben sie, dass ein Lehrer niemals schwanken darf? Spielen sie gar eine Rolle (Stolperstein »So tun, als ob«) und bewegen und geben sie sich so, wie sie glauben, dass sich ein spiritueller Meister zu geben hat? Dann haben sie ihre Ehrlichkeit und ihre Offenheit verloren.

Natürlich gefällt es uns besser, gefallen wir uns selbst besser, wenn wir selbständig, selbstbewusst und großartig auftreten. Und das sind wir auch. Nur eben nicht immer. An manchen Tagen fühlen wir uns allein, einsam und unwichtig. Es ist notwendig, dies zu akzeptieren und es weder bei sich noch anderen zu verurteilen. Erinnern wir uns daran, dass selbst Jesus am Tag vor seiner Verhaftung um Hilfe bat. Er bat die Jünger, mit ihm zu wachen, bei ihm zu sein an seinem letzten

Tag in Freiheit. Wenn Jesus um Hilfe bitten konnte, können wir es auch tun.

Dann gibt es noch den Stolperstein der Verliebtheit. Die Bewunderung für den Lehrer oder für die Lehrerin kann sich schnell in eine romantische Schwärmerei verwandeln. Therapeuten werden in ihrer Ausbildung immer wieder davor gewarnt. Viele ihrer Klienten fühlen sich zum ersten Mal verstanden. Da hört einem jemand zu. Das muss doch Liebe sein! Die Verliebten erkennen nicht, dass diese Aufmerksamkeit auch den anderen Klienten gezeigt wird.

Manchmal verlieben sich allerdings beide. Eine meiner Freundinnen hatte eine Liebesbeziehung, die sich aus solch einem Lehrer-Schüler-Verhältnis ergeben hatte. Sie war Meditationslehrerin, und er kam zu ihr als Suchender. Nach einigen Terminen bemerkten plötzlich beide, dass sie sich ineinander verliebt hatten. Als meine Freundin spürte, dass ihr Herz tiefer berührt wurde, brach sie sofort die »berufliche« Beziehung mit ihm ab. Sie erklärte ihm, dass sie gerne jemand anderen empfehlen würde, aber für weitere Termine nicht mehr zur Verfügung stünde. Er ahnte, worum es ging, suchte sich eine andere Lehrerin und meldete sich dann eine Weile später wieder bei ihr. Obwohl sie zögerte, begannen sie eine Beziehung. Sie blieb seine Lehrerin. Sie war in ihrem spirituellen Leben einfach sehr viel bewusster und aktiver, er war neugierig und wollte von ihr lernen. Es gelang den beiden nicht, sich aus dieser Lehrer-Schüler-Dynamik herauszuarbeiten.

Wenn in einer Liebesbeziehung einer der Lehrer ist, dann hat sie ihr Gleichgewicht verloren. Die gegenseitige Achtung hat sich gewandelt. Einer hat »Oberwasser«, und damit entsteht keine Gleichberechtigung in der Liebesbeziehung.

Ähnlich schwierig ist es, wenn man versucht, von einem ursprünglichen Lehrer-Schüler-Verhältnis zu einer Freundschaft in gleicher Augenhöhe zu wechseln. Das mag für den ehemaligen Schüler eher unbefriedigend sein. Schließlich wünscht und erwartet er oder sie eine gleichberechtigte Beziehung. Und ob das möglich ist, hängt von der Bereitschaft beider ab: die des Lehrers, den ehemaligen Schüler einzubeziehen in sein/ihr Leben und auch um Rat zu fragen, und die des ehemaligen Schülers, sich auf gleicher Stufe mit dem Lehrer zu sehen.

Kein leichtes Unterfangen.

Natürlich ist das sehr viel dramatischer, wenn der Lehrer eine sexuelle Beziehung mit einem Schüler anfängt, alles unter dem Mäntelchen der Spiritualität. Dass dabei die Bewunderung der Schülerin (meistens ist es eine Schülerin, obwohl es natürlich auch Männer betreffen kann) dementsprechend manipuliert wird, ist offensichtlich. Häufig in Gedanken geradegebügelt durch eine Mitteilung in der Meditation, indem der Lehrer dann glaubt, er hätte die Anweisung dazu von ganz oben bekommen.

Dann gibt es natürlich auch noch den Stolperstein der Berühmtheit, des Erfolgs. Plötzlich gibt es da Hunderte von Leuten, für die man plötzlich wichtig wird. Wir können uns alle ausmalen, was für Herausforderungen es da gibt. Integrität, Wahrhaftigkeit, Ehrlichkeit, Demut, Wachsamkeit sind nur einige der Eigenschaften, die dabei kultiviert werden müssen. Ob spiritueller Lehrer oder Rockstar ... tiefe, innere

Dialoge und ehrliche Freunde helfen, auf dem Teppich zu bleiben.

Eine Bekannte von mir wollte Lehrerin sein. Aber nicht nur das, sie wollte eine anerkannte spirituelle Kapazität werden. Sich in den Kreisen bewegen, in denen die »Schwergewichtler« des spirituellen Lebens verkehren: der Dalai Lama, Deepak Chopra, Marianne Williamson, James Redfield, Eckhart Tolle, Neale Donald Walsh. Sie ist Amerikanerin und war wie ich eine Schülerin von Zarathustra (gechannelt von der verstorbenen Jacqueline Snyder, siehe das Kapitel »Was ist eigentlich Channeling?«).

Sie hat eine Tochter, die ebenfalls Schülerin von Zarathustra war und gerne als Künstlerin Erfolg haben wollte. Das hatte sie auch. Sie wurde sehr erfolgreich. Ich nenne hier keine Namen, weil ich die Privatsphäre der beiden achten möchte. Da die Mutter aber für die Geschichte irgendeinen Namen braucht, soll sie Nora heißen.

Nora wurde die Managerin ihrer Tochter und kam dadurch in Kreise, die ihr bisher unbekannt waren. Das Geld floss plötzlich reichlich, und damit begannen sich die Ausgaben zu häufen. Nora hatte die Vision, eine Firma um ihre Tochter herum aufzubauen, die auf den spirituellen Prinzipien beruhte, die wir von Zarathustra gelernt hatten: gute Gedanken, gute Worte, gute Taten.

Sie rekrutierten aus dem Kreis von Zarathustras Schülern einige Mitarbeiter, die sich um diverse Bereiche der Karriere ihrer Tochter kümmern sollten. Ich bekam das alles nur am Rande mit, da der Kontakt mit ihnen zwar freundlich, aber nie ganz eng war.

Ich hatte damals bei mir zu Hause in meinem großen

Meditationsraum gelegentliche Zusammentreffen. Nachdem Jacqueline Snyder gestorben war, trafen wir uns als Gruppe »Sacred Life« nicht mehr regelmäßig. Trotzdem stellte ich meinen Meditationsraum gelegentlich für andere Zusammentreffen zur Verfügung. Unter anderem gerne für meinen Freund LD Thompson. Dazu kam auch Nora. Sie fuhr in einer langen Limousine mit Chauffeur vor. Ich schmunzelte. Ich konnte ja verstehen, warum sie sich dafür entschlossen hatte. Bis kurz vor Beginn der Karriere ihrer Tochter waren beide mal für eine Weile obdachlos gewesen und lebten in ihrem alten Auto. Kein Wunder also, dass sich Nora am Anfang dieses Gefährt leistete. Ich ging davon aus, dass sich das zügig wieder legen würde.

Doch dem war nicht so. »Stretchlimousinen« werden in Los Angeles in der Regel nur zu zwei Gelegenheiten benutzt: wenn man viel Gepäck hat und mit seiner Familie zum Flughafen fährt oder wenn man zu einer der großen Veranstaltungen eingeladen ist, dem Oscar, dem Emmy et cetera. Ansonsten fährt man solche Limousinen nicht. Diese Autos werden normalerweise auch gemietet, kaum jemand hat selbst so einen Schlitten: Es gilt als angeberisch und neureich.

Nora fing an, sich wie selbstverständlich mit dieser Limousine zu bewegen. Zum Arztbesuch, zum Einkaufen. Mal schnell rauf nach Santa Barbara, runter nach San Diego. Ich erwartete immer noch, dass sie irgendwann, mit der Zeit, einen selbstverständlicheren Umgang mit dem plötzlichen Reichtum entwickeln würde.

Sie bauten sich zwei Häuser. Geld schien zu fließen. Immer wieder wie ganz automatisch zu kommen. Der Wohlstand wurde mit Dankbarkeit angenommen. Doch die Ausgaben wurden enorm, der Mitarbeiterstab auch, und ich beobachtete mit Bedenken, was sich da zusammenbraute. Ein Mensch verdiente das alles: die Tochter. Und das mit sehr viel Arbeit.

Geld hat seine eigenen Gesetze. Und selbst wenn man glaubt und weiß, dass das Universum großzügig ist, so muss man doch auch weise damit umgehen. Das Geld floss. Viele Menschen lebten davon, und wie die Gezeiten, so unterliegt auch das Geld, wie die Karrieren, diversen Bewegungen.

Nachdem der Traum der Tochter in Erfüllung gegangen war, wollte natürlich auch ihre Mutter ihren Traum erfüllen: als spirituelle Lehrerin anerkannt sein. Nora wollte ein Buch schreiben. Ein Buch über den Wohlstand. Ein Jahr später wurde dieses Buch veröffentlicht, und ich freute mich für sie.

Ich kaufte es mir und merkte, wie ich bei jeder Seite immer mehr Entsetzen spürte. Das lag nicht an den Lehren oder den Prinzipien, die sie vertrat. Die waren mir alle sehr vertraut, und mir gefiel die Art, wie sie sie beschrieb. Was mich störte, war etwas anderes: Sie gab die Lehren von Zarathustra als ihre eigenen aus. Ich wusste nicht, was ich tun sollte. Einerseits weiß ich, wie viel Arbeit so ein Buch macht, und diese Arbeit von ihr möchte ich gerne würdigen; andererseits hat es mich unglaublich gestört, dass sie die Quelle ihrer Weisheit verheimlicht. Wir haben alle das Gleiche von Zarathustra gelernt. Warum muss das verschwiegen werden?

Ich schrieb ihr eine E-Mail, in der ich einen Anhang beifügte. Ich gratulierte ihr zuerst zu dem Buch und schrieb weiter, dass ich allerdings einige Fragen habe. Wenn sie daran interessiert sei, diese Fragen zu lesen, die seien im Anhang.

Ich hörte nie wieder etwas von ihr.

Dann erfuhr ich durch andere, warum sie diese Thesen als ihre eigenen ausgegeben hatte. Sie hatte Folgendes in einem Channeling-Termin mit Solano verstanden: »Es ist wichtig, die Lehren als eigene anzunehmen. Sie regelrecht zu besitzen.« Das interpretierte sie dann so, dass jede Aussage als eigene ausgegeben werden muss, »um sie dann auch zu besitzen«. Ich konnte mir beim besten Willen nicht vorstellen, dass Solano solch einen Rat gibt.

Das würde nämlich dann auch bedeuten, ich könnte verbreiten, der Ausspruch »Liebe deinen Nachbarn wie dich selbst« stamme von mir. Ach, Sie glauben mir nicht? Den kannten Sie schon? Von Jesus? Nein, der ist aber jetzt von mir. Natürlich würden Sie verwundert den Kopf schütteln.

Bei meinem nächsten Termin mit Solano fragte ich ihn danach. Er erklärte es mir: »Die Lehre kommt, von wem die Lehre kommt. Aber deine Erfahrung damit ist das, was du besitzt. Wenn also dein Lehrer sagt: ›Liebe deinen Nachbarn wie dich selbst‹ und du beginnst, das zu tun, also zuerst dich selbst zu lieben und diese Liebe dann auch auf den Nachbarn auszudehnen, dann hast du damit eine Erfahrung gemacht; und diese Erfahrung, die gehört dir. Und damit ›besitzt‹ du die Lehre.«

Wieder mal bestätigte sich, dass erstens alles im Leben eine Frage der Interpretation zu sein scheint und es zweitens wichtig ist, auch nachbohrende Fragen zu stellen.

Ich fing an, mich in Noras Gegenwart nicht mehr wohlzufühlen. Da gab es zu viele Unstimmigkeiten, die mir nicht gefielen. So vermied ich den Kontakt mit ihr. Nora hatte ihr Buch also herausgebracht und ging auf Buchtour. Der Erfolg des Buches erfüllte nicht ihre Erwartungen. Sie wollte sich als spirituelle Lehrerin zur Verfügung stellen. Doch ich glaube, dass man dazu erwählt wird, das kann man sich nicht selbst aussuchen. Die Leute machen einen dazu – oder eben nicht.

Innerhalb der Firma, die gerade am Anfang sehr bemüht war, die spirituellen Prinzipien einzuhalten, traten immer mehr Herausforderungen zutage. Es gab zu viele Heimlichkeiten, zu viele Ungereimtheiten, zu viele Klüngeleien. Und logischerweise, als Konsequenz, gab es den Zusammenhalt nicht mehr, der am Anfang die tragende Säule der Firma gewesen war.

Sie brach Stück für Stück zusammen.

Als Erstes wurden die Limousinen gestrichen, dann nabelte sich die Tochter ab. Was abzusehen war, ist passiert: Die Tochter sah sich den Riesenapparat an, den sie finanzierte, und erkannte, wie ihr Geld sich auflöste.

Und obwohl am Anfang viel Energie investiert worden war, um diese Firma nach spirituellen Prinzipien aufzubauen (gemeinsame Gebete, Bewusstsein um das Wachstum des Einzelnen, sogar Channelingsitzungen), so fiel das Ganze doch zusammen. Ich glaube, es zerbrach, weil sich eine gewisse Arroganz eingestellt hatte. Ein Glaube, dass man nichts falsch machen kann.

Ich beschreibe die Geschichte deswegen, weil sie so klar macht, welche Herausforderungen Geld, Erfolg und Ansehen bedeuten können. Und obwohl man es auf spirituellen Prinzipien aufbaut, mag es doch schwerer sein, sich mit seiner Persönlichkeit dort zurechtzufinden. Nora hat, wie ich und wie Sie, ihre Herausforderungen. Keine ist besser oder leichter als andere. Jede entspricht dem Lehrplan der Seele. Und manchmal sehen wir die Herausforderungen der anderen sehr viel deutlicher als unsere eigenen.

Einer der weiteren Stolpersteine ist auch, andere Menschen mit Drohungen oder Ängsten zu einem aufmerksamen Leben zu bewegen. Ich bin immer wieder überrascht, dass das noch nicht ausgestorben ist. Wie früher Menschen gezwungen worden sind, sich taufen zu lassen, um dem Fegefeuer und der Hölle zu entgehen. Sie müssen so handeln, denn schließlich *wissen* sie, dass ein ungetaufter Mensch niemals ins Paradies kommen kann, und sie wollten doch unbedingt, dass dieser Mensch ins Paradies kommt. Vergleichbar – wenn auch weniger brutal – verhalten sich die Lehrer, die eine enorme Dringlichkeit an den Tag legen. Die mit großem Elan unglaublich viele Pamphlete, Briefe, angeblich gechannelte Informationen und Informationsblätter, die nur so von Ausrufezeichen, Vorwürfen, Drohungen und erhobenen Zeigefingern wimmeln, entweder selbst entwerfen, in Meditationen durchgesagt bekommen haben oder so weiterverschicken: »Seht doch, was ihr angerichtet habt ...!«, »Kehr um, das Ende ist nah!« oder »Wenn ihr nicht bis dann und dann das und das tut ...!«. Dazwischen mal ein »Ihr werdet geliebt«, doch dann kommt ein drohendes »Aber ...!« sofort hinterher. Manchmal werden sie auch als wiederentdeckte, alte Schriften ausgegeben, die die Kirche verheimlichen will. (Warum wohl?) Häufig geht es dabei um eine dringende Zeitkonstellation: »Wenn nicht bis dann und dann die Menschen auf der Erde sich bessern, dann beginnt entweder a) das Ende der Welt, b) eine weitere schwere Seuche, oder es kommen

c) diverse Erdbeben, die zuerst New York zerstören und dann Kalifornien im Meer versinken lassen.«

Unglaublich finde ich es, wenn diese Aussagen dann diversen Engeln unterstellt werden. Als ob sie uns mit Drohungen gefügig machen wollen. Das hat schon in der Kindererziehung nicht funktioniert, und ich bezweifle sehr, dass es den Erwachsenen bei der Selbsterkenntnis nutzen wird. Ich nehme an, Engel wissen das. Von Gott mal ganz zu schweigen.

Die Stolpersteine Angst und »Ich bin besser als …« gibt es auch bei einigen Religionsgemeinschaften. Viele sehen die jetzige Zeit und ihre Herausforderungen als sicheres Zeichen für den Untergang der Welt. Diese religiösen Gruppen – gerade in den USA – warten auf die Apokalypse, denn in ihrem Glaubenssystem kann ihnen nichts passieren. Sie sind die Einzigen, die davor gerettet werden: Jesus wird sie kurz vor dem Untergang in großer Glückseligkeit zu sich ins Paradies rufen. Doch wie man große Glückseligkeit empfinden kann, wenn andere gleichzeitig dem Untergang geweiht sind, ist nicht ganz nachvollziehbar.

In den seltensten Fällen gehe ich übrigens davon aus, dass diejenigen, die Derartiges unterstützen, das mit böser Absicht tun. Die meisten von uns versuchen das Beste. Wie der Vater, der sein Kind verprügelt, weil er sein Bestes will, aber schlichtweg nicht weiß, wie anders er ihm etwas beibringen kann. Gefangen in seinen Gewohnheiten, in seiner Vergangenheit, in der er wahrscheinlich selbst verprügelt wurde. Natürlich ist man als Erwachsener auch verantwortlich für seine eigene Entwicklung. Und das eine oder andere Mal wird auch jemandem, der prügelt, der Gedanke gekommen sein, dass dies vielleicht nicht die richtige Methode ist. Dann entscheidet es sich: Kümmert man sich selbst darum, etwas anderes zu lernen, oder lässt man es aus Bequemlichkeit bleiben und riskiert dabei den Schaden, den man an seinen Kindern hinterlässt?

Der Gott, den ich liebe, der droht nicht. Wie ich mein Kind nicht verlassen oder im ewigen Fegefeuer brennen lassen würde, weil es einen »Fehler« gemacht beziehungsweise eine »Sünde« begangen hat, so wird auch Gott uns nicht leiden lassen. Wozu? Das Leben ist schon anstrengend genug. Ich glaube kaum, dass es irgendjemanden auf dieser Erde gibt, der ohne Schmerzen durchs Leben geht. Der Schatten gehört einfach zum Licht dazu.

Der Aufbau einer spirituellen Gruppe kann einem viele Stolpersteine auf den Weg legen. Ich habe nie den Wunsch gehabt, ein spirituelles Zentrum aufzubauen. Mir geht es eher darum, die eigene persönliche Spiritualität zu fördern, deswegen gibt es bei mir auch keine Privatstunden, und ich channele nicht. Gelegentlich bekomme ich Angebote, ob ich nicht eine Art Ausbildung für zukünftige spirituelle Lehrer anbieten möchte, mit Zertifikat von mir. Als Gütesiegel quasi. Danke für die Blumen! Natürlich unterrichte ich, allein schon dadurch, dass ich Vorträge halte und Workshops gebe. Doch dafür gibt es am Schluss kein Zertifikat mit meinem Namen drauf. In was soll ich denn auch zertifizieren? Bedeutet das nicht, dass ich damit die Verantwortung für die von mir zertifizierten Menschen übernehme? Mir ist es lieber, jeder ist für seine eigene Integrität verantwortlich.

Natürlich stellt sich da auch die Frage, ob ich mich nicht gerade an so einem Stolperstein angestoßen habe. Will ich nicht die Verantwortung übernehmen, Lehrer auszubilden, und dies ist einfach nur eine dementsprechende Ausrede?

Das wird sich schon irgendwann einmal beantworten lassen …

Ist das Meditieren wirklich so wichtig?

Ja. Ganz einfach: ja. Dabei geht es nicht darum, dass wir mit verschränkten Beinen stundenlang im Lotussitz verharren. Meditation bedeutet Stille, Ruhe. Meditation bedeutet, dass man seine Gedanken beruhigt und in einen entspannten Zustand bringt.

In jeder Religion gibt es solche Zeiten der Stille. In uns selbst suchen wir diese Lücke, die der Verstand lässt, wenn er für Sekundenbruchteile Pause macht. Ich habe viele Meditationen ausprobiert. Dazu gehören zum Beispiel bestimmte Atemtechniken, das Singen, Sagen oder Denken von Mantras, das Beten eines Rosenkranzes. Jeder von uns hat die Möglichkeit, seine Art der Stille selbst zu finden, und es gibt viele großartige Bücher darüber und zahlreiche Übungs-CDs. Für mich funktionieren zwei Meditationen am besten:

- Einmal das aufmerksame Beobachten dessen, was ich denke.* Ich schließe die Augen und frage mich: »Was denke ich eigentlich?« Und dann warte ich ab, was mir mein Verstand so anbietet: meistens nichts. Unser Verstand ist in so

---

* Siehe auch mein Buch Die Heilung von Krisen (mit Übungs-CD).

einem Schock, weil wir wirklich mal aufmerksam nachschauen, was wir denn so denken, dass er erst einmal still
ist und gar nichts denkt. Dann schleicht sich nach einer
Weile ein kurzer Gedanke ein, und ich folge ihm nicht –
denke also nicht weiter über den gerade kommenden Gedanken nach –, sondern warte, was da als Nächstes
kommt. Da ich dies schon seit vielen Jahren trainiere, fällt
es mir jetzt sehr viel leichter, lange Momente des Nicht-
Denkens zu haben. Diese Momente der Stille kommen mit
einem wohligen Körpergefühl, das ich sehr genieße.

- Das Tonen. Dazu setzte oder lege ich mich entspannt hin
  und summe vor mich hin. Ohne ein Lied im Ohr zu haben, sondern einfach die Töne, die ganz natürlich aus mir
  kommen. Ich merke nach einer Weile, wie mein Körper
  selbst vor sich hin summt und sich angenehm wohl fühlt.

Das heißt natürlich nicht, dass diese beiden Meditationen die
besten sind. Sie sind die besten für mich. Und das zurzeit.

Früher liebte ich geführte Meditationen, die mich auf
großartige Inseln brachten oder in denen ich mir einen herrlichen entspannten Platz aussuchen durfte. Mittlerweile bin
ich in mir selbst gerne zu Hause. Meine Engel sagten mir
mal, es ist einfacher für sie, mit uns Kontakt aufzunehmen,
wenn wir auch zu Hause sind. Und unser Zuhause ist in diesem Leben unser Körper.

Wenn wir uns verändern wollen, dann brauchen wir stille
Zeiten. Unser Verstand muss sich entspannen und wir uns
mit ihm. Dadurch sind wir in der Lage, unsere Intuition –
oder den Dialog mit den Engeln oder den mit Gott – wirklich aufzunehmen. Ich glaube übrigens nicht, dass unsere

Intuition uns etwas anderes sagt als Gott oder die Engel. Weisheit ist Weisheit – egal, wo sie herkommt. Schließlich sind wir mit unserer Intuition tief in dem Wissen Gottes.

Muss es zweimal am Tag für zwanzig Minuten sein? Die ersten Jahre schon. Warum? Wann immer wir uns etwas angewöhnen wollen, ist es am einfachsten, es wirklich regelmäßig zu tun. Wenn wir abnehmen wollen – so sagen die Sportwissenschaftler –, dann hilft es uns, fünfmal die Woche für 45 Minuten Sport zu machen. Das Problem dabei: Montag und Dienstag sind wir zu faul, und wir denken, wir haben ja noch die restlichen Tage der Woche. Dann haben wir am Donnerstag keine Zeit, und schon schlampern wir uns so durch. Wenn wir uns allerdings vornehmen, jeden Tag 45 Minuten Sport zu machen, dann fällt so ein Tag, an dem es eben partout nicht klappt, nicht so ins Gewicht. Ich bin sicher, Sie verstehen, was ich meine. Einigen wenigen gelingt es, so extrem diszipliniert zu sein, dass sie diese fünf Tage der Woche hinkriegen. Für all die anderen ist es einfacher, jeden Tag Sport zu machen oder eben jeden Tag zu meditieren.

Der Stolperstein ist der, dass wir uns möglicherweise fragen: Geht es nicht sehr viel einfacher und schneller, wenn wir einen »spirituellen Experten« um Rat fragen können? So sparen wir uns das regelmäßige Meditieren. Wir »sparen« uns dadurch leider auch die persönliche Erfahrung und das Wissen, dass unsere Intuition uns schon den Weg weisen wird. Die persönliche Erfahrung ist eben durch nichts zu ersetzen.

Und hier noch ein kleiner Vorschlag: Falls es Ihnen nach vier Wochen nicht guttut, lassen Sie es bleiben.

Es würde mich allerdings wundern.

Was ist, wenn die anderen mich für verrückt halten?

Seien Sie ganz beruhigt: Wenn man für verrückt gehalten wird, kann man endlich machen, was man will. Wir haben sowieso keine Kontrolle darüber, was die anderen über uns denken. Ob sie uns als sympathisch, doof oder arrogant empfinden, ist ihre Sache und kann nicht manipuliert werden. Dann kann man doch gleich bleiben, wie man ist, oder?

Als ich anfing. über spirituelle Dinge zu schreiben, war ich Fernsehmoderatorin. Journalistin. Und die redeten 1993 nicht über Engel. Mir war klar, dass ich meine Reputation aufs Spiel setzte und eventuell auch meinen Beruf. Aber es ging nicht anders. Ich wusste damals, dass ich über meine spirituellen Erfahrungen schreiben musste. Koste es, was es wolle. Es kostete, aber das war es wert.

Ja, bestimmt hielt mich der eine oder andere für verrückt oder zumindest für extrem naiv. Weder das eine noch das andere war ich gerne. Aber tief in mir wusste ich, dass es keine Rolle spielte. Ich wusste, dass der Weg, auf dem ich ging, der richtige für mich war. Und alles andere war weniger wichtig. Natürlich passiert es immer noch, dass mich jemand befremdet anschaut, wenn er herausgefunden hat, was ich mache. In der Regel entspannt sich die Situation aber sofort wieder, sobald ich dem Betreffenden sage, dass ich Gedanken lesen kann: »Ich weiß genau, was Sie jetzt denken: ›Nette Frau, leider etwas verrückt!‹« Und damit wenden wir uns anderen Gesprächsthemen zu … bis mein Gegenüber sich gefangen hat und mir dann meistens die eine oder andere Frage stellt.

Auch meine langjährige Freundin Ursula Karven machte sich früher große Sorgen um meinen Geisteszustand. Ursula ist Schauspielerin, erfolgreiche Yogabuch-Autorin, Mitinhaberin der Firma »bellybutton« und hat ein Yogastudio auf Mallorca namens »Yoga you«. Die Mutter zweier Söhne schreibt:

»Über zwanzig Jahre kennen wir uns schon, Sabrina und ich, begegnet sind wir uns das erste Mal in München – Seelenschwestern waren wir ab dem ersten Moment. Als ich Jahre später einen Amerikaner heiratete und nach Los Angeles zog, erzählte mir Jim von einem Mann, der ›auch eine Deutsche geheiratet hatte‹.

›Oh!‹, sagte ich. ›Das ist ja spannend‹, und ich dachte: ›Um Gottes willen, ich bin doch nicht hier, um mich mit Deutschen zu unterhalten.‹

Als dann der Name ›Sabrina‹ fiel, rannte ich zum Telefon.

Wie wunderbar, Sabrina hier in dieser Stadt …? Natürlich hatte ich gehört, dass Sabrina nach Los Angeles gezogen und mit einem Filmmenschen verheiratet war – aber wir hatten uns für etwa acht Jahre aus den Augen verloren … und nun, kaum angekommen, gibt mir mein Mann in einer Stadt mit fünfzehn Millionen Einwohnern ihre Telefonnummer. Als wir telefonierten, war es, als ob wir niemals aufgehört hatten, miteinander zu sprechen.

›Komm zu mir‹, sagte sie, ›wir haben das Haus mit dem bayerischen Zaun.‹

Als ich klingelte, war ich schon echt neugierig. Wie wird sie wohl aussehen? Ist sie zu einer Beverly-Hills-Tussi geworden?

Nach kurzer Zeit öffnete sich die Tür. Da stand sie nun vor mir, meine Münchner Freundin ... und mir fiel erst mal nichts mehr ein.

›Ist es Fasching?‹, dachte ich. ›Oder der erste April?‹

Sabrina stand mir gegenüber und trug eine Art ›Insektenbrille‹ mit vielen kleinen, wabenartigen Gläschen, in denen sich mein erstauntes Gesicht zweihundertfach spiegelte ...

›Komm rein, der Tee ist schon fertig. Wie schön, dass du hier bist‹, sagte sie und schloss die Tür hinter uns.

Ich folgte ihr durch ein wunderschönes, lichtdurchflutetes Haus auf eine Terrasse, wo schon der Tee vor sich hin dampfte. Auf dem Tisch lagen noch ein Dutzend andere Brillen in allen Farben des Regenbogens.

Als ich mich hinsetzte und innerlich immer noch hoffte, dass Sabrinas Witzbrillenversuch jetzt langsam ein Ende finden würde, weil ich zugegebenermaßen auch gerne mal ihre Augen gesehen hätte, anstatt mich und meine sich spiegelnde Teetasse in mehrfacher Ausführung – und sie immer noch nicht die geringste Andeutung machte, dass es sich um einen Scherzartikel handelte –, musste ich nun schließlich doch den Anfang machen und sie um eine Erklärung bitten.

›Sabrina, setz doch bitte mal die Brille ab – mir ist schon ganz schwindlig.‹

Und jetzt war die große Zeit der Aufklärung gekommen. Das sei eine Farbtherapie, erklärte sie mir, über Wochen müsse man verschiedenfarbige Brillen aufsetzen – und die Farbe, die man *am meisten hasse, sei die, die man am nötigsten brauche; und absetzen könne man die Brille während der Therapie leider nicht. Obschon sich das total bescheuert anhörte, fand ich es irgendwie lustig.*

Der Rest des Nachmittags verging dann wie im Flug, sie erzählte mir von Hypnosetherapien, von ihren Gürteln in Karate, von Meditationen, von Chants und wie man am besten kocht. Und obwohl ich an jenem Tag ihre Augen nicht sehen konnte, wusste ich, dass diese ›Verrückte‹ total in mein Leben gehört.

Nichts ist so, wie man denkt; wenn man Sabrina gegenübersteht, alles ist möglich. So konnte ich erleben, wie sie als Wünschelrutengängerin, zertifizierte Hypnosetherapeutin, Engelsmissionarin, Pfeifenträgerin und irgendwie so was Ähnliches wie eine Pfarrerin (sie hat eine Lizenz, die sie bevollmächtigt, Menschen zu verheiraten), als Malerin, Komponistin und Sängerin, Yogini, erfolgreiche Autorin, aber vor allem als meine geliebte Freundin ihren Weg geht.«

Ich probiere immer gerne Neues aus. Rückblickend muss ich allerdings sagen, dass ich doch zu häufig auch andere überreden wollte, bei meinen vielen spirituellen Experimenten mitzumachen. Jetzt bin ich doch erstaunt, dass ich so gar kein Gefühl dafür hatte, was »zu viel« war, und gleichzeitig fühle ich eine tiefe Dankbarkeit in mir, dass meine Freunde immer noch meine Freunde sind, trotz all meiner ungewöhnlichen Verhaltensweisen. Natürlich weiß ich, dass ich aufgrund meiner eigenen Begeisterung unsensibel auf die Ablehnung der anderen reagierte. Ich war ja der felsenfesten Überzeugung, dass dies auch allen anderen guttun würde (Phase zwei der spirituellen Entwicklung), und deshalb war es mir schlichtweg nicht möglich, anders zu handeln. Ich bin sicher, Sie haben es verstanden oder werden es sehr viel schneller verstehen als ich damals.

Obwohl ich mir mittlerweile keine Sorgen mehr darüber mache, ob mich die anderen für verrückt halten (sie tun es eben oder eben nicht), gibt es Zeiten, in denen ich einfach kein Interesse und auch keine Lust habe, über mein spirituelles Leben zu sprechen. Besonders auf irgendwelchen Partys scheint es mir häufig unpassend. Deshalb sage ich auch gerne, wenn man mich fragt, was ich beruflich mache, dass ich Bildhauerin bin. Was ja auch stimmt. Es ist immer wieder erstaunlich, wie kurz die Gespräche über dieses Thema sind. Man hat eben sehr viel weniger Fragen an Bildhauer. Praktisch, nicht wahr?

Warum hören sie denn nicht auf mich?

Vor Jahren saß ich mal vor Zarathustra – gechannelt von Jacqueline Snyder – und fragte ihn, was ich machen kann, damit meine Freunde meine spirituellen Ratschläge auch annehmen. Zarathustra lehnte sich interessiert nach vorn und stellte mir nur eine einzige Gegenfrage: »Haben sie dich gefragt?«

Haben sie mich gefragt?

»Nun ja«, stammelte ich, »nicht direkt, aber ich sehe natürlich, dass es ihnen nicht gut geht ...«, und ich hätte natürlich auch einiges von ihm, Zarathustra, gelernt, »... ist es nicht unsere Christenpflicht, anderen Menschen zu helfen, und ist das denn keine Hilfe?«

Zarathustra schmunzelte und sagte noch mal: »Haben sie dich gefragt?«

Stille. Nein, das haben sie nicht. So war mir denn auch klar, wie Zarathustras Frage beantwortet werden musste. Seufzend gab ich mein »Nein« zu.

»Ah«, lächelte Zarathustra. Er musste es mir nicht weiter erklären. Ich wusste, was er mir damit sagen wollte.

Wenn sich uns jemand anvertraut, dann heißt das nicht, dass der andere auch unseren Rat haben will. Manchmal (und ich glaube, häufiger, als wir annehmen) wird nur jemand zum

Zuhören gesucht. Und alles, was der Betroffene wirklich hören will, sind gelegentliche Laute, die ihm bestätigen, dass wir das auch aufmerksam tun. Meine Schwester Susanne erzählte mir, dass sie eine liebe Freundin von uns getroffen hatte, die von der gerade entdeckten Zuckerkrankheit ihrer pubertierenden Tochter sprach. Susanne wollte sie trösten und meinte, dass es ja jetzt schon sehr viel bessere Behandlungsmethoden gibt als früher.

Wollte unsere Freundin das wirklich hören? Weiß sie das nicht selbst? Schließlich ist es ihre Tochter, die krank ist. Sie wollte wahrscheinlich keine »Lösungen« hören, sie wollte Mitgefühl. Was sich übrigens vom Mitleid dadurch unterscheidet, dass wir nicht in das Leid mitgehen. Wir »fühlen« mit der anderen Person, aber es ist nicht notwendig, gleich »mitzuleiden«. Schließlich wollen wir nicht, dass unsere Schmerzen und Sorgen auch noch auf andere geladen werden. Sie werden dadurch nämlich nicht weniger.

Was allerdings weniger wird, ist unsere Fähigkeit, wirklich zuzuhören. Aufmerksam den anderen erzählen zu lassen. Mit Fragen nachzuhaken: »Wie fühlst du dich dabei?« oder »Was willst du jetzt machen?«, ohne seine eigenen Vorstellungen hinzuzufügen.

Zuhören ist wahrlich eine Kunst, die gelernt sein will. Nur die wenigsten Menschen haben ein Naturtalent dafür. Es gibt gerade im Buddhistischen viele Übungen dazu, und natürlich hat auch die christliche Religion in der Beichte eine lange Tradition des Zuhörens.

Die zwei Fragen, die wir uns auch immer wieder stellen müssen, bevor wir irgendwelche großartigen Ratschläge geben, sind die folgenden:

- »Kann ich etwas wirklich mit hundertprozentiger Sicherheit wissen?«
- »Traue ich dem/der anderen nicht zu, dass er/sie seine/ihre Herausforderungen selbst meistern kann?«

Früher sah ich meine Aufgabe als Freundin auch anders. Gerade in den ersten Jahren meines spirituellen Wachstums (oder Erinnerns) nahm ich an, dass es meine Aufgabe wäre, überall positiv zu sein. Es wird einem in jedem Buch, in jedem Vortrag mitgeteilt, wie wichtig es ist, positiv zu denken. So versuchte ich automatisch, überall das »Positive« zu sehen: Wenn man seinen Job verliert, dann war das wunderbar, weil man sich dann neu orientieren kann. Wird man krank, dann ist das passiert, um sich mehr auf seinen Körper zu konzentrieren und sein Leben zu ändern. Ist ein Teil vom Haus eingestürzt, durfte man froh sein, dass es nicht das ganze war.

Ich sah es als meine Aufgabe an, anderen ebenfalls die »positive« Seite zu vermitteln. Natürlich ist es meine Sache, ob ich für einen halben Hauseinsturz dankbar bin, aber kann ich das wirklich von anderen erwarten? Ja, gelegentlich sucht man Hilfe bei einem bestimmten Freund, weil er in allem noch einen Lichtblick sehen kann; aber genauso häufig brauchen wir auch Freunde, die uns einfach in den Arm nehmen und sagen: »Was für ein anstrengender Tag. Du Arme!«

Trauerarbeit ist eine äußerst wichtige Angelegenheit. Mag es das Trauern um jemanden sein, der gestorben ist, um den Verlust von Dingen oder Umständen, die uns viel bedeutet haben. Das Trauern kann man nicht abkürzen. Es dauert so lange, wie es dauert. Und ja, einige mögen in tiefen, tiefen Tälern verschwinden, und wir, als Freunde oder selbst Betroffene, können nur warten, bis das Licht wieder ins Tal scheint.

Wenn wir uns zu »positiv« verhalten, dann wird sich der andere noch mehr von uns zurückziehen. Er fühlt sich unverstanden und kann uns nicht ertragen. Er wird fühlen, dass es in unserer Nähe nicht erlaubt ist, sich wahrhaftig zu zeigen. Dass wir ihn beurteilen nach der Länge seiner Trauer. Dass wir glauben, er sei weniger spirituell, weniger entwickelt, weil er klagt, weil er weint, weil er sich einsam fühlt.

Es wird auch von uns kein Ratschlag erwartet, außer der andere fragt direkt danach. Von uns wird eine Umarmung erwartet – und manchmal nicht einmal das. Zuweilen kann der Betroffene eine körperliche Berührung in diesem Zustand nicht ertragen. So gilt es dann, einfach nur da zu sein. Seine Zeit dem anderen anzubieten, um sie gemeinsam zu verbringen. Oder regelmäßig anzurufen. Sich zu melden. Interesse am Zustand des anderen zu zeigen. Doch je mehr dieser glaubt, dass wir genervt oder angestrengt von seinem Trauerzustand sind, desto mehr wird er sich zurückziehen.

Vor ein paar Wochen fragte mich eine Frau nach einem meiner Vorträge um Rat. Man konnte ihr ansehen, wie sie sich um ein ehrenhaftes Leben bemüht und wie gerne sie helfen möchte. Ihre Nichte ist schon seit einer Weile schwer krank. Nach diversen Operationen sah es so als, als ob sie die Krankheit hinter sich hätte, doch gerade jetzt ist sie – nach zwei Jahren Pause – nochmals ausgebrochen, und es sieht nicht gut aus.

»Meine Verwandten wollen einfach nicht auf mich hören. Wir müssen dringend das Bett umstellen, weil es auf einer Wasserader liegt. Ich sage ihnen das schon seit Jahren!«

Wie gut ich das kenne. Ich nahm sie erst einmal in den Arm. Die ganze Verantwortung, die sie um das Leben ihrer Nichte fühlte, ließ sie starr vor Sorge werden. Während ich sie hielt, sagte ich: »Ob sie geht oder bleibt, ist die Wahl der Seele. Der Seele der Nichte. Nicht Ihrer. Nicht meiner.«

»Ja, aber wenn sie mich nur verstehen würden. Meine Verwandten blocken einfach alles ab und wollen nicht hören. Wenn ich es nur besser erklären könnte«, seufzte sie sorgenvoll. »Was soll ich nur tun?«

»Lassen Sie es«, riet ich ihr, »seien Sie einfach nur Tante. Lieben Sie Ihre Nichte. Seien Sie einfach nur da.«

Sie starrte mich an, und ich fragte sie: »Wie fühlt sich das an?«

Sie hielt inne und meinte ganz überrascht: »Komisch, das fühlt sich gut an. Mein ganzer Körper atmet irgendwie entspannt aus.« Ein Lächeln kam über ihr Gesicht. Ihre Freundin, die dabeistand, nickte mit dem Kopf. »Das sag ich ihr auch schon die ganze Zeit.«

Ich konnte sehen, wie sie den Gedanken in ihrem Kopf herumlaufen ließ. Wie sie erkannte, dass dies kein Aufgeben ist, kein »Sterbenlassen«, sondern das Akzeptieren der Entscheidungen der anderen. Sie wollte, das war zu fühlen, jetzt einfach nur Tante sein und die Zeit mit ihrer Nichte verbringen. Ohne den Verwandten ständig das Gefühl zu geben, dass sie in ihren Augen etwas falsch machen. Einfach nur die Zeit miteinander genießen. Wie lange auch immer sie noch sein mag. Wer weiß das schon?

Häufig sind wir, als nicht direkt Beteiligte, unsicher, wie wir uns in den Krisensituationen der anderen verhalten sollen. Wir denken – noch dazu, wenn wir mit Engeln kommunizieren, beten, meditieren, Yoga machen, etwas von Feng Shui und Reiki verstehen –, dass von uns kluge Ratschläge erwartet werden. Doch nicht jeder will eine Reiki-Behandlung oder ein gemeinsames Gebet. Es liegt an uns, den anderen zu achten. Seine Situation zu unterstützen. Manchmal gibt man erst die Ratschläge und zieht sich dann zurück oder ist beleidigt, wenn sie von den anderen in Krisensituationen nicht befolgt werden. Von der Verantwortung, die wir übernehmen zu müssen glauben, mal ganz zu schweigen.

Die Betroffenen werden schon ihre Gründe haben. Was von uns erwartet wird, so glaube ich, ist einfach, da zu sein. Das ist alles. Zeit für den anderen zu haben – wenn er sie denn will.

Fünfzehn Jahre und Tausende von Ratschlägen später ahne ich langsam, wie vielen Leuten ich mit meinen spirituellen Erklärungen und Vorschlägen auf den Wecker gegangen sein muss. Und ich entschuldige mich hiermit offiziell.

Natürlich haben wir im Laufe unseres Lebens Erfahrungen gesammelt, und es soll nicht heißen, dass wir jetzt so tun müssen, als wenn wir nicht wüssten, wovon wir sprechen. Der Unterschied liegt darin, zu erkennen, dass wir für *unser* Leben die richtigen Erfahrungen gemacht und die für *uns* richtigen Entscheidungen getroffen haben. Das heißt noch lange nicht, dass das auch für ein anderes Leben gilt. Da sich gerade spirituell interessierte Menschen mit ziemlich essenziellen Fragen beschäftigen, kommen wir häufig in Kontakt mit Leuten, die das noch nicht oder nicht in dem Ausmaß wie wir tun. Das bedeutet aber keineswegs, dass sie weniger Lebenserfahrung, weniger Gottesverständnis haben oder weniger weise sind.

Lag da gerade ein Stolperstein?

Wenn ich mich bei anderen Religionen umschaue, bastle ich mir dann nicht einfach meinen Glauben zusammen?

Für einen streng in seiner Religion glaubenden Menschen mag das so aussehen. Und natürlich kommt es immer darauf an, wie ernsthaft wir uns unseren Glauben erschließen. Gehen wir einfach von Religion zu Religion und suchen uns das aus, was uns am einfachsten und leichtesten erscheint, dann ist das Ergebnis dem eines Einkaufsbummels ähnlicher als einer Sinnsuche. Wir haben einfach in einer Riesentasche alles hineingestopft, was uns interessiert, ohne wirklich damit zu arbeiten. Vielleicht haben wir uns aber aufmerksam mit den verschiedenen Religionen und Glaubensgemeinschaften auseinandergesetzt – natürlich auch mit der, in die wir hineingeboren worden sind – und so etwas für uns gefunden, bei dem unser Herz singt.

Aber genauso gut kann ein Christ, Jude, Hindu oder Moslem sich in seine Religion und die Rituale hineinlegen, ohne wirklich darüber nachgedacht zu haben, was diesen Glauben denn bis ins Detail eigentlich ausmacht. Diese Religionszugehörigkeit besteht einfach schon seit Generationen in der Familie, und man ist halt katholisch oder evangelisch oder eben irgendetwas anderes. Manchmal hört man zwar aufmerksam der Predigt zu, aber Unverstandenes wird nicht nachgefragt. Glaube ich an das Paradies? An die Bedeckung meines Hauptes, um nur von meinem Ehemann gesehen zu werden? An die Vergebung der Sünden? An einen Messias, der noch nicht gekommen ist? An die Wiedergeburt?

Manchmal mag ein Religionswechsel oder ein völliges Desinteresse auch schlichtweg der Wunsch sein, sich von der Familie abzugrenzen. Und man gibt sich als Atheist, um den Vater zu ärgern.

Manchmal passiert es, dass ich strenggläubige Menschen treffe, die in einer bestimmten Religion zu Hause sind und die alles, was außerhalb davon liegt, entweder als lächerlich, gefährlich oder »Eso-Quatsch« abtun. Ich benutze das Wort »esoterisch« persönlich nicht, weil es sich hierbei ja auch um »geheimes Wissen« handeln soll, und meines ist nicht geheim. Ich bevorzuge das Wort »Spiritualität«. Und doch habe ich mich einmal in einer heißen Diskussion wiedergefunden, in der ich mich darüber wunderte, was denn da so alles von mir angenommen wird. Man nahm nicht an, dass ich mich ernsthaft mit meinem Glauben auseinandergesetzt habe, weil ich Meditationen verteidigte, von Reinkarnation überzeugt bin und lieber in leeren Kirchen statt im Gottesdienst bete. Dann bin ich auch noch zweimal geschieden, und wir wissen ja, was wir von diesen Leuten zu halten haben. Obwohl ich normalerweise solche Gespräche vermeide, denn sie führen zu nichts, ritt mich doch dieses Mal der Widerstand. Ich wollte plötzlich nicht nur mich, sondern auch alle anderen verteidigen, die sich ernsthaft und tief mit ihrem Glauben beschäftigen. Und so erzählte ich von meiner Auseinandersetzung mit meinem Glauben, von dem mehrmaligen Durchlesen der Bibel (in Gedanken sicher, dass das niemand der Anwesenden so oft gemacht hatte wie ich), vom tagelangen Alleinsein, betend auf Bergen (Das habt ihr mir doch nicht zugetraut, nicht wahr?), oder von den Stunden um Stunden dauernden langen Übungen, um meine Gedanken zu kontrollieren (da fällt so eine 45-Minuten-Messe am Sonntag überhaupt nicht ins Gewicht). Hab ich eigentlich schon von meinem Hausaltar und meinem »Mittwochs nicht reden« erzählt? Oder meinen dunklen Nächten der Seele? Ganz zu schweigen von jahrelangem Alkohol- sowie Zuckerverzicht und überhaupt ...

Ich hinterließ eine etwas verschreckte Gruppe von Leuten und fand mich kurz danach kopfschüttelnd wieder. »Sabrina, Sabrina, war das wirklich nötig?«, fragte ich mich. »Nein, natürlich nicht«, antwortete ich. »Aber ...«, und das musste ich einfach zugeben, »es hat wirklich Spaß gemacht.« Offensichtlich hatte dieses eine Mal so viel Spaß gemacht, dass ich es nicht mehr wiederholen musste.

Am Anfang meines spirituellen Weges hatte ich kein Interesse an meinem christlichen Glauben. Ich war nur an den anderen Religionen und Glaubensgemeinschaften interessiert. Erst später stellte ich fest, dass ich meinen Glauben auswechseln wollte, wie man einen Liebhaber auswechselt. Ich hatte mich viel zu wenig mit meiner Religion auseinandergesetzt und bin wieder zum Christentum zurückgekehrt. Kein Gesang berührt mich so, wie ein »Ave Maria« oder ein »Stille Nacht, heilige Nacht« mich bewegt, kein Salbei kann für mich den Weihrauch ersetzen. Und obwohl ich Buddha, seine Lehren und seine Weisheit sehr schätze, die Wärme, die durch Jesus kommt, ist meinem Herzen näher.

Auf der Suche nach einer Glaubenszugehörigkeit liegt einiges an Stolpersteinen herum:

- »Unser Glaube ist der einzig richtige« – Stolperstein der Arroganz.
- »Ich mache einfach, was alle machen« – Stolperstein der Unaufmerksamkeit.
- »Religionen sind doch nur zusammengewürfelte Ungereimtheiten« – Stolperstein der Ignoranz.

Ich sehe mich als Christin im weitesten Sinn. Ich glaube weder an die Erbsünde, an das einmalige Leben, an das Fegefeuer noch an die Ablehnung der Geburtenkontrolle. Bei meinem häufigen intensiven Stöbern in der Kirchengeschichte interessieren mich immer die Bereiche besonders, in denen – Hunderte von Jahren nach Christi Auferstehung – Glaubensregeln festgelegt wurden: zum Beispiel, dass Priester nicht verheiratet sein dürfen (1139), der erste Vorschlag zum priesterlichen Zölibat (306); dass es kein Heil außerhalb der Kirche gibt (1302); das Fronleichnamsfest (1264 beziehungsweise endgültig 1317); die Festlegung der Gottgleichheit Christi (325); der Tod als Folge der Sünde Adams (Erbsünde) sowie die Sündentilgung durch die Taufe (418); die Adventszeit (erstmals 450); der Papst nicht nur als Stellvertreter von Petrus, sondern auch als der von Jesus Christus (1198); und die Unsterblichkeit der Seele (1512).

Es ist faszinierend, zu sehen, wie unser christlicher oder römisch-katholischer Glaube sich entwickelt hat. Es ist beruhigend, nachzulesen, dass es in den letzten zweitausend Jahren in der Kirchengeschichte immer wieder viele Stimmen gab, die Toleranz gepredigt haben, während andere engstirniger waren und mehr Angst als Liebe verbreiteten. Mit welcher Ernsthaftigkeit gerungen wurde über Lächerlichkeiten, etwa »wie viele Engel auf eine Nadelspitze passen«, bis zu tiefen essenziellen christlichen Fragen, »ob Jesus gottgleich oder gottähnlich ist«. Einige Päpste waren größenwahnsinnig, während andere Päpste danach diesen Größenwahnsinn aufs Schärfste verurteilten. Wie wir nachlesen können, ging es den Päpsten nicht anders als den meisten Menschen auch: Es ist nicht leicht, wahrhaftig zu sein.

Eine der wichtigsten Regeln für Frieden ist meiner Meinung nach das Recht, jedem Menschen zuzugestehen, Gott so anzubeten, wie er es denn möchte. Unauflöslich verbunden mit diesem Recht ist ebenfalls die Toleranz, die dabei von uns allen erwartet werden muss, damit dieses Recht auch zu einem gegenseitigen Akzeptieren und damit zu einem weltweiten Frieden führen kann.

Mehr oder weniger offensichtliche Arroganz – »Ich lasse dich zwar deine Religion praktizieren, weiß aber ganz sicher, dass meine die einzig richtige ist« – gilt es zu vermeiden. Aber wie? Schließlich haben wir uns ja für unsere Art des Glaubensbekenntnisses entschieden, *weil* wir der Auffassung sind, dass sie richtig ist. Zarathustra sprach einmal davon, dass Gott wie das Licht aus einem Kronleuchter ist, und jede einzelne Lampe daraus ist eine Religion.

Wenn ich auf Buchtour gehe, dann werde ich gelegentlich auch in Kirchenbauten eingeladen. Manchmal war es ein Pfarrsaal, manchmal ein Gebäude, das zu einem Kloster gehört, manchmal die Kirche selbst. Am Anfang war das für mich eine große Gewissensfrage. Ich schreibe schließlich in meinen

Büchern über Reinkarnation. Soll ich das hier weglassen? Schließlich widerspricht das den offiziellen Lehren der Kirche.*

Weder in meinen Gebeten noch in meinen Meditationen bekam ich eine Antwort darauf, wie ich mich verhalten soll. So habe ich mich dann nach langem Hin und Her für den direkten Weg entschlossen: Ich fragte die Pfarrer selbst.

Ich erklärte ihnen mein Dilemma: Mein Versprechen mir selbst gegenüber nach Offenheit und Ehrlichkeit steht meinem Versprechen gegenüber, andere Leute nicht in Gewissenskonflikte zu stürzen oder mit meinem Glauben jemanden zu verletzen. Schließlich spreche ich hier in den Räumen der Kirchen, und die möchte ich gerne achten.

Angenommen, da gibt es eine ältere Dame, die am Ende ihres Lebens angekommen ist und sich in ihrem Glauben und ihrer Religion ganz sicher ist. Dann komme ich daher und bringe mit einem Satz vielleicht ihr ganzes Glaubensgerüst durcheinander. Dann stelle ich mir manchmal mit Schrecken vor, dass diese rührende alte Dame sich in den letzten Stunden ihres Lebens hin und her wälzt und sich sagt: »O Gott, was ist jetzt, wenn es Reinkarnation wirklich gibt, ich habe mich doch schon so auf das Paradies gefreut?« Und sie dann womöglich unruhig und ängstlich stirbt, weil sie befürchtet,

---

* Papst Gregor VII. (zugegebenermaßen einer der »wirren« Päpste) sah sich im Jahr 1075 als Reinkarnation des Apostels Petrus. Jesus fragt im Matthäusevangelium (16, 13–14) seine Jünger: »Was sagen die Menschen, wer der Sohn des Menschen [Anmerkung: Jesus] ist?« Sie aber sagten: »Einige: Johannes der Täufer; andere aber: Elia; und andere wieder: Jeremia oder einer der Propheten.« Was ich immer als Hinweis darauf gesehen habe, dass Jesus sehr wohl vertraut war mit der Wiedergeburt, so wie auch seine Jünger. Denn warum sonst hätte Jesus gefragt und als Antwort bekommen, die Wiedergeburt von Johannes, Elia, Jeremia oder einem der Propheten zu sein. – O nein! Schon wieder will ich überzeugen!

dass sie in Afrika wieder auf die Welt kommt, wo sie doch die Hochsommerhitze schon in diesem Leben in München kaum ertragen konnte. Ihre letzten unruhigen Stunden auf meinem Gewissen zu haben, das möchte ich gerne vermeiden.

Einige Pfarrer erklärten mir zu meiner großen Überraschung, dass sie selbst an Reinkarnation glaubten und es ihnen ganz recht sei, wenn ich etwas dazu sage. Einige meinten, dass sie immer gerne Dialoge in ihrer Gemeinde haben wollen, selbst wenn sie persönlich natürlich an die Auferstehung, aber nicht an eine Wiedergeburt glauben, so solle ich doch ruhig so erzählen, wie ich immer erzähle. Ich hatte mir die Offenheit der Pfarrer in meinem spirituellen Größenwahn doch immer sehr viel enger vorgestellt – und da musste ich häufig erkennen, dass ich Vorurteile hatte und nicht sie. Nur ein einziger Pfarrer schaute mich nach meiner Frage hoch entgeistert an, als ob er sich selbst noch niemals erlaubt hätte, länger darüber nachzudenken, und meinte kopfschüttelnd und bestimmt: »Nein, das gibt es nicht. Das wird von der Kirche völlig ausgeschlossen.«

Es hat Jahre gedauert, bis ich in der Lage war, den Glauben anderer Menschen zu achten. Am Anfang wollte ich sie nur davon überzeugen, dass sie falsch liegen. Das versuchte ich zuerst durch mein »Vorbild«. Ich dachte, dass die anderen, die ich überzeugen wollte, sehen, wie intensiv ich bete, meditiere und mich mit Gott auseinandersetze – das müsste sie doch in irgendeiner Form berühren, sie vielleicht neugierig machen, sie vielleicht überzeugen von meiner Intensität und meiner Ehrlichkeit. Wenn meine »Vorbild«-Funktion nicht die gewünschte Veränderung beziehungsweise das Interesse bei den anderen auslöste, dann versuchte ich es mit Logik.

Ich kenne mich ganz gut aus in meiner Bibel sowie in der

Kirchengeschichte und habe dann losgelegt, die diversen Zusammenhänge zu erklären, die zum Beispiel für die Reinkarnation sprechen oder was für ein Thema sonst, das den anderen an meinem Glauben störte.

Gott sei Dank hat mir der liebe Gott ein herrliches Geschenk mitgegeben. Er wird sich dabei köstlich amüsiert haben, als er es in meinen Genpool legte. Das Geschenk heißt: »Was immer du erklärst und sagst, du wirst es nicht mit fundierten Informationen belegen können, denn du, liebe Sabrina, wirst dir keine Namen und keine Jahreszahlen merken können.«

Es gibt nichts Blöderes, als wenn man einen Aspekt der Kirchengeschichte erklären will, der so, sagen wir mal, im Jahr (»Wann war das noch mal?«) von Kaiser (»Wie hieß er noch mal?«) in (»Konstantinopel? Rom? Athen?«) mit dem Papst (»Ich glaube, er fängt mit K an?«) stattfand und als Thema hatte: Sind Vater, Sohn und der Heilige Geist eine Person? Und nach (»einem Tag, zwei Wochen?«) forderte der Kaiser (»wie immer er hieß«) von den Geistlichen ein Ergebnis, und man hat sich dann letztlich schnell darauf geeinigt, dass die drei eine Person sind, und der Papst (»wie immer er hieß«) hat dem zugestimmt.

Sie sehen, die Argumentation steht da einfach auf sehr schwammigen Füßen. Es klingt doch schon ganz anders, wenn man stattdessen sagen könnte:

Das Jahr war 381, als von Kaiser Theodosius beim ersten Konzil (dem zweiten ökumenischen) in Konstantinopel, dem heutigen Istanbul, unter Damasus I., damals hießen die Kirchenväter noch Bischöfe von Rom (die Bezeichnung »Papst« wurde erst 440 eingeführt), erst nach vielen Diskussionen die Dreieinigkeitsformel festgelegt wurde, das heißt ein göttliches Wesen in drei Gestalten: Vater, Sohn und Heiliger Geist. Sehen Sie, das hört sich doch gleich sehr viel beeindruckender an. Aber ich kann das nicht. Alle diese Fakten der Geschichte lese ich, behalte ich für vielleicht eine Stunde, und dann macht sich das Geschenk Gottes bemerkbar, und ein gnadenloser Waschlappen wischt über die Tafel meines Gehirns alle Namen und Daten einfach weg.

So musste ich natürlich auch hierfür die Fakten mal wieder in meinem Bücherschrank nachschauen. Gott sei Dank hat das Suchen nicht lange gedauert, da ich immer die mir wichtigen Stellen mit gelben Textmarkern markiere. So muss ich wenigstens nicht nochmal das ganze Buch durchlesen.*

Irgendwann einmal, nach vielen Blicken meiner Gegenüber, die verzweifelt mit den Augen rollten, wurde selbst mir die Arroganz meines Auftretens bewusst, und da wäre ich beinah vor Scham im Boden versunken. Was genau passiert ist, weiß ich nicht. Mir wurde nur mehr und mehr bewusst, dass meine Konversationen einfach nur ein Ziel hatten: den anderen von der Richtigkeit meiner Aussagen zu überzeugen. Dass ich damit auch gleich jeden Gesprächspartner zu einem leichten Idioten erniedrigte, war mir dann doch plötzlich zu klar. Wie konnte ich das nur all die Jahre tun? Dann habe ich mir versprochen, dass ich mich nie, nie wieder so benehmen werde. Und doch habe ich es mir noch nicht abgewöhnt, innerlich mit den Zähnen zu knirschen, zum Beispiel wenn es heißt: »Der einzige Weg zu Gott führt über Jesus Christus.«

Meine Freundin und Seelenschwester Sheila Kenny hat jahre-

---

* Sie stammen aus dem Buch Daten der Kirchengeschichte von Gerhard Hartmann (Topos Plus 2003).

lang für gemeinnützige Organisationen gearbeitet. Früher leitete sie ein Referentenvermittlungsbüro. In den letzten Jahren war sie für eine Hilfsorganisation tätig, die sich weltweit für sauberes Wasser in unterentwickelten Gebieten einsetzt. Sie mied für eine lange Zeit Kirchen:

»*Ich bin in einer strengen katholischen Schule aufgezogen worden, und die war einfach fürchterlich. Die Nonnen erschreckten uns täglich damit, dass wir bestimmt in der Hölle landen würden, weil wir immer irgendwelche Fehler machten. Ich war sicher, dass ich zur Hölle verdammt war, und hatte dementsprechende Ängste und Albträume. Das hat mich natürlich sehr geprägt.*

Vor ein paar Jahren fuhr ich mit Freunden nach Mexiko. Einer unserer Freunde nervte mich ganz fürchterlich, weil er so frustriert war. Wir hatten einen vollkommen unfähigen Tourleiter, und jeder von uns war extrem genervt. Besonders dieser Freund konnte sich überhaupt nicht mehr beruhigen. Seine Frau und ich beschlossen, in die Kirche zu gehen und für ihn zu beten. Wir sitzen also in dieser wunderschönen, architektonisch faszinierenden Kathedrale und schließen unsere Augen, um zu beten. Wir hören, wie der Priester die Kirche verlässt, und dann hören wir, wie sie zugesperrt wird. Übrigens hasste ich katholische Kirchen, weil sie so reich waren, und diese Leute waren so arm. Ich dachte immer, dass das Geld gefälligst den Armen zur Verfügung gestellt werden soll.

Also, ich war nun in dieser Kirche eingesperrt und konnte nicht raus. Und da schaute ich mich um, und plötzlich fühlte ich, was für ein heiliger Platz das war. Jeder kann hier hereinkommen und dieses Mystische, diese Liebe fühlen. Ich musste erst in eine Kirche eingesperrt werden, damit ich meine Vorurteile darüber loswerde. Das war herrlich. Gott hat einen wundervollen Sinn für Humor.«

Wie viel hat unser Leben
mit Karma zu tun?

Was ist es, das uns dazu bringt, immer wieder die gleichen Entscheidungen zu treffen? Diese Entscheidungen – oder landläufig »Fehler« genannt – fallen uns wohl am ehesten in Beziehungen auf. Wenn wir uns zum dritten Mal in den gleichen Typ verliebt haben. Hat das etwas mit Karma zu tun, oder ist es einfach unsere ureigene Doofheit?

Die meisten Therapeuten und Lehrer haben dafür eine eindeutige Erklärung: Es sei das »Gewohnte«, das uns häufig und immer wieder in alte Umlaufbahnen zieht. Und um das Gewohnte zu verändern, bedarf es einer hohen Aufmerksamkeit und Konzentration. Wir müssen nämlich gegen unsere erste automatische Reaktion handeln, und das ist nur möglich, wenn wir uns unserer automatischen Reaktionen bewusst sind.

Viele, die sich auf den spirituellen Weg machen, sehen sich häufig zum ersten Mal mit dem Konzept des Karmas und der Reinkarnation konfrontiert. Und je nach Glaubensgemeinschaft, Religion oder Lehrer(inne)n scheint es sich nicht immer um das Gleiche zu handeln.

Natürlich maße ich mir nicht an, hier ein Experte zu sein. Schließlich hat der liebe Gott durch die fast immer fehlende

Erinnerung dafür gesorgt, dass wir uns auf *ein* Leben konzentrieren können, statt uns Hunderter zu entsinnen. Allerdings gibt es gelegentliche Ausnahmen wie das Wiedererkennen von Orten (»Ich bin zum ersten Mal hier, und doch ist mir diese Stadt so vertraut, jeden Winkel scheine ich zu erahnen«) oder von Menschen (»Da ist so eine Innigkeit, die sofort aufgetaucht ist, als ob wir uns schon seit Jahren kennten«).

»Karma« und »Reinkarnation« sind Schlagwörter geworden, die die unterschiedlichsten Bedeutungen haben können. Jeder muss natürlich selbst entscheiden, was er glaubt oder nicht glaubt. Auf welchen Informationen seine Entscheidungen basieren. Was ihm logisch oder unlogisch erscheint.

Für mich ist folgende Erklärung logisch: Wir leben ewig. Jeder, der schon mal am Bett eines Sterbenden gesessen hat, kennt wohl die Erfahrung, dass dieser Körper im Moment des Sterbens plötzlich leer ist. Das, was den Menschen ausgemacht hat, ist nicht mehr da. Der Körper ist zurückgelassen worden.

Wohin verschwindet also das, was den Menschen ausgemacht hat? Wir haben uns angewöhnt, es »die Seele« zu nennen. Ich glaube, dass jede menschliche Erfahrung eine Art Traum ist. Wir träumen einen Menschen-Traum nach dem anderen, und wahrscheinlich gibt es dazwischen irgendwelche »wachen« Seelenmomente bei Gott.

Karma ist für mich Ursache und Wirkung. Wenn ich unhöflich zu den Menschen in meiner Umgebung bin, wird man mich nicht leiden können. Wenn ich betrüge, wird man mir nicht vertrauen. Wenn ich ungewöhnliche Wege gehe, werde ich aus verfahrenen Situationen herauskommen.

Am Ende unseres Lebens schauen wir zurück, auf das, was uns gefallen hat, und auf das, was wir vermisst haben. Angenommen, wir hatten uns für dieses Mal einen ruhigen Platz zum Leben gesucht und mussten gelegentlich mit Einsamkeit kämpfen. Vielleicht wünschen wir uns in den letzten Stunden unseres Lebens mehr Aufregung, mehr Menschen, und so mag es sein, dass wir uns dann im nächsten Leben mit einer großen Kinderschar versehen. Die unerfüllte Sehnsucht nach dem, was man ausprobieren möchte, beginnt unser neues Leben zu formen. Wir wollen uns das, was wir uns ersehnen, in diesem neuen Leben erschaffen.

Natürlich wird es gelegentlich den Autofahrer geben, der mir ohne Grund einen Vogel zeigt, den Freund, der mich überraschend betrügt, den Job, den ich zu meinem großen Schock verliere. Das bedeutet nicht, dass ich für irgendetwas bestraft werde oder dass ich Fehler gemacht habe, für die ich jetzt büßen muss. So etwas würde ich nicht »Karma« nennen, sondern dies ist eine Aufgabe aus meinem Lehrplan, den sich meine Seele ausgesucht hat. Ich bin hier, um gewisse Erfahrungen zu machen, und die müssen mir vorgesetzt werden. Wenn ich also in diesem Leben lernen will, selbständig oder freiberuflich tätig zu sein, dann werde ich die »sicheren« Jobs nicht bekommen oder sie nur kurzfristig behalten. Ich soll ja die Angst vor der Selbständigkeit überwinden und darf nicht in der vermeintlichen Gewissheit einer Festanstellung verharren.

Da können wir uns dann tausendmal fragen, warum alle anderen offensichtlich Anstellungen bekommen und halten können, nur wir nicht! Da können wir so viel beten, wie wir wollen, noch so viele Engel um Rat fragen, Ecken in unseren

Wohnungen aufräumen und Feng-Shui-Brunnen aufstellen. Der Lehrplan unserer Seele lässt sich nicht wegmeditieren.

Statt also ein klagendes »Warum immer ich?« zu seufzen, hilft es, ein neugieriges »Warum passiert mir das?« zu fragen. So haben wir eher die Chance, eine Antwort zu finden.

Denn Gott hört uns zu.

Ich werde in diesem Leben nicht bestraft für Dinge, die ich im letzten getan habe. Der Gott, den ich kenne, der bestraft nicht. Was immer ich hinter mir habe – und ich glaube, wir alle waren schon mal Opfer, Täter und Helden –, hat mir weitere Erfahrungen gebracht.

Es gibt viele Menschen, die eine gewisse Vertrautheit zum Leben mitbringen, und andere, bei denen man das Gefühl hat, dass dies der erste Ausflug auf die Erde ist. Und wer weiß es schon, vielleicht ist es das ja auch?

Ist das die dunkle Nacht der Seele?

Wie bei jeder dunklen Nacht beginnt auch »die dunkle Nacht der Seele« nach einem hellen Tag. Wir wissen natürlich, dass jedem Tag auch die Nacht folgt und dass jede Nacht auch irgendwann einmal vorbeigeht. Nächte sind nicht zwangsläufig der schlechtere Teil unserer 24 Stunden, und so gehen wir recht entspannt mit dem Wechsel um.

Wenn wir zum ersten Mal durch die dunkle Nacht der Seele gehen, werden wir davon überrascht. Der Tag war ziemlich lange, und wir haben uns an die Sonnenstrahlen gewöhnt. Wir hatten eher das Gefühl, dass langsam alles besser wird, und hatten mit allem gerechnet – einer eventuellen Erleuchtung zum Beispiel –, aber auf gar keinen Fall mit so einer Dämmerung, geschweige denn einer solchen Dunkelheit.

In meinem Tagebuch fand ich erst vor kurzem die folgenden Zeilen, die ich 2003 schrieb, als ich mal wieder durch eine »dunkle Nacht der Seele« ging:

»Angeblich bin ich sehr beliebt. Während sich meine Augen mit Tränen füllen und ich mein Gesicht hinter beiden Händen ver-

stecke, versuche ich, mich selbst zu finden. Was nicht ganz einfach ist. Ich ertappe mich wieder dabei, dass ich zu atmen vergesse. Ich erlaube mir nicht genügend Luft. Ich könnte sie ja anderen wegnehmen. Oder vielleicht einfach zu viel fühlen ... und davor scheine ich Angst zu haben.

Mein Herz fühlt sich schwer an ... oder zumindest die Stelle, wo mein Herz sein soll. Die ganze Gegend scheint irgendwie tiefer zu liegen als mein Rest. Meine Gedanken sind nicht in der Gegenwart. Sie treiben sich in einer imaginären Zukunft herum. Eine Zukunft, die ich mir leichter wünsche. Liebevoller. Wärmer. Fröhlicher.

Wieder habe ich das Gefühl, mich zu beobachten. Wie ein Regisseur einen Schauspieler, ein Biologe eine Raupe betrachtet. Und vielleicht ist es diese Zweiteilung, die das Ganze so unerträglich einsam macht.

Obwohl ich viele Freunde zu haben scheine, melde ich mich häufig bei keinem. Sie melden sich regelmäßig bei mir. Die Gespräche sind mir gelegentlich zu anstrengend. Ich muss mich erklären, genau dann, wenn ich nichts zu erklären habe. Ich scheine irgendwie im luftleeren Raum zu schweben, ohne richtige Erdung. Selbst barfuß gehen hilft nicht. Wenn ich mich mit meinen Freunden unterhalte, dann scheint sich die Gegenwart aufzufüllen. Und genau das ist es, was ich zu vermeiden versuche. Ich will nichts auffüllen. Ich will fühlen, was ich fühle, ohne mich abzulenken. Und doch lenken mich Gedanken, Phantasien ab. Eine Zukunft, die ich mir ausmale, die voller Erfüllung ist. Und dann muss ich mich wieder zurückholen in die unsichere Gegenwart.

Alles wird neu werden. Auch ich.

Schon wieder.

So verdammt häufig habe ich mich schon häuten müssen, und schon wieder reibe ich mich wie die Schlange an den spitzen Steinen, damit mir die Haut abgeht, die mir zu eng wurde.

Meine Freunde machen sich Sorgen um mich. Es rührt und stört mich gleichzeitig. Teilweise wohl deswegen, weil ich bisher noch alles gemeistert habe und auch diese neue Zeit meistern werde. Wenn ich den neuen Weg erkenne, dann gehe ich ihn. So schmerzhaft er auch sein mag. Und doch fällt es mir schwerer, ihn dieses Mal zu gehen. Vielleicht, weil ich nichts mehr beweisen will. Jetzt möchte ich einfach nur zusammenfallen ... und diese Hingabe scheint mir nicht zu gelingen.

Hingabe ist mit schierem Willen nicht zu erreichen. Und das ist das Problem daran. Das Gegenteil dazu ist notwendig. Die Bereitschaft, schwach zu sein. Nachzugeben. Zutiefst einsam zu sein. Zu wissen und zu erlauben, dass es nichts gibt, was die anderen tun können. Das Einzige, was zu tun ist, ist, sich offen und ehrlich den anderen mitzuteilen. Ohne Hilfe zu erwarten. Ohne Unterstützung zu erleben. Nur zugeben: ›So ist es, wie ich mich fühle. Das ist es, was ich jetzt bin.‹ Das allein scheint Hingabe zu sein. Sich hinzugeben ohne Erwartung auf eine Art Lösung.

Ich habe den großen Wunsch, das Geschriebene mitzuteilen. Nur wem? Ich möchte nichts anderes auslösen als ... ich glaube: Akzeptanz ... Dass einfach akzeptiert wird, wie ich mich jetzt fühle. Es ist nicht einmal ein Geschenk. Sonst würde es dem anderen ja etwas nutzen. Es ist einfach nur da. Wie der Regen. Der Wind. Oder der Geruch des Salbeis, der gerade auf meinem Schreibtisch verbrennt.«

Jeder von uns geht durch seine tiefen Täler, ob man sie nun »dunkle Nacht der Seele« nennt oder nicht. Man fühlt sich einsam und verloren. Man zieht alles, was man bisher gelernt hat, in Zweifel und fragt sich, ob dies der richtige Weg ist.

Alles, was bisher gelernt worden ist, will überprüft werden. Hat sich in der letzten Zeit wirklich etwas verbessert? Ist das Leben tatsächlich leichter geworden? Häufig überstürzen sich die Zweifel. Nicht selten fällt man in ein tiefes Loch. Diese Zeit, die damals wohl einige Wochen dauerte, war eine zutiefst einsame Zeit. Eine von vielen, die notwendig sind, um sich selbst besser kennenzulernen, um Gott besser kennenzulernen. Und obwohl ich meine Familie, Freunde und meine Tiere um mich hatte, fühlte ich mich doch getrennt von ihnen. Wie wenn alles, was mich erreicht, erst durch eine dicke Nebelschicht auf mir landet. Und durch diese Nebelschicht ist das Lebhafte, das Freudige, das Leichte schwerer geworden.

Verschwommener.

Ungemütlicher.

Flacher.

An dieser bisher letzten dunklen Nacht der Seele war ich kurz davor, zu erkennen, dass ich mein Herz habe absterben lassen. Ich ging damals gerade von Phase fünf (meinem rigorosen spirituellen Training) in die sechste Phase, in der ich erkannte, dass ich mich vom Leben entfernt hatte. Einer der wichtigsten Aspekte in meinem spirituellen Training war, wacher für das Leben zu werden. Viele spirituelle Schriften schlagen vor, sich selbst und die anderen wie auf einer Bühne zu beobachten. Das birgt Vorteile und Gefahren. Der Vorteil ist eine gewisse Distanz, die zu den Dramen entsteht, in denen wir uns häufig befinden. Wenn wir in der Lage sind, eine Situation »von außen« zu betrachten, ist sie uns häufig klarer, als wenn wir mitten im Tumult sitzen bleiben.

Die Gefahr dabei ist, sich zu distanzieren; nicht mehr nahe genug bei sich selbst und seinem Leben zu sein. Wir verlieren die Innigkeit, die wir uns wünschen, gewinnen aber mehr Raum zum Atmen. Wir kriegen mehr Luft. Wir fühlen uns nicht mehr so eingeengt, so mitgenommen, so hin und her geschleudert vom Leben. In einem gesunden Maße ist das eine wundervolle Erfahrung. Wird sie zur starren Idee, verlieren wir unsere Lebendigkeit.

Gerade in diesen Nächten fragen wir uns, ob wir denn irgendetwas dazugelernt haben. Plötzlich haben wir das Gefühl, nicht wirklich weiter zu kommen. Dinge, von denen wir glaubten, dass wir sie schon längst erkannt haben, liegen plötzlich wieder breit auf unserem Weg, und wir haben uns zum zehnten Mal an dem gleichen Stein angeschlagen.

Ja, der Stein mag noch daliegen, aber uns ist nicht einmal aufgefallen, dass wir ihn schneller erkennen, uns weniger wehgetan haben und auch leichter darüber hinweggekommen sind. Wir haben etwas gelernt. Die Zeit der Rekonvaleszenz war sehr viel kürzer als früher. Das tröstet uns und beruhigt uns auch. Vielleicht, so hoffen wir, ist er ja dann irgendwann einmal ganz weg.

Die Weichheit des Herzens beginnt immer an sich selbst. Im eigenen Leben, im eigenen Körper. Erst dann erleben wir ein erfülltes Leben.

Natürlich ist diese Nacht irgendwann vorbei. Zarathustra hat es uns einmal so erklärt: »Wenn ihr euch weiterentwickelt, dann stoßt ihr mit eurem Kopf irgendwann einmal an die Decke eures bisherigen Glaubens; und bevor ihr diese Decke durchbrechen könnt, überprüft ihr noch mal, was ihr gelernt habt: Ist es richtig? Ist es wahr? Diese Zeit wird nicht selten auch als die ›dunkle Nacht der Seele‹ bezeichnet. Doch erinnert euch daran, liebe Menschenkinder, dass ihr euch danach in einem neuen Bewusstsein wiederfinden und ihr diesen neuen Raum beziehen werdet. Bis, ja bis euch auch dieser zu eng werden wird und ihr mit dem Kopf an die nächste Decke kommt.«

Wie erkläre ich meinen Kindern mein Gottesbild?

Ich erinnere mich noch an eine Autofahrt mit meiner Tochter Julia, wie sie wohl um die zwölf Jahre alt war. Sie erzählte mir von einer Situation in der Schule – woran, kann ich mich nicht mehr erinnern, ich weiß nur, dass meine Antwort, wie immer, eine spirituelle war.

Julia rollte mit den Augen und meinte: »Mama, ich kann es nicht mehr hören. Seit ich geboren bin, erzählst du mir jeden Tag was von Gott, und es nervt.«

Obwohl ich über ihren Ausbruch doch etwas überrascht war, musste ich ihr recht geben. Sie hat nun wirklich alles gehört, was es von mir darüber zu sagen gibt.

»Und übrigens, Mama«, so schickte sie gleich hinterher, »ich glaube nicht an Gott.«

Das war nun allerdings doch eine Überraschung. Natürlich wusste ich auch, dass sie damals in dem Alter war, in dem sie gegen ihre Eltern rebellieren musste, und wenn sie einen »Rebellionsgrund« suchte, der bei mir in ihren Augen offensichtlich war, dann war es natürlich Gott.

Julia beobachtete mich aufmerksam.

»Weißt du, ich glaube ja auch nicht an den Gott mit dem Rauschebart, sondern …«

»*Mama!* Siehst du, das meine ich damit.«

Ich schloss meinen Mund. Da fing ich doch schon wieder mit dem Belehren und Erklären an.

»Mein Schatz, du hast recht. Ich werde mich in Zukunft zurückhalten; und wenn mir was rausrutscht, bist du hoffentlich großzügig mit mir. Du kannst glauben, was du willst. Das ist ja das Tolle am Glauben, dass man ihn sich selber erarbeiten muss, und das ist nun mal deine Sache – und deine Sache allein.«

Sie schien etwas verwirrt zu sein.

»Bist du mir böse? Oder bist du traurig?«, fragte sie nach.

»Nein, ich bin weder böse noch traurig. Ich verstehe das sehr gut. Du wirst schon das Richtige machen«, antwortete ich.

Julia wird ihre Meinung durch mein ewiges Belehren nicht ändern. Im Gegenteil, ich will ja nicht, dass ihr Gott so auf die Nerven geht, dass sie in ihren zukünftigen Jahren nun gar kein eigenes Interesse aufbauen kann, wenn sie es denn will. Und falls sie doch irgendwann einmal Fragen hat, weiß sie ja, wo ich bin.

Kinder lernen am Beispiel der Eltern. Meine Mutter ist sehr gläubig, sie ging und geht jeden Sonntag zur heiligen Messe. Sie ist immer noch – mittlerweile über achtzig Jahre alt – ein aktives Mitglied ihrer Kirche. Selbstverständlich gingen wir auch am Sonntag mit (nicht unbedingt begeistert), aber nicht hinzugehen stand gar nicht zur Debatte. Unser Vater kam nur zu besonderen Anlässen: zur Kommunion von uns drei Mädchen, unserer Firmung und den Hochzeiten. Ich war der erste weibliche Ministrant in Bayern und später auch sehr lange aktiv in der katholischen Jugend. Ich genoss diese Zeit und durfte sehr viel dadurch lernen.

Meine Tochter Julia – mittlerweile erwachsen – ist in den Staaten aufgewachsen. Ich lebte damals in Los Angeles und war die ersten Jahre nicht an Glaubensdingen interessiert. Wir wollten, dass unsere Tochter sich später selbst aussuchen kann, zu welcher Religion sie sich hingezogen fühlt.

Sie war so ungefähr drei Jahre alt, als ich mit den ersten Meditationen begann. Julia hat als Kind sehr viel Spirituelles erlebt. Sie hatte einen eigenen inneren Dialog mit ihrem Engel. Sie war dabei, als ich meine erste heilige Pfeife überreicht bekam. Sie beobachtete Alex Orbito (einen Wunderheiler), wie er mit seiner Hand durch die Bauchdecke tief in den Bauch ihrer Mutter griff. Wir hatten ein Tipi im Garten, in dem immer wieder indianische Rituale durchgeführt worden sind. Meine Freundin Debbie gab ihr Jin Shin Jyutsu. Bei uns gab es Meditationsgruppen und gelegentliche Channeling-Sessions von Zarathustra, Theo oder Solano. Über Jahre gab es beim Einschlafen »Lektionen in Meisterschaft«, bei denen ich mit ihr intuitive Übungen gemacht habe. Zum Beispiel schloss sie die Augen, und ich legte meine Hand – ohne sie zu berühren – über ihren Körper, und sie sagte mir dann, wo sie das fühlt. Sie hatte selbstverständlich ihren eigenen kleinen Hausaltar, auf dem sie neben Engelbildern auch Dinge sammelte, die ihr wichtig waren. Wir schliefen häufig im Garten und schauten den Sternen beim Leuchten zu. Wir beteten vor dem Essen und vor dem Schlafengehen, nur eben selten in Kirchen. Ein paar Mal waren wir in einer kleinen Gemeinde in Santa Monica, da ich dort mit einigen Leuten an einem Projekt für obdachlose Frauen mitarbeitete. Sie war kleinere Gruppen gewohnt.

Julia ist nicht geradlinig im christlichen Weltbild groß geworden. Obwohl sie von Jesus und Buddha weiß, hat sie sich selbst nie wirklich groß dafür interessiert. Da es in keiner ihrer kalifornischen Schulen Religionsunterricht gab, ist ihre Ausbildung in spirituellen Dingen eine unformelle. Unvollständige. Vergleiche ich mein Aufwachsen mit dem meiner Tochter, so hat ihres doch höchstwahrscheinlich mehr Spaß gemacht. Da gab es sehr viel Mystisches, was ich bei meinem Großwerden nicht erlebt hatte. Dafür erlebe ich eine Vertrautheit während der Messe, die meine Tochter nicht hat.

Jeder entscheidet natürlich selbst, wie er seine Kinder großzieht. Die Stolpersteine liegen da nur so herum. Machen wir zu viel? Tun wir zu wenig? Machen sich unsere Kinder Sorgen, dass wir – ihre eigenen Eltern – nicht »normal« sind? Haben wir mit zu viel »Chakren-und-Reiki-Gesprächen« nur Verwirrung gestiftet? Manchmal werden wir die Stolpersteine wohl erst dann erkennen, wenn unsere mittlerweile erwachsenen Kinder uns sagen, was sie denn genervt und gestört hat. Hoffentlich gemütlich und fröhlich um einen Sonntagnachmittagstisch herum.

Wenn ich gewusst hätte, wie sehr meine Tochter meine sich immer wiederholenden Ausführungen als anstrengend empfand, dann wäre ich wahrscheinlich aufmerksamer gewesen. Dies ist ein Gespräch, das ich mit Julia und ihrer Freundin Taylor hatte, als sie so etwa vierzehn Jahre alt waren:

Sabrina: »Also, was hat dich genervt an meinen spirituellen Aktivitäten?«

Julia: »Mich nervt es, wenn du mit meinen Freunden über spirituelles Zeug redest. Besonders über deine diversen Theorien. Zum Beispiel, wie die immer noch ungeklärten Pyramiden entstanden sind. [Ich glaube, sie sind mithilfe von Tönen entstanden.] *Und jedes Mal, wenn du meinen Freunden etwas Spirituelles erklärst, über Gott, Engel oder so, dann denke ich: ›O nein, nicht schon wieder!‹ Und besonders nervt es mich, wenn du von deinem ›spirituellen Weg‹ sprichst. Oder wenn irgendein vollkommen fremdes Kind verletzt ist und du deine Hand auflegst oder bei meinen Freunden das Gleiche machst. Das ist einfach nicht normal, und es ist mir peinlich. O Gott, und dein Fingerschnippen, wenn du einen Gedanken loswerden oder irgendeine Energie verändern willst. Das schaut immer so aus, als wenn du damit angeben willst. Und das ist jedes Mal überraschend. Ich weiß nie, wann es kommt. Da gibt es keine Vorwarnung. Plötzlich schnippst du mit den Fingern! Und warum muss es immer so laut sein, kannst du das nicht leiser machen? Heimlicher?*

O ja, und dann früher, wo du am Mittwoch nicht geredet hast. Das ist einfach nicht normal.

Und dann am letzten Silvester, wo wir mal wieder rausgehen mussten für ein Gebet in das neue Jahr. Alle meine Freunde sollten ihre Schuhe ausziehen und auf dem Rasen stehen und in den Himmel schauen. Dann haben wir uns bei den Händen gehalten und gebetet. Und dann hast du gefragt, wie das letzte Jahr war, was wir gelernt haben im Leben und was wir uns fürs nächste Jahr wünschen.«

Sabrina: »Beschweren sich eigentlich deine Freunde darüber?«

Julia: »Nein. Aber ich.«

Sabrina: »Sonst noch was?«

Julia (nach längerem Nachdenken): »Also das Beten vor dem Essen stört mich jetzt nicht mehr. Obwohl das schon immer seltsam ist, wenn sich dann alle an den Händen fassen. Aber es nervt mich jetzt nicht mehr. Beinah hätte ich es vergessen: Was besonders nervt, ist, wenn andere Eltern irgendwas erzählen und du dann anderer Meinung bist, wegen irgendwelchem spirituellen Zeugs.«

Taylor, die mich auch seit ihrem Kleinkindesalter kennt, erinnerte sich besonders an ein Erlebnis:

Taylor: »Ich erinnere mich noch an die ganze Sache mit dem Mond. Ich glaube, das war in der siebten Klasse, dass du, Sabrina, der Julia erzählt hast, dass, wenn sie ihren Mond [ihre Periode] kriegt, dann ist das was ganz Besonderes. Und das muss gefeiert werden. [Taylor lacht laut los.] Dass es da eine Mondparty geben wird, um zu feiern, dass sie jetzt eine Frau wird. Sie kam in die Schule und erzählte es mir und Mattie. ›O du lieber Himmel, meine Mutter will mir unbedingt eine Party geben, wenn ich meinen Mond bekomme; und das ist so unendlich peinlich.‹ Und ich erinnere mich, wann immer ich bei euch zu Hause war und das Thema aufkam, rollte Julia mit den Augen.«

Sabrina: »Fandest du das komisch, dass ich das ›den Mond‹ nannte?«

Taylor: »Ich kann verstehen, dass jeder das irgendwie anders nennt. Mond war mehr, ich weiß nicht, irgendwie dachte ich, dass das cool ist. Es war einfach eine interessante Art, das zu interpretieren.«

Ich hatte mir das alles so schön vorgestellt. Wenn Julia ihren Mond bekommt, dann würde ich alle meine Freundinnen einladen, wir würden es uns in meinem damals noch riesigen Meditationszimmer auf Matratzen für die Nacht gemütlich machen und mit Julia darüber reden, was es bedeutet, eine Frau zu werden. Wie sehr viel intuitiver sie ist, wenn sie ihren Mond hat. Dass sie aber auch vorher sehr viel sensibler wird. Ich stellte mir vor, wie jeder von uns Geschichten aus der eigenen Erfahrung erzählt und wie sehr es Julias Selbstverständnis helfen würde. Wir würden uns auf dem Boden wälzen vor Lachen, und jede von uns erwachsenen Frauen würde Julia von ihrer ersten Verliebtheit erzählen.

Das ist leider nicht passiert.

Julia bekam ihren Mond auf einer Reise in Italien, wo keine meiner Freundinnen auch nur in der Nähe war. Im nächsten Monat war ich auf Reisen; und dann ahnte ich ja schon, was ich einfach nicht wahrhaben wollte. Das Kind will keine Mondparty … sorry … die junge Frau will keine Mondparty. Und dann habe ich es doch gelassen. Schade eigentlich, es hätte so schön sein können.

Für mich.

Ich habe mich immer bemüht, so viel wie möglich über Kindererziehung zu lernen und zu lesen, und dann im Gebet häufig nachgefragt, wie ich mit einer bestimmten Situation umgehen soll.

Der Dalai Lama wurde einmal gefragt, ob er zustimmt, dass jetzt besondere Kinder geboren werden und was man da machen soll. Nach einer etwas längeren Pause meinte er verschmitzt: »I would not know.« Jeder lachte. »Das entzieht sich meiner Kenntnis«, hatte er gesagt. Er ist schließlich Mönch.

Einen Wunsch hätte ich noch: Ich wünschte mir einen formalen Schulunterricht, in dem alle Religionen vorgestellt werden, einfach auch um das Verständnis zwischen den Religionen zu fördern. Und hier ist gleich mein Stolperstein: Irgendwann einmal sollte ich mich darum kümmern. Bisher habe ich das noch nicht gemacht. Zarathustra hatte nämlich einmal gesagt: »Wenn du glaubst, irgendjemand müsste irgendetwas verändern, dann bist du der Irgendjemand.«

Eines ist meinen Freunden wie mir aufgefallen: Es gibt wenig Interesse an Spiritualität während der Pubertät. Wir versuchen es trotzdem immer wieder. Vielleicht ist der Stolperstein deswegen da, damit wir es lassen. Das ist die Zeit, in der sich unsere Kinder zu jungen Erwachsenen entwickeln, und da müssen sie nun mal ihre eigenen Erfahrungen machen. Es ist eigentlich erstaunlich, weil gerade während der Pubertät viele über das Sterben nachdenken. Doch Sartre scheint da eindeutig interessanter zu sein als Gott.

Kann man sich wirklich alles vom Universum wünschen?

Die Antwort ist: »Ja und nein.« Ja, weil optimistisches Denken (»Das schaffe ich schon!«, »Ich sehe mich schon als erfolgreiche Geschäftsfrau« oder »Warum soll es ausgerechnet bei mir nicht klappen?«) natürlich große Kräfte in uns freilegt. Und selbst ein kleines Problem wird elegant umschifft. Man macht einfach weiter oder schaut, ob man vielleicht zum Seiteneingang reinkommt, wenn der Vordereingang versperrt ist.

Ein weiteres Ja zu den »Universumswünschen« ist natürlich auch, dass der Kosmos wie ein Echo funktioniert. Jede Aussage kommt ungefiltert wieder zu uns zurück:

- Wir sagen: »Ich finde einfach keinen gescheiten Lebenspartner.« – »Okay«, antwortet das Universum, »wie du willst. Dann findest du eben keinen gescheiten Lebenspartner.«
- »Ich kann machen, was ich will, ich nehme nicht ab.« – »Auch gut«, reagiert das Universum, »dann machen wir das so.«
- »Ich habe nie Glück im Beruf.« – »Wie du willst«, sagt das Universum, »das erfülle ich dir doch gerne.«

Das bedeutet, dass wir sehr aufmerksam sein müssen, was wir denken. Was wir *wirklich* denken! Denn das Universum ist schließlich nicht blöd. Ich kann nicht sagen: »Ich werde jetzt erfolgreich sein«, wenn ich tief im Herzen nicht daran glaube. Was ist also zu tun? Wir müssen dann, wenn wir Erfolg haben, und den haben wir immer mal wieder, auch das laut ins Universum hinausrufen: »Wie schön, das habe ich ja erfolgreich erledigt!« Und wenn es erst einmal solche Sachen sind, wie die Küche aufzuräumen, das Auto endlich zur Wäsche zu fahren oder unsere Fotoalben einzusortieren: »Wie schön, das habe ich erfolgreich erledigt!« Wir fangen eben klein an. Je häufiger wir das machen, desto mehr verändert sich etwas in uns: Wir sehen uns nicht mehr als erfolglos, sondern können sehen, dass wir schon mit vielem erfolgreich sind.

Ein unemotional hervorgebrachter Wunsch geht nirgendwohin. Er bleibt, wo er ist, und bewegt sich nicht. Das, was einen Wunsch in die Realität schiebt, ist das Gefühl – also die Kraft –, die wir dem Wunsch geben. Und nicht das Empfinden der Sehnsucht wird da gefordert, sondern die Gewissheit, es schon erreicht zu haben: Wie fühlen wir uns, wenn wir erfolgreich in einer bestimmten Situation sind? Wie weit würde da unser Herz aufgehen? Wie froh wären wir darüber? Diese Gefühle gilt es – durch die bloße Vorstellung – hervorzurufen, damit wir unsere Wünsche auf die Reise schicken können.

All das wird übrigens von der Hirnforschung unterstützt. Je mehr gleiche Gedanken wir denken, desto mehr Synapsen werden im Hirn gelegt. Immer wieder neue. Wenn wir uns also mehr und mehr als erfolgreich sehen, dann ziehen wir auch Erfolg an.

Wann werden unsere Wünsche nicht erfüllt?

Da wir Seelen sind, die eine menschliche Erfahrung machen, kommen wir mit Seelenhausaufgaben auf die Welt. Das heißt, dass es bestimmte Dinge gibt, die wir hier lernen wollen. Alles, was uns schwerfällt, zum Beispiel. Wenn ich mir also wünsche, viele Kinder zu haben, aber ich werde nicht schwanger, kann es daran liegen, dass eine meiner Seelenhausaufgaben eben genau das ist: keine eigenen Kinder zu haben. Was sind dann meine Alternativen? Das kann eine Adoption sein; eine Veränderung meines Berufs mit dem Ziel, vielen Kindern anderer Eltern zu helfen, um dadurch mehr über die Liebe zu lernen; oder vielleicht die Akzeptanz meiner Unfruchtbarkeit in diesem Leben. Vielleicht hat unsere Seele das Erdenleben begonnen, weil wir Demut erfahren wollen. Oder wir sind hier, weil wir lernen wollen, uns an kleinen statt an großen Dingen zu erfreuen.

So wird das, was wir uns in unserem Persönlichkeitswunsch vorstellen, nicht eintreffen. Denn die Lehre ist vielleicht genau andersherum. Das heißt natürlich nicht, dass wir jeden Versuch aufgeben sollen. Aber auch nicht vergessen, auf die inneren Zeichen zu hören. Soll ich wirklich den neuen Job annehmen, damit mir noch weniger Zeit für meine Familie bleibt? Will ich wirklich die größere Wohnung, und muss ich noch mehr Zeit mit dem Saubermachen verbringen?

Es ist sehr interessant, sich die Gründe unserer Wünsche anzusehen. Wenn wir uns mehr Geld wünschen, was ist es, was uns treibt? Was ist es, was wir mit all dem Geld, all dem Erfolg erreichen wollen? Anerkennung? Sicherheit? Freiheit? Was wünschen wir uns durch die Erfüllung unserer Träume?

Häufig erzählen mir meine Mitmenschen von ihren Wünschen: Da gab es spirituelle Zentren, die sie aufbauen wollten, Bücher, die Bestseller werden sollten, Filme, die in Hollywood zu produzieren seien. Wir alle erkennen den Unterschied zwischen natürlicher Begeisterung für etwas und einem Dringlichkeitsbedürfnis, dem jede Leichtigkeit abgeht. Das erste ist ein natürlicher Wunsch, geboren aus Freude; das zweite entsteht aus der Angst, etwas zu verpassen: Was ist, wenn ich das nicht schaffe? Wenn ich vielleicht zu früh aufgebe oder schlichtweg versage? Woher – und es ist sehr wichtig, hier nachzufragen – kommt dieser Druck? Vielleicht glauben wir, wir müssen so etwas tun, müssen große Ziele haben, aber in Wirklichkeit – tief im Herzen – wollen wir das eigentlich nicht.

Nicht selten finde ich in den Augen der Gesprächspartner den Wunsch nach meiner Bestätigung. Ob ich das denn auch so sehe? Dass ich vielleicht sogar helfen, irgendetwas Spezielles tun kann, damit dieser so ehrenhafte Wunsch auch erfüllt wird.

Wenn ich es könnte, würde ich mit einem Fingerschnippen alle Wünsche erfüllen. Aber das kann ich nicht.

Selbstverständlich wünsche ich jedem Erfolg. Selbstverständlich wünsche ich jedem Erfüllung. Doch mir fällt gelegentlich auch auf, dass nicht ganz verstanden wird, wie Erfolg entsteht. Welche Schritte getan werden müssen, damit etwas wachsen kann.

Das Leben funktioniert nach bestimmten Regeln. Jeder macht so seine Erfahrungen damit. Daraus lernen wir ja schließlich auch. Hoffentlich.

Meine Erfahrungen sind natürlich nicht Ihre, und doch

gibt es, so glaube ich, bestimmte Gesetzmäßigkeiten, nach denen das Leben funktioniert.

Sicher haben wir alle von den »unglaublichen Zufällen« gehört, bei denen jemand ein Buch schreibt, das dann zu einem Megaseller wird und den Autor reich macht.

Wir haben von Künstlern gehört, die »über Nacht« berühmt und erfolgreich geworden sind.

Wir haben von Lottogewinnern gehört, die eigentlich diese Woche aussetzen wollten und dann doch die fünf Millionen gewonnen haben.

Und wir haben von Wundern gehört. Gerade in der spirituellen Szene heißt es häufig, dass vieles nur deswegen nicht funktioniert, weil wir nicht fest genug daran geglaubt haben. Wer kann nun von sich aus mit absoluter Sicherheit sagen, dass er fest an etwas glaubt? Vielleicht geht es ja noch fester? Vielleicht geht es ja noch tiefer? Und wer hat nie den geringsten Zweifel? Gibt es so jemanden überhaupt? Jesus, Buddha, alle haben sie gezweifelt. Das gehört nun mal zu einer menschlichen Erfahrung dazu, und das ist Teil des Wachstums. Ohne Zweifel geht es nicht.

Eine meiner Freundinnen hatte ein wundervolles Buch geschrieben. Zwei Jahre bevor es veröffentlicht wurde, erklärte sie mir, dass sie von diesem Buch eine komplette Veränderung ihres Lebens erwartete. Sie hoffte darauf, in große amerikanische Fernsehsendungen eingeladen zu werden. Sie hoffte darauf, dass alle ihre finanziellen Probleme damit auf einen Schlag gelöst würden. Ihre Vorstellungen davon, was so ein Buch alles erreichen kann, waren grenzenlos.

Sie fragte mich um Rat. Ich hörte ihr zu. Ich bemerkte in

dem Gespräch natürlich auch ihre Erwartungen, die nach meiner Erfahrung nicht realistisch waren.

Doch sollte ich etwas dazu sagen? Zerstörte ich damit nicht ihre Träume? Vielleicht hat sie ja recht? Vielleicht verändert sich ihr Leben komplett? Vielleicht wird ja alles neu?

Bin ich eine gute Freundin, wenn ich ihr sage, wie die Gesetzmäßigkeiten beim Buchverkauf sind? Wenn ich ihr Fakten präsentiere, die sie nicht hören will? Wenn ich ihr Luftschloss zerstöre? Vielleicht wird es bei ihr ja anders?

Meine Freundin, die ihr Buch dann schließlich veröffentlichte, bemerkte keine großen Veränderungen in ihrem Leben. Es ist äußerst selten, dass ein Buch so viel Geld bringt, dass sich das Dasein komplett verändert, außer wenn man über Harry Potter schreibt. Es gibt kaum jemanden, der von einem Buch länger als ein paar Wochen leben könnte.

Eine andere Freundin wollte einen Dokumentarfilm drehen und schrieb Briefe über Briefe an diverse Organisationen, um sich diesen Dokumentarfilm zu finanzieren. »Wenn nur endlich jemand dafür zahlt, dann wird sich mein Leben ändern.« Sie erwartete und betete darum, dass das Geld endlich käme. Jahrelang. Sie wurde immer frustrierter. Aber das Geld kam nicht. Betete sie nicht genug? Vertraute sie nicht genug?

Ich glaube sehr wohl an die Macht der Gebete, und ich glaube sehr wohl an Wunder. Doch hier setze ich mich vielleicht in alle spirituellen Nesseln, die es so gibt: Aber ich glaube auch an Arbeit. Es hat Jahre gedauert, bis ich in der Lage war, meiner Freundin, die diesen Dokumentarfilm machen wollte, meine Wahrheit zu sagen: Dann verdiene dir das Geld selber, statt zu erwarten, dass es dir andere schenken. Was sie übrigens jetzt auch tut.

Unsere Träume müssen, fast wie ein Haus, aufgebaut werden. Zuerst lernt man, was man bauen will. Schaut sich nach einem Bauplatz um, betrachtet andere Bauwerke, liest Bücher darüber, informiert sich, lernt.

Dann sucht man sich einen Bauplatz. Macht Pläne. Legt natürlich selbst Hand an. Der Keller, die Heizung, das Wasser, die Elektrizität. Das alles braucht Zeit und Konzentration. Die einzelnen Stockwerke, der Garten, die Einrichtung – all das wird von uns geschaffen. Wie bei jedem Bau verändern sich die Träume, die Wünsche und damit die Pläne. Das Meditationszentrum, das wir so dringend aufbauen wollten, scheint uns plötzlich keine Zeit mehr zum Leben zu lassen. Der spirituelle Buchladen macht mehr Mühe als Freude.

So ist es auch mit unserem Leben. Wenn wir es verändern wollen, dann kommt nicht der große Wirbelwind, und ab morgen wird alles anders. Es ist unsere Arbeit, unsere Kraft, unser Wunsch, der dieses neue Leben gestalten lässt. Ja, es wird einige geben, die uns helfen. Und doch braucht es Zeit, bis die Dinge aufgebaut sind. Die Welt hat bestimmte Gesetzmäßigkeiten, und das ändert sich nicht, nur weil wir meditieren. Allerdings finde ich es immer ein bisschen vermessen, wenn wir erwarten, dass andere unsere Aufgaben für uns erledigen. Da hatte ich zum Beispiel mal eine Leserin, der ich ihren Umzug weg von ihrer Schwiegermutter finanzieren sollte, damit sie sich ungestört auf ihr spirituelles Wachstum konzentrieren könne.

Gelegentlich heißt es: »Dann hat es halt nicht sollen sein.« Er klingt immer leicht fatalistisch und macht mich auch nervös. Da gibt es Glaubensbekenntnisse, die uns sagen, dass alles, was richtig ist, natürlich leicht fließen muss. Und doch wissen wir, dass »Übung den Meister macht« und dass bestimmte Übungen einfach sehr anstrengend sind. Da, glaube ich, gibt es kein Richtig oder Falsch. Wenn wir beim ersten Hindernis schon aufgeben, dann darf es uns nicht wundern, dass wir unsere Wünsche nie erreichen. Falls wir jede vorzeitige Aufgabe mit einem »Dann hat es halt nicht sollen sein« beenden, dann mögen wir uns zwar selbst beruhigen, aber erreichen tun wir damit nichts.

Manchmal mag es mit noch so viel Arbeit einfach nicht passieren. Doch genauso häufig ist auch das Gegenteil der Fall: Wir machen und tun, und ein Hindernis nach dem anderen legt sich uns in den Weg. Und doch lernen wir aus jeder Hürde. Entscheiden uns bei jeder Herausforderung für neue Methoden, neue Gedanken. Es wäre wohl auf der Welt nie etwas erfunden worden, wenn man schon beim ersten Versuch jedes Mal mit einem Schulterzucken und einem »Dann hat es halt nicht sollen sein« aufgegeben hätte.

Auf der anderen Seite des Spektrums liegt das Nie-aufgeben-Wollen. Nicht nur gegen die Widerstände, sondern auch gegen unseren eigenen gesunden Menschenverstand oder sogar gegen die eigene Intuition einen bestimmten Weg zu verfolgen. Dahinter liegt häufig der Glaube, etwas tun zu müssen. Eine Zwanghaftigkeit, die wir – unsere Persönlichkeit – nicht loslassen können.

Es gibt diese weltweite Sehnsucht, einen Menschen zu haben – einen engen Menschen –, mit dem wir unser Leben teilen können. Ich persönlich glaube nicht, dass Gott von uns verlangt, einen einzigen Lebenspartner zu haben. Doch ist dieser

Wunsch in unserer Kultur fest verankert. Häufig höre ich von dem Wunsch nach »meiner Dualseele« in Sätzen wie: »Soundso ist meine Dualseele. Ich weiß es ganz sicher, und obwohl wir jetzt nicht zusammen sind, werden wir doch später zusammen sein.« In der Regel ist dann anschließend von gemeinsamen Projekten die Rede (Zentren, die aufgebaut, Bücher, die geschrieben, Filme, die gedreht, Kinder, die gezeugt werden). Diese Aussagen lassen selten die Frage zu, ob der andere denn genauso fühlt.

Wenn zwei Menschen zusammenkommen mit dem absolut sicheren Gefühl, dass sie den Rest ihres Lebens miteinander verbringen werden, bin ich die Erste, die die Blumen streut. Doch jedes Mal, wenn ich die Aussagen über die Dualseelen höre, werde ich erst mal still. Wer bin ich, das in Frage zu stellen?

Fast alles auf unserem spirituellen Weg ist »unbewiesen« bzw. bewiesen nur durch unsere persönliche Erfahrung. Und weder Sherlock Holmes, Miss Marple noch Inspektor Columbo würden uns irgendwelche Beweise liefern können. Natürlich gibt es Dinge, an die wir felsenfest glauben: das ewige Leben, die Gnade Jesu Christi, Wiedergeburten et cetera. Aber können wir wirklich so sicher sein in Angelegenheiten, die einen anderen Menschen betreffen? Was ist mit seiner oder ihrer freien Wahl? Tut es uns wirklich gut, wenn wir so darauf bestehen, dass dieser eine – und *nur* dieser eine – unsere Dualseele ist?

Davon abgesehen habe ich persönlich einfach große Probleme damit, dass es nur eine Person auf dieser wundervollen weiten Welt geben soll, mit der ich harmonisch, liebevoll und leidenschaftlich zusammenleben kann. Was, wenn ich meine Dualseele nicht gefunden habe? Was, wenn meine

Dualseele mich nicht will? Welchem Druck setze ich mich da aus?

Also angenommen, ich glaube, meine Dualseele gefunden zu haben, und die ist a) weder spirituell noch b) an mir besonders interessiert. Versuche ich dann, den/die Betreffende(n) zu überzeugen? Und wenn ja, womit?

Im Gegensatz zu Seelenverwandten, bei denen es sich um mehrere Partner handelt, sprich mehrere Möglichkeiten, geht es bei Dualseelen immer nur um eine. Warum machen wir es uns so schwer? Warum engen wir uns so ein?

Eine junge Frau schrieb mir einmal, dass sie in einen berühmten Hollywood-Schauspieler verliebt sei. Sie sah ihn in ihrer Meditation und war felsenfest davon überzeugt, dass sie seine Frau werden würde. Sie flog nach New York und verfolgte diesen Schauspieler regelrecht. Sie schaffte es sogar, dass sie ihn traf. Sie lauerte ihm vor seinem Arzt auf, und er nahm an, dass sie ein Autogramm wollte. Das war er auch bereit zu geben. Sie aber wollte ein Gespräch anfangen, zu dem er weder die Zeit noch die Lust hatte. Er bat sie, ihn allein zu lassen. Sie versuchte noch ein paar Mal, ihn irgendwo zu erwischen, verpasste ihn aber jedes Mal.

Als ich davon erfuhr, war ich entsetzt. Noch dazu, weil sie nicht aufgeben wollte. Sie glaubte, dass, wenn er sie erst mal in einer privaten Umgebung erlebte (auf einer Party, bei der sie auch zu Gast wäre, in einem Café, in dem man »zufällig« beieinandersitzt), er sich auch in sie verlieben würde.

Ich erklärte ihr, dass sie seine Persönlichkeitsrechte verletze. Er habe schon einmal nein zu ihr gesagt, als sie ihn beim Arzt abfing. Aber dieses Nein habe sie nicht hören wollen.

Außerdem konnte ich mir beim besten Willen nicht vorstellen, dass sie solche Informationen in der Meditation bekommt. Ja, da mag es ein Verwischen zwischen dem Wunschtraum und der Meditation geben, aber eine Zukunftsvision ist das für mich nicht. Sie war verwirrt, dass ich ihr zur Erfüllung ihres Wunsches nun gar nichts an Hilfe geben konnte. Das Ziel, das sich diese junge Frau ausgesucht hatte, war kein ehrenhaftes. Sie verfolgte jemanden. Das hat mit Spiritualität nichts zu tun. Davon abgesehen, dass es den Wunsch des anderen völlig außer Acht lässt, ist es auch strafbar. Wir müssen uns nur selbst in die Situation des Verfolgten hineinversetzen. Kein sehr angenehmes Gefühl, so schön und niedlich die Verfolgende auch sein mag.

Manchmal ist es schwer, sich von dem Gedanken zu trennen, dass wir das und nur das bräuchten, um endlich glücklich und zufrieden zu sein. Vielleicht nutzt es, zu erkennen, dass da ein Stolperstein vor uns liegt. Ein Stein, der sagt, dass nur das, was ich nicht habe, mich auch glücklich macht: Damit legen wir unser Wohlbefinden immer und immer wieder in die Zukunft. Gerade die kleinen Dinge im Leben zu erkennen und zu genießen hilft uns jedoch, täglich glücklich zu sein. Viele Menschen, die wir bewundern, besitzen die Gabe, zufrieden zu sein mit dem, was sie haben. Der Amerikaner geht noch einen Schritt weiter und sagt: Wenn mir das Leben Zitronen schenkt, dann mache ich halt Limonade daraus. Auch eine gute Idee.

Stimmt das, was ich in meinen Meditationen höre?

In der Stille der Meditation – so sagt man – kann »ich« meine Seele hören. »Ich« … das ist meine Persönlichkeit. Und eigentlich müsste es genau andersherum heißen: »Ich – die Seele« höre meiner Persönlichkeit zu. Aber da wir uns hier – als Menschen – eher mit der Persönlichkeit identifizieren als mit unserer unendlichen Seele, sagen wir meistens: »Ich habe eine Seele« statt »Ich habe eine Persönlichkeit«.

Ich meditiere seit über fünfzehn Jahren. Manchmal intensiver, manchmal kürzer. Das Interessante dabei ist, dass ich immer bemerke, wenn ich zu wenig meditiere. Ich fange an, mich nicht mehr wohl zu fühlen. Dann meditiere ich wieder regelmäßiger.

Wenn wir anfangen, zu meditieren, um entweder die Engel, Gott oder unsere Seele zu hören, dann fragen wir uns häufig, ob wir uns das Gehörte oder Gesehene nicht einfach nur einbilden.

Ich unterscheide zwischen normalen Meditationen und einem inneren Gespräch. In meinen Meditationen bin ich in Stille. Meistens frage ich mich dann: »Was denke ich eigentlich?«, denn mit dieser Frage komme ich leichter in die Stille. Ungefähr einmal die Woche habe ich innere Dialoge. Mit mir selbst, also meiner Seele, den Engeln, Gott. Für mich ist das kein Unterschied. Was meine Seele meiner Persönlichkeit sagt, ist das Gleiche wie das, was Gott oder die Engel mir sagen würden. Wahrheit ist Wahrheit. Wo immer sie herkommen mag. In diesen Dialogen stelle ich die Fragen, die ich beantwortet haben will.

Manchmal allerdings wünschen wir uns etwas so sehr, dass wir nicht wirklich »hören«, was uns die Engel, unsere Intuition und Gott sagen möchten. Wir sind so fixiert auf das, was wir hören wollen, dass nichts anderes durchkommen kann. Es ist notwendig, bei diesem inneren Dialog nach der Frage wirklich einen Freiraum zu lassen, in dem eine Antwort auch kommen kann. Das ist ähnlich wie beim Telefonieren. Da reden wir ja auch nicht ununterbrochen, sondern lassen Platz für die Antwort des anderen. So eine Stille entsteht leichter, wenn wir Meditationserfahrung haben. Man ist es gewohnt, auf die Stille zu achten.

Wenn ich in diesem Gebetsdialog einen Vorschlag höre, dann probiere ich ihn aus. Das ist die einzige Möglichkeit, herauszufinden, ob das, was ich gehört habe, denn auch stimmt. Es nützt mir gar nichts, wenn ich in Gedanken hin und her überlege: »Hm, ich weiß nicht, das klingt doch irgendwie komisch … vielleicht sollte ich lieber noch mal meditieren, um etwas anderes zu hören.« Nein. Das Einzige, was man dabei machen sollte, ist, diesen Vorschlag auszuprobieren. Das ist der einzig mögliche Beweis. Erst dann weiß man, ob es klappt oder nicht.

Neben diesem Stolperstein des Vertrauens gibt es noch einen weiteren. Manchmal mag uns dieser innere Dialog leichtfallen, und wir denken, dass wir auch für unsere Mitmenschen Informationen weitergeben können. Intuitiv bin ich da immer sehr vorsichtig. Ich fühle eine große Verantwortung für das, was ich an andere weitergeben würde; und es ist mir sehr viel lieber, wenn meine Mitmenschen selbst – in ihrem eigenen Gebet, ihrer eigenen Meditation – ihre Informationen erhalten. Ich will nicht der Filter sein, durch den diese Informationen kommen. Wer weiß, ob ich nicht etwas falsch verstehe? Wer weiß, ob ich nicht etwas falsch interpretiere? Und natürlich mag der eine oder andere nach einem Vortrag oder Workshop von mir beeindruckt sein, und so hofft er auf Informationen von mir in der Annahme, dass sie richtig sind. In der Tiefe meiner Seele ist mir das unangenehm. Und es ist auch zu unsicher. Jeder von uns hat die Möglichkeit, die Chance und die Gnade, tief in sich die Wahrheit zu hören. Und immer wenn wir etwas von außen hören, ist es eben nicht selbst erlebt. Selbsterlebtes hat eine so viel tiefere Wirkung als von anderen Gehörtes. Ich habe das auch immer wieder festgestellt.

Deshalb: Es ist schlichtweg praktischer, sich in den Dingen, die einem wichtig sind, auf einen hauseigenen Experten zu verlassen. Und in unserem eigenen Leben sind wir nun mal der beste Experte.

Gelegentlich passiert es, dass die Stimmen, die man hört, durch Krankheiten entstehen. Da mag das Beten eine große Unterstützung sein, aber es ersetzt auf gar keinen Fall ein fundiertes Wissen, das nur ein Arzt aufweisen kann. Bis wir wirklich exakt wissen, was ein bipolares (früher: manisch-depressives), schizophrenes oder ähnlich geartetes Krankheitsbild auslöst, sollten wir uns mit allen möglichen – also auch konventionellen – Behandlungsmethoden vertraut machen. Es ist sehr wichtig, manchmal lebensnotwendig, zu wissen, dass sich durch Barfußgehen und Meditieren nicht alles beruhigt.

Unsere Gene sind uns von unseren Vorfahren mitgegeben worden. Solano hat mal gesagt, dass jeder dafür sorgt, dass die mitgebrachten Gene ein paar Grade nach oben gebracht werden. Wie viele Grade nach oben, das liegt an uns und unserem Wunsch nach persönlichem Wachstum. Jeder ist für sein eigenes emotionales Erwachsenwerden zuständig. Und diese Gene, mag es eine Tendenz zum Alkohol oder eine zur Depression sein, sind nun mal da. Sie zu ignorieren bringt uns nicht weiter.

Natürlich gibt es auch Verbindungen zwischen Spiritualität und Drogen. Da ich darin keine Erfahrungen habe – außer dass ich bei Antihistaminen fast einschlafe, dagegen überraschenderweise Schmerzmittel bei mir nur in hohen Dosen wirken –, kann ich dazu nicht viel sagen. Doch jede Art von Droge hat eine chemische Reaktion auf den Körper, und die ist nun mal unterschiedlich. Auf welche »Reisen« wir uns begeben oder nicht begeben, kann nicht vorausgesehen werden.

Ella war eine meiner Leserinnen, die sich sehr intensiv mit Engeln und Spiritualität befasste. Sie befürchtete häufig, dass sie »einfach noch nicht weit genug sei«, und betete mehr und mehr. Sie erwartete und wünschte sich, dass sie mit ihren Engeln im ständigen Dialog sei und dass sie sich niemals mehr einsam fühlt. Irgendwie, leider wurde mir das erst später bewusst, hat sie mich idealisiert, und selbst auf ihrem Altar war ein Bild von mir. Ihr innerer Dialog wechselte zwischen Gott, den Engeln und mir ab.

Da es ihr nicht schnell genug ging, hoffte sie, dass vielleicht das Rauchen von Marihuana ihr weiterhelfen könnte. Sie hatte von Leuten gehört (nicht von mir!), die dadurch innigste Zwiesprache mit Gott hielten. Sie war mit drei Freundinnen für ein Wochenende nach Sylt gefahren und hatte heimlich, kurz vor Mitternacht, Marihuana geraucht. Weiterhin benutzte sie irgendwelche Pilze, die sie jeden Morgen in Pulverform zu sich nahm, und trank dazu noch diverse zusammengemischte Kräuter mit ein paar Tropfen Bachblüten drin. Dieser komplette Cocktail löste in ihr eine Wahnvorstellung aus: Sie hörte mich überall und tanzte lächelnd durch das Hotelzimmer.

Ihre Freundinnen merkten natürlich sofort, dass mit ihr etwas nicht stimmte, und versuchten, sie wieder »runterzuholen«. Das war aber nicht möglich. Als dieser Zustand auch am nächsten Tag nicht aufhörte, brachten sie sie in eine psychiatrische Klinik. Ihr Mann, der zu diesem »Mädchenwochenende« nicht mitgefahren war, kam ebenso wie ihre Freundinnen täglich in die Klinik und versuchte, ihr gut zuzureden. Unter anderem weigerte sie sich, ihre Medizin zu nehmen, »weil ich [Sabrina] ihr das nicht gesagt hätte«. Sie glaubte in ihrer Wahnvorstellung, dass sie in einem ständigen inneren Dialog mit mir stünde. In ihrer Wahrnehmung war ich dauernd bei ihr.

Gelegentlich erzählt mir jemand, dass er von mir geträumt habe und ich dabei irgendwelche entscheidenden Ratschläge von mir gegeben hätte. Ich werde dann gefragt, ob ich mich daran erinnern könne. Es ist möglich, dass sich zwei Seelen im Traum treffen und sich austauschen. Dass sich alle beide daran erinnern, ist eher unwahrscheinlich. Häufiger dagegen ist dies eine Wunschvorstellung, die dann diesen Traum oder diese Vision auslöst und die relativ wenig mit der lebenden Person zu tun hat. Ich hatte nicht die geringste Ahnung, dass Ella in Kontakt mit mir stand. Ich befand mich offensichtlich in keinem Kontakt mit ihr.

Ihr Mann kam dann schließlich auf die glorreiche Idee, ihr zu sagen, dass er mit mir gesprochen hätte. Und ich hätte darauf bestanden, dass sie ihre Medizin nimmt. Ella hörte Gott sei Dank auf ihn, und langsam beruhigte sich die Situation auch wieder. Ich wurde davon informiert und hielt mich zu dem Zeitpunkt auch in Deutschland und sogar in der Nähe auf. Ich ging am nächsten Tag sofort mit ihrem Mann in die Klinik, um mit ihr zu sprechen. Sie war natürlich immer noch in einem ziemlich fragilen Zustand, und ich versuchte, ihr langsam und vorsichtig bestimmte Dinge aus meiner Sicht zu erklären: dass dieser innere Dialog durch den »Cocktail« ausgelöst worden war, wobei teilweise Wunschvorstellungen eine Rolle spielten, die mit der Realität gar nichts gemein hatten. Natürlich machte ich mir große Sorgen um sie. Ich wollte auf keinen Fall, dass meine bloße Anwesenheit irgendeinen weiteren zusätzlichen Anfall auslöste.

Glücklicherweise hat sie diese Episode gut überstanden, ihre Gebete und Meditationen auf ein normales, gesundes Maß reduziert und mein Foto – darum hatte ich sie gebeten – von ihrem Altar entfernt. Ich habe ihr noch mal erklärt, dass ich auf keinen Fall anbetungswürdig sei, dass sie sich da lieber ganz auf Gott konzentrieren solle.

Ella hat durch diese Episode natürlich auch erkannt, wie leicht man in solch einen Treibsand hineingeraten kann. Gott sei Dank für ihren Mann, ihre Freundinnen und die Ärzte.

Ich fühle eine große Verantwortung für alles, was mich betrifft. Und obwohl ich bei Ellas Fall nicht einmal persönlich anwesend war, so weiß ich doch, dass man häufig annimmt, ich sei »irgendwie da«. Doch für mich ist es eine erschreckende Vorstellung, dass sich jemand an meinen unter Umständen falschen Ratschlägen festhält, die er in der Meditation oder im Gebet bekommen zu haben glaubt und die ich nicht selbst – im wachen und lebenden Zustand – mitgeteilt habe.

Wenn sich die vernommenen Stimmen gefährlich anhören, ist anzunehmen, dass dies aus einem Krankheitsbild entstanden ist. Haben wir uns aber in die Spiritualität geflüchtet, so ist uns das nicht klar, und hoffentlich gibt es in unserem Umfeld jemanden, der da eingreifen kann. Gott wird nie von uns verlangen, jemand anderem in irgendeiner Form Schmerz zuzufügen, noch ihn vom Leben zu trennen. Was den meisten logisch vorkommt, ist bei jemandem, der krank ist oder manipuliert wurde, nicht mehr so. Da ist jede Hilfe wichtig und willkommen.

In all den Jahren meines inneren spirituellen Dialogs war ich immer sehr dankbar für die Information, die durchkam. Alles hat mich bereichert. Das funktioniert folgendermaßen: Ich bete zuerst. Bedanke mich bei demjenigen, mit dem ich sprechen will (Mutter/Vater Gott, Jesus, den Engeln, Solano, Zarathustra), dass er/sie da sind. Meistens, wenn ich ein Gespräch suche, dann treffe ich Zarathustra mit meinem inneren Auge. Wir sitzen uns gegenüber, in der Mitte ein Feuer. Ich stelle meine Fragen. Warte. Er antwortet. Manchmal ertappe ich mich dabei, dass ich wandere. Also plötzlich mit meinen Gedanken unkontrolliert irgendwo anders gelandet

bin: bei Sachen, die ich noch zu erledigen habe, Storys, Ein-
kaufslisten und so weiter. Dann konzentriere ich mich einfach wieder auf das Feuer und warte, bis ich Zarathustra
wiedersehe.

Ich weiß, dass das für den einen oder anderen komisch
klingt. Es ist einfach so, wie es ist. Manchmal habe ich innere Dialoge mit Jesus – da sitze ich mit ihm auf einer Wiese.
Mit Solano gehe ich an einem Kliff mit einer wunderschönen
Aussicht spazieren. Wenn ich mit den Engeln spreche, da
höre ich sie in einem inneren Dialog.

Hätte mir jemand so was vor zwanzig Jahren erzählt, wäre
ich ihm oder ihr – charmant und sensibel – schlichtweg aus
dem Weg gegangen. Verrückte brauche ich nicht in meinem
Leben.

Heute bin ich selber eine … und komischerweise halte ich
mich für gänzlich normal.

Meine Freunde befürchten, ich flüchte mich in die Spiritualität

Manchmal sind unsere Freunde in höchster Alarmbereitschaft. Noch bis vor kurzem haben wir gerne halb beschwipst spätabends in der Kneipe gesessen, doch jetzt gehen wir lieber zum Yoga. Unsere Geschenke an sie sind ausschließlich Engel und Engelbücher, und unsere Gesprächsthemen werden auch immer ungewöhnlicher. Wir erzählen von der einen oder anderen außerkörperlichen Erfahrung, aufregenden Meditation, und die Augen unserer Gesprächspartner funkeln in Panik. Dann heißt es nicht selten: »Ich mache mir große Sorgen um dich. Ich glaube, du flüchtest dich da in etwas hinein.«

Automatisch wollen wir nein sagen, und doch ist es ganz praktisch, das zu beleuchten. Vielleicht haben unsere Freunde ja recht. Schließlich sind sie auf unserer Seite.

Ist es also wahr? Oder haben unsere Freunde, unsere Familie einfach Angst, dass wir uns verändern? Natürlich verändern wir uns auf dem Weg nach innen. Insofern ist ihre Sorge eher eine Vorahnung.

Eine Flucht entsteht immer dann, wenn man sich den momentanen Herausforderungen nicht stellt, sondern (körperlich und/oder mental) irgendwohin verschwindet. Dazu gehört, dass man die eigene Intuition vernachlässigt.

Wir sind in finanziellen Schwierigkeiten und gehen zu einem Wahrsager nach dem andern: Wir flüchten.

Wir verlassen unsere nichterwachsenen Kinder, um einem Guru weit weg zu folgen: Wir flüchten.

Wir folgen jemandem, der sagt, wie wir aus einem Problem herauskommen: Wir flüchten.

Wir unterwerfen uns einer Gruppe: Wir flüchten.

Es gibt wohl niemanden, der sich nicht schon eine liebevollere, leichtere und schönere Zukunft ausgemalt hat. Das sind zwar kleine Fluchten, aber auch sehr wichtige. Denn in diesen Fantasien wird uns häufig erst klar, was wir uns wünschen. Dann allerdings gilt es, diesen Wunsch auch in die Realität umzusetzen und nicht immer wieder in diese kleinen glücklichen Zukunftsfilme in unserem Kopf abzutauchen, um dort zu verschwinden. Sondern wir nehmen diesen Wunsch und versuchen, ihn in die Realität umzusetzen. Und das geht nur, wenn wir im realen Leben etwas verändern.

Nehmen wir mal die Beispiele von vorhin und schauen uns an, wie solch eine Flucht oder die Lösung aussehen könnte.

Wir sind in finanziellen Schwierigkeiten und gehen zu einem Wahrsager nach dem andern: Wir flüchten.

Unsere Flucht sieht etwa so aus: Wir machen unsere Post nicht mehr auf. Legen ungeöffnete Rechnungen vielleicht auf unseren Hausaltar, zünden eine Kerze an und hoffen, sie verschwinden irgendwie. Wir versuchen mit dem Wahrsager unseres Vertrauens herauszufinden, wie sich die finanzielle Situation ändert. Da mag es heißen, dass dies in ein paar Monaten passiert, und wir hoffen darauf, dass alle Gläubiger bis dahin stillhalten. Wir beten viel. Sind extrem erschöpft und haben ein konstantes Panikgefühl. Und wenn wir dann auch noch in Kurzarbeit eingeteilt werden, ziehen wir uns darüber hinaus von unseren Freunden zurück. Wir versuchen, die Situation geheim zu halten.

Die aktive Lösung: Wir erkennen, dass da ein Stolperstein liegt, gehen ins Gebet und fragen uns: »Was ist der Segen in dieser Krise?« (Zum Beispiel zu lernen, die Verantwortung für unsere Finanzen und unsere Ausgaben zu übernehmen.) Wir öffnen unsere Post und setzen uns mit den Gläubigern in Verbindung. Wir legen die geöffneten Briefe auf unseren Altar und bitten um Klarheit und Kraft, dies aufzuarbeiten. Wir suchen uns einen Schuldenberater, um mit ihm unsere Finanzprobleme zu lösen, treffen uns mit der Bank oder fragen einen Freund oder Verwandten, der sich mit Geldangelegenheiten auskennt und uns helfen möchte.

Wir verlassen unsere nichterwachsenen Kinder, um einem Guru weit weg zu folgen: Wir flüchten.

Unsere Flucht: Wir haben einen Guru oder Lehrer kennengelernt, zu dem wir uns extrem hingezogen fühlen. Allein das Zusammenleben der Gruppe löst in uns Gefühle der Ekstase aus. Genau so wollen wir leben. Wir verlassen Mann und Kind. Wir glauben, dass es dem Mann bestimmt guttut, sich auch mehr um das Kind zu kümmern, und das Kind wäre ja mit einer unglücklichen Mutter auch nicht glücklich. Ab und zu kommen wir zu Besuch, und unser Kind freut sich immer sehr, wenn es uns sieht. Das Kind schaut doch ganz in Ordnung aus, und wir sind sehr glücklich in der Gemeinschaft mit unserem Guru oder Lehrer. Nein, wir sind uns sicher, dass unser Kind keinerlei Schaden nehmen wird, weil wir es als Mutter verlassen haben. Schließlich sind wir ja alle Seelen, die eine menschliche Erfahrung suchen.

Die aktive Lösung: Wir stellen durch das Treffen mit dem Guru oder Lehrer fest, dass uns etwas Entscheidendes fehlt. Wir wünschen uns mehr Liebe und Zugehörigkeit in unserem Leben, und das fehlt uns schon seit langem in unserer Ehe. Wir besprechen dies mit unserem Mann, der Ähnliches gefühlt hat. Wir versuchen, zusammen durch Therapie und Gebete einen Weg zu finden, damit wir unsere Ehe in liebevollere Bahnen lenken können. Wir merken allerdings auch, dass wir die Zeit mit unserem Guru oder Lehrer nicht missen wollen, und nehmen jedes Jahr vier Wochen von unserem Urlaub als Auszeit dort. Das Kind ist in dieser Zeit allein beim Papa.

Wir folgen jemandem, der uns sagt, wie wir aus einem Problem herauskommen: Wir flüchten.

Unsere Flucht: Die Herausforderungen türmen sich, und wir haben panische Angst, einen Fehler zu machen. Wir fühlen uns wie Idioten, und es sieht so aus, als ob alles, was wir anpacken, irgendwie nicht funktioniert. Wir denken mit Sehnsucht an die Zeit zurück, in der wir Kinder waren und uns unter der Aufsicht der Eltern so sicher gefühlt haben. Und so suchen wir uns jemanden, der deren Rolle jetzt übernimmt. Obwohl wir nicht immer einverstanden sind mit dem, was uns aufgetragen wird, sind wir im Großen und Ganzen doch froh, dass wir uns keine Sorgen mehr machen müssen. Unser neuer »Elternteil« hat jetzt sogar die Oberaufsicht über unsere Finanzen übernommen: Gott sei Dank, dass wir mit diesem blöden Geld nichts mehr zu tun haben.

Die aktive Lösung: Die Herausforderungen türmen sich, und wir erkennen, dass wir eine panische Angst haben, einen Fehler zu machen. Wir besprechen das mit der Familie und den Freunden. Einige trösten uns und sagen, dass es ihnen gelegentlich auch so geht. Das ist völlig normal. Wenn es aber zu viel wird, gibt es Therapien, die man machen kann, um besser mit der Verantwortung eines Erwachsenen umzugehen. Wir fangen mit einem Meditationskurs und Yoga an, um erst einmal unsere Ängste zu beruhigen, und beginnen gleichzeitig mit einer Therapie.

Wir unterwerfen uns einer Gruppe: Wir flüchten.

Unsere Flucht: Wir haben uns immer schon als Außenseiter gefühlt. Nirgendwo passen wir wirklich dazu, und unser Leben ist weiß Gott nicht so, wie wir es uns wünschen. Doch das wird jetzt alles anders. Wir haben diese großartige Gruppe kennengelernt, die uns mit offenen Armen aufgenommen hat. Was die alles wissen! Mit Recht sagen sie auch, dass wir mit unserer Familie nichts mehr zu tun haben wollen. Die sind sowieso an allem schuld. Und so sind wir mehr als dankbar dafür, dass man uns in diesem Kreis aufnimmt. Und wir merken erst, wie viel wir noch zu lernen haben. Die Regeln geben uns endlich das Gefühl, nützlich zu sein, und aus all diesen Ritualen entstehen wirkliche Aufgaben. Die früheren Freunde verstehen das einfach nicht. Die sind noch nicht so weit. Obwohl wir sie immer wieder warnen, dass sie, um gerettet zu werden, sich doch uns anschließen müssen, hören sie einfach nicht. Sie werden schon sehen, was sie davon haben.

Die aktive Lösung: Wir haben uns immer schon als Außenseiter gefühlt und haben nicht das Gefühl, dass wir irgendwo dazugehören. Wir setzen uns mit ein paar Freunden, Geschwistern, Kollegen zusammen und besprechen das Problem. Da wir sehr gut organisieren und auch gut mit Kindern umgehen können, schlägt jemand vor, man soll sich doch in einer dieser Kinderorganisationen als freiwilliger Helfer melden. Nach einigem Zögern macht man das auch und findet sich plötzlich in einer Gemeinschaft wieder, die ein gemeinsames Ziel hat. Wie spannend. Einige der Leute sind da zwar komisch, aber das kriegen wir schon irgendwie hin. Wo gibt es das nicht? Wir merken, dass wir sehr viel begeisterter in den anderen Bereichen in unserem Leben sind; und auch eine große Dankbarkeit, helfen zu können, macht sich in uns breit.

Also, haben unsere Freunde recht? Flüchten wir?

Mein Partner und ich kommen nicht mehr miteinander zurecht – ist es Zeit, sich zu trennen?

Wäre es nicht großartig, wenn unser Partner genauso an spirituellen Dingen interessiert wäre wie wir? Was könnten wir nicht alles gemeinsam machen! Meditieren, auf Workshops gehen, Visionquests besuchen. Wir würden uns nie streiten, hätten immer Verständnis füreinander und würden uns gemeinsam in die gleiche Richtung entwickeln. Ja, ich malte mir das immer so schön aus, schaute ein bisschen neidisch auf andere Paare, die dies gemeinsam erlebten. Bis ich merken durfte, dass diese Paare eben auch Herausforderungen haben.

Wir lernen in der Beziehung mehr als in jeder anderen Situation. Von allen spirituellen Trainingsprogrammen ist dies das Meisterprogramm. Da entsteht eine Intimität, die wir sonst vermeiden können. Doch hier müssen wir uns mit mindestens zwei verschiedenen Personen, zwei verschiedenen Persönlichkeiten, zwei verschiedenen Vergangenheiten, zwei verschiedenen Vorstellungen und zwei verschiedenen Gefühlsebenen auseinandersetzen. Es ist leichter, ein tief kontemplatives Leben zu führen, wenn man allein auf einem Berg lebt und keine Mitmenschen hat. Niemanden, der einen nervt. Keinen, der das Bad wie einen Saustall hinterlässt. Keinen, der einem widerspricht.

Eine menschliche Erfahrung ist immer eine Erfahrung mit anderen. Daraus lernen wir am meisten. Sonst hätten wir es ja ganz bleiben lassen können, oder?

Menschen verändern sich. Gerade wenn man ein spirituell interessiertes Leben beginnt, verändert man sich häufig in großen Schritten. Unser Partner, der uns anders kennengelernt hat, reagiert nicht selten verstört. Natürlich gibt es auch den einen oder anderen, der wirklich in eine Sektenabhängigkeit gerät: Dann ist es ausnehmend wichtig, dass der Partner – noch dazu, wenn Kinder da sind – uns sagen kann, in was für eine gefährliche Situation wir uns begeben.

Wenn sich also in einer Beziehung die Dynamik verändert, dann kann dies auch immer eine potenzielle Gefahr sein; und die Angst davor wird häufig als Erstes ausgelöst. Natürlich ist eine Veränderung immer eine große Chance für die Weiterentwicklung unserer Beziehung. Doch wir haben unsere Partnerschaft langfristig aufgebaut, weil wir jemanden zu kennen glauben, und plötzlich verändert sich dieser Jemand so massiv, dass wir ihn gar nicht wiedererkennen. Und wenn das lange so bleibt, was wird dann aus dieser Beziehung? Erkenne ich den anderen dann wieder – oder habe ich ihn verloren?

Ich halte Ehetherapien für sehr wichtig. In den USA sind sie viel selbstverständlicher als im guten alten Europa. Schade eigentlich. Es gibt nun mal Experten, die gerade im Zwischenmenschlichen viel Unterstützung bieten können, und es wäre doch bedauerlich, wenn wir eine Liebe zu schnell aufgeben würden. Miteinander zu kommunizieren ist die wichtigste Komponente im Zusammenleben. Wir, die wir den spirituellen Weg gehen wollen, dürfen uns nicht abgrenzen.

Selbst wenn unser Partner davon nicht besonders begeistert ist, ist es wichtig, dass er weiß, was wir tun. Er oder sie muss nicht mitgehen, aber wissen, was uns gerade beschäftigt. Außerdem ist es ganz praktisch auf dem spirituellen Neuland – mit großartigen und manchmal seltsamen Angeboten –, jemanden zu haben, der einen anderen Blick dafür hat. Mein früherer Mann konnte mit meiner Spiritualität nichts anfangen, aber er hatte ein gutes Auge für »seltsame« Leute, die einfach nicht wahrhaftig sind. Ich hätte öfter auf ihn hören sollen.

Im Laufe meines spirituellen Trainings gab es ein paar Übungen, die für Richard sehr schwierig waren. Eine davon ist ihm besonders im Gedächtnis geblieben:

»Ich müsste Sabrina doch wirklich am besten kennen. Schließlich waren wir fünfzehn Jahre verheiratet. Und dennoch hat sie mich immer wieder überrascht. Sabrinas spirituelle Reise brachte sie auf viele Wege. Ich war ein Beobachter – neugierig, meistens respektvoll, ab und zu skeptisch und häufig zynisch. Der Tag, von dem ich schreiben will, im April 1995, gehört auf jeden Fall in die letztere Kategorie.

Es war während der Zeit, in der Sabrina ihre Mittwoche als stille Tage deklarierte, was bedeutete, dass sie vom Morgengrauen bis zum Sonnenuntergang nicht sprach. Wir waren auf einem Cruiseschiff, um den Geburtstag einer unserer engsten Freundinnen zu feiern. Wir legten an der Insel St. Bart an und hatten die Wahl, entweder an Bord zu bleiben oder an Land zu gehen. Wir entschlossen uns für den Landausflug. Und wie Sie wahrscheinlich schon ahnen, war es ein Mittwoch, Sabrinas stiller Tag.

St. Bart ist eine sehr kleine Insel, und die einzige Möglichkeit für einen Touristen, sie zu erkunden, ist neben dem Zu-Fuß-Gehen, sich in einer Art Golfcart fortzubewegen. Stellen Sie sich vor, Sie haben die Chance, mit Ihrem Partner gemeinsam Zeit an einem sehr idyllischen und romantischen Ort zu verbringen, allerdings verfahren Sie sich gelegentlich, die Einwohner sprechen nicht Ihre Sprache, und Ihr Partner spricht gleich überhaupt nicht! Ja, sie hat immer noch ihre Meinung, welche sie unkenntlich in ein kleines Notizbuch schreibt. Oder sie presst Ihnen einen Ellbogen in die Rippen, starrt Sie mit riesigen offenen Augen an, und Sie lesen irgendetwas wie ›Was um Himmels willen hast du nun vor?‹ oder ›Was machst du denn jetzt?‹ heraus. (Sie müssen dabei auch wissen, dass es sich hierbei nicht um unseren ersten stillen Mittwoch handelte, sondern es war eher unser zwanzigster; und diese Frustration, die wir gemeinsam fühlten, war keine neue Erfahrung für uns.)

Vor uns lag ein Mittagessen mit unserer Gruppe von Freunden, und ich tröstete mich damit, dass meine einseitige Konversation bald ein Ende haben würde. Was mein stiller Partner und ich nicht wussten, war, dass wir über eine Stunde zu spät zu diesem gemeinsamen Mittagessen eintreffen würden. Zu unserer Ankunft waren die anderen schon fast fertig mit ihrem Mahl, und das Restaurant war voll, mit Ausnahme von einem Tisch, der abgelegen stand und gerade mal zwei Sitze bot.

Ja, sie hatte ihr Notizbuch, und ja, sie ist wundervoll. ›Das kann doch wohl nicht das Ende der Welt sein‹, werden Sie sich denken. Aber unglücklicherweise ist Sabrinas Handschrift die zweitschlimmste der Erde – nach meiner. Wenn man dann alle Fragen gestellt hat, die mit Nein oder Ja beantwortet werden können – was leicht passieren kann nach einer dreistündigen

Fahrt mit einem Golfwagen –, dann ist man am Ende ange-
kommen.

Endlich war unser Mittagessen vorbei – Yippee!!! –, und in
weiter zelebrierter Stille fuhren wir mit dem Golfwagen zurück
zum Hafen. Wir blieben ein paar Mal stehen und kauften Ge-
schenke ein, und dann brachten wir den Wagen wieder zurück
zur Verleihfirma. Die Dame dort begrüßte uns, ich füllte die
notwendigen Formulare aus, um den Wagen abzuliefern.

Sabrina versuchte, der Dame irgendwie klarzumachen, dass
ihr Sicherheitsgurt klemmte und nicht mehr richtig aufging. Die
Dame beobachtete zuerst Sabrina, konnte deren pantomimi-
schen Erklärungen nicht folgen und wandte sich dann hilfe-
suchend an mich. Wahrscheinlich würde ich ja wohl wissen, was
sie ausdrücken will. In diesem Moment, ich hob gerade die
diversen Pakete und Geschenke aus dem Rücksitz und lud sie in
Sabrinas Armen ab, sagte ich: ›Ignorieren Sie einfach meine
Frau. Sie ist blond, taub und stumm. Aber zum Schleppen von
schweren Taschen ist sie ganz gut zu gebrauchen.‹

Die Dame starrte mich erschrocken an und konnte meinen
Kommentar nicht fassen, und Sabrina wollte gerade was sagen,
aber hielt sich noch im letzten Moment zurück. Sie schaute mich
an, und wir beide brachen in schallendes Gelächter aus.

Sabrinas Versprechen, mittwochs still zu sein, wurde geehrt –
aber wenigstens konnten wir ab und zu herzlich und laut da-
rüber lachen.«

Es war nicht immer einfach, miteinander auszukommen. Vieles an einem spirituellen Training mag dem anderen seltsam
und suspekt vorkommen. Und doch haben wir vieles daraus
gelernt. Wir haben unsere Probleme miteinander besprochen,

nur hatten wir beide zu unterschiedliche Vorstellungen von einem gemeinsamen Eheleben. Das passte einfach nicht zusammen.

Während unserer fünfzehn gemeinsamen Jahre stellte sich immer wieder die Frage, ob unsere Ehe beendet sei oder nicht.

Zarathustra sagte einmal: »Eine Ehe oder eine Beziehung ist erst dann zu Ende, wenn man mit Liebe und gegenseitiger Achtung auseinandergehen kann. Beide wissen, dass sie alles versucht haben.«

Als er mir das sagte, konnte ich mir das gar nicht vorstellen, wie das gehen soll. Man geht doch mit Schmerzen aus einer Ehe? Wenn ich eine Beziehung beendete, dann eher mit einem Knall: Ich kann nicht mehr und gehe. Von wegen Liebe und gegenseitige Achtung. Ich brauchte Wochen, manchmal Monate von wütenden, inneren Dialogen mit meinem Ex, bis ich darüber hinweg war. Alles Ungesagte wurde dann gesagt.

Dummerweise hat es der andere während der Beziehung nicht zu hören bekommen.

Manchmal höre ich von Frauen, die mir von den Schwierigkeiten in ihrer Ehe erzählen, sie hätten den Gedanken, sich zu trennen. Und wenn ich frage: »Was sagt denn Ihr Mann dazu?«, dann heißt es nicht selten: »Um Himmels willen, der weiß natürlich nichts davon!« Um Himmels willen, warum denn nicht? Schließlich geht es ihn ja etwas an. Sie sehen, ich lerne dazu.

Es war im Frühjahr 2003, als mir immer klarer wurde, dass ich die Ehe so, wie sie ist, akzeptieren muss. Jahrelang hatte ich versucht, mich zu verändern, ihn zu verändern. Die Mühe, die Konzentration, die ewigen Versuche fanden plötzlich ein Ende. Ich fühlte eine Ruhe in mir. Eine nie gefühlte Akzeptanz über den Zustand unserer Beziehung. Ich kenne diesen Mann so gut. Weiß, was hinter seiner Stirn vor sich geht. Fühle, wenn sein Herz spricht. Er ist ein guter Mann, wie ich eine gute Frau bin. Er gibt sein Bestes, wie ich mein Bestes gebe.

Seine Persönlichkeit und meine Persönlichkeit ergeben zusammen ein bestimmtes Miteinander. Und obwohl es möglich ist, gewisse Reibungspunkte zu besprechen und vielleicht auch für immer zu entschärfen, so gibt es doch Persönlichkeitsunterschiede, die zu gravierend sind, als dass sie sich verändern ließen. Als mir das klar wurde, beschloss ich, diese Ehe so zu akzeptieren, wie sie ist. Obwohl es einiges gab, was ich mir anders wünschte.

Ich erinnere mich noch gut an einen Abend, zu dem wir ein paar langjährige Freunde eingeladen hatten. Der Abend verlief sehr harmonisch. Ich fand mich häufig ruhig lächelnd in meinem Lieblingssessel. Unsere Tochter wohlig auf der Couch, mein damaliger Mann ihr gegenüber. Die Freunde dazwischen.

Manche Momente sind bewusster als andere, bleiben einem länger in Erinnerung. Sie haben eine Bedeutung, doch man weiß in dem Moment, in dem sie passieren, noch nicht, warum. An jenem Abend ließ ich meine Vorstellungen von dieser Ehe los. Wie sie zu sein hat. Wie ich sie gerne hätte. Und ich akzeptierte sie wahrlich, wie sie war.

Und ich fühlte mich ruhig dabei.

Angekommen.

Ich glaube, was an diesem Abend passierte, ist das, wovon Zarathustra gesprochen hatte: Ich fühlte diese gegenseitige Achtung und nahm unsere Situation, wie sie war. Ich versuchte unsere Ehe nicht mehr »umzumodellieren« oder umzugestalten in irgendetwas anderes. Und so öffneten sich meine Hände, mit denen ich über viele Jahre diese Ehe zusammenhielt ...

... und kurz darauf rann sie mir durch die Finger ... wie Wasser.

Denn meine Hände waren plötzlich auf, und so entfaltete sich die Zukunft ungehindert.

Bis zu diesem Zeitpunkt war es mein Ziel, den anderen zu verändern. Ihn passend zu machen. Jetzt, wo es nichts mehr zu verändern gab, war uns schlagartig klar, wie wenig es passt. Dazu brauchte es nur ein paar Wochen. Und die Frage, ob die Ehe vorbei war, stellte sich nicht mehr. Sie war ohne Zweifel vorbei.

Am Ende einer Beziehung steht auch immer der Verlust der Träume, die man darin einmal hatte. Der Verlust der geplanten und gemeinsam ausgedachten und vorbereiteten Zukunft. Der Schmerz des Noch-mal-von-vorn-anfangen-Müssens. Das Ungewohnte, Unvertraute, manchmal fast Unheimliche. Die Zeit der Trauer ist gekommen, und die dauert, solange sie eben dauert.

In der heutigen Zeit fällt mir auf, dass Beziehungen vielleicht etwas zu schnell abgebrochen werden. Langjährige Ehepartner erzählen von Krisenjahren, die es zu überwinden gilt. Die gibt es bestimmt in jeder langfristigen Beziehung. Schließlich wachsen und verändern wir uns. Problematischer wird es, wenn einer der Ehepartner für lange Jahre unglücklich ist und unter der Beziehung leidet. Zum Beispiel durch eine Alkoholkrankheit, eine fehlende Intimität oder Betrug. Dies sind Abhängigkeiten, die für beide Partner ungesund sind und dringend therapeutischer Hilfe bedürfen.

Wenn wir in einer Beziehung nichts dazugelernt haben, werden wir denselben Fehler wieder machen. Wir müssen uns entwickeln, wenn wir eine andere Beziehung haben wollen. Meine Beziehungen veränderten sich, weil ich mich veränderte. Wir ziehen auf unserer Entwicklungsebene das an, was wir selbst sind. Und je offener wir in einer Beziehung miteinander umgehen, desto besser.

Würde Julia mich fragen – was sie nicht tut mit ihren neunzehn Jahren –, wie ich denn glaube, dass eine Beziehung funktionieren kann, dann würde ich ihr wahrscheinlich Folgendes antworten:

»Liebe Julia,

als Erstes und als Wichtigstes sei dir absolut sicher, dass du ihn liebst. Dass es da eine Sehnsucht nach ihm gibt; dass deine Augen strahlen, wenn du ihn siehst; dass du ihn gerne in deiner Nähe hast. Lass dir Zeit damit. Lerne ihn kennen, so wie er ist, und nicht so, wie du ihn dir vorstellst. Sei sofort von Anfang an ehrlich, wie du fühlst. Verletzt dich etwas, unterdrücke deine Tränen nicht. Lass nie zu, dass du dir sagst: ›Ach, so schlimm ist das nicht‹ und dann schweigst.

Sprich es immer an. Teile dich mit! Hör ihm aber auch mit der gleichen Intensität zu, in der du willst, dass er dir zuhört. Und doch, erlaube dir, auf Warnzeichen zu hören, sprich darüber, sprich immer wieder darüber. Wenn du ein Zurückziehen von ihm fühlst, frag ihn danach. Frag, was er braucht, und sag, was du brauchst.

Betet zusammen. Auch wenn jeder sein eigenes stilles Gebet spricht. Es ist leichter in einer Beziehung, wenn beide ihren Glauben an Gott haben (im Gegensatz dazu, wenn nur einer glaubt – wahrscheinlich ist es wieder einfach, wenn keiner von beiden glaubt).

Akzeptiere den Glauben des anderen. Ja, ihr könnt darüber sprechen, er kann erklärt werden, aber nimm den Glauben des anderen hin als das, was dein eigener auch für dich ist: etwas Heiliges. Gib den Respekt, den du selbst haben willst.

Sei nie, unter gar keinen Umständen, *sein Lehrer.* So wie er nicht deiner sein darf. In einer Lehrer-Schüler-Beziehung kann es keinen wahren Austausch geben. Einer lehrt und der andere lernt. Natürlich werdet ihr ›voneinander lernen‹ – doch das ist etwas ganz anderes.

Sexualität ist wichtig. Sie vereint dich mit dem Menschen, den du liebst, und euch beide mit Gott.

Unter keinen Umständen verstelle dich vor dem Mann, den du erwählt hast. Wenn etwas nicht klappt, muss er es wissen. So wie du ihn danach fragen musst. Stöhne nicht, wenn du es nicht fühlst; küsse nicht, wenn du nicht willst; und schlaf nicht mit ihm, wenn du ihn nicht segnen kannst.

Genieße deinen wie seinen Körper. Hab Spaß. Lern was dazu. Kauf dir Bücher darüber, frag deine Freundinnen (oder deine Tanten, mich). Sexualität ist wie jede andere Annäherung auch: Wir lernen, indem wir mehr erfahren, mehr fragen, mehr ausprobieren.

Fügt euch keine Schmerzen zu. Weder beim Sex noch bei anderen Dingen. Wenn es passiert ist, und es wird passieren, sag, wo es wehtut, lass eine Entschuldigung zu und akzeptiere sie. Weiteres Nörgeln unterlasse. Lass nichts Unausgesprochenes zwischen *euch wachsen. Alles Unausgesprochene ist wie Unkraut; es wächst und wächst und wird alles andere vernichten.*

Intimität entsteht dann, wenn die intimsten Gedanken ausgesprochen werden. Sich mitzuteilen, offen und ehrlich, mit der ganzen Ängstlichkeit, die dazugehört, ist über alle Maßen wichtig. Wenn wir unsere Schwächen voreinander nicht zugeben können – und darin sicher sind, dass sie später beim ersten Streit nicht gegen uns verwendet werden –, dann erreichen wir niemals wahre Intimität.

Und ja, meine geliebte Tochter, benutze niemals, als deine Waffe, das Wissen um seine Schwächen. Sei dir bewusst, dass eure Liebe sich verändern wird. Sei dir klar darüber, dass die erste Phase der Verliebtheit irgendwann einmal vorbeigeht (Anthroposophen sagen, sie dauert höchstens zwei Jahre). Aber sei dir auch bewusst, dass die Erinnerung daran dich ein ganzes Leben mit diesem Mann nähren kann.

Wenn du merkst, es geht bergab, dann sprich darüber. Teile ihm bei den ersten Anzeichen der Distanzierung deine Gefühle mit. Denn eine Trennung kann leichter wieder zusammengefügt werden, wenn sie nur haaresbreit ist. So es denn beide wollen.

Und dann, mein Kind, wenn einer von euch beiden nicht mehr will, sei dir bewusst, dass es nichts, aber auch gar nichts gibt, was du daran ändern kannst. Eine Ehe, eine Beziehung kann nur dann funktionieren, wenn sie beide mit der gleichen Intensität wollen. Hat einer aufgegeben, ist sie aufgegeben.

Falls es zu Ende gehen sollte, bedanke dich bei ihm für das, was er dir geschenkt hat. Weine und trauere um die Träume, die ihr verloren habt. Erkenne die Lehren, die du aus der Beziehung gezogen hast, und überleg dir, was du in Zukunft verändern

willst. Es gibt keinen Grund, ihn aus deinem Herzen zu ent-
fernen. Er wird dort immer bleiben, denn unsere Herzen sind
groß und haben Platz für viele.

Mögest du, mein Kind, bei allen, die du liebst, die Liebe fin-
den, nach der du dich sehnst.

Deine Mama«

Wie kann ich erleuchtet werden?

Wir wünschen uns Erleuchtung, weil wir vieles verändern wollen. Wir wollen leichter werden und unsere Schwingung erhöhen. Wir wollen immer liebevoll und großzügig sein, Geduld ausstrahlen und Verständnis. Wir wollen durch unsere bloße Anwesenheit alles heilen. Wir wollen Trost spenden. Wir wollen unerschütterlich in unserem Glauben sein. Wir wollen uraltes, geheimes Wissen verstehen. Wir wollen alles vom Mond, von den Sternen und von anderen Lebewesen auf weit entfernten Planeten wissen. Wir wollen Engel sehen, Feen erkennen und mit Tieren sprechen können. Wir wollen telepathisch mit unseren Mitmenschen verbunden sein, wir wollen Vorahnungen haben und, wenn wir schon dabei sind, auch noch die Gedanken der anderen lesen und die tiefsten Schichten der Seele ergründen können. Wir wollen Weisheit. Wir wollen Ungewöhnliches erreichen. Im Leben wie im Sterben.

Und das alles und vieles mehr verspricht uns die Erleuchtung. Der Grund ist im besten Fall keine persönliche Egozentrik, sondern der tiefe Wunsch nach Selbsterkenntnis, damit wir dann auch in der Lage sind, anderen zu helfen. Vor kurzem bekam ich einen Brief, in dem eine Frau schrieb, was sie alles machte – diverse Reiki-Grade, Lichtarbeiterausbildungen, Meditationsgruppen –, und sie meinte, dass sie mehr ja leider nicht mehr schaffe, da sie ja noch eine Familie habe und auch noch halbtags arbeite. Das hörte sich so an, als ob sie sich entschuldigte. Sie war wohl der Meinung, dass sie weiter wäre, wenn sie mehr Zeit hätte. Nicht arbeiten müsste. Es keine Familie gäbe, die was von ihr braucht. Dass sie bei ihrem normalen Familien- und Arbeitspensum überhaupt Zeit fand, regelmäßig zu meditieren, fand ich schon bemerkenswert.

Wie stellen wir uns eigentlich Erleuchtung vor? Was ist, wenn sie nicht mit einem großen Ausrufezeichen kommt? Woran erkennt man einen erleuchteten Meister? Eine erleuchtete Meisterin? Ist Erleuchtung die Erkenntnis, dass Gott in allem ist? Oder ist es die ewige Glückseligkeit, weil wir alle Ursachen des Leids und des Schmerzes vom Geist, und damit unserer Erfahrung, entfernt haben? Oder ist es die Möglichkeit, Wunder ganz selbstverständlich zu kreieren? Ist Erleuchtung die komplette Verschmelzung mit dem göttlichen Bewusstsein – das dann bedeutet: Ich weiß alles, sehe alles, höre alles, kann alles?

Ich habe mir Erleuchtung jahrelang gewünscht. Ich hatte mich nicht akzeptiert, so wie ich war. Ich hatte zu viele Schwachstellen an mir gefunden, die es zu verbessern galt. Ich war zu empfindlich, ich war zu unsicher, ich war zu rechthaberisch, zu kontrollierend und zu erschöpft. Ich fühlte mich tief in meinem Wesen einsam. Nicht dazugehörig. Sicher, ich hatte auch ein paar gute Seiten, doch die waren nie gut genug. Als ich mich auf den spirituellen Weg begab, dachte ich, dass ich damit die Lösung gefunden hätte: Ich wollte erleuchtet werden. In diesem Leben. So schnell wie möglich. (Ich mache gerne alles schnell.) Und ich war bereit, alles dafür zu geben.

Natürlich wusste ich, dass Gott nie von mir verlangen würde, mein Kind und meine Familie hinter mir zu lassen. Kinder zu haben und aufzuziehen, das hindert uns nicht an unserer Erleuchtung, es unterstützt uns. Außerdem ist das Leben lang genug. Falls ich also geglaubt hätte, dass es meinem spirituellen Weg nützlich sei, wenn ich fünf Jahre allein in einer Höhle in Tibet verbringe, dann hätte ich das immer noch tun können, wenn das Kind aus dem Haus wäre. Selbst bei Buddha, der ja Frau und Kind (waren es Kinder?) zurückließ, um seine Erleuchtung zu finden, fiel mir dieser Umstand als Erstes auf. Dadurch war es schwer für mich, seinen Weg zur Erleuchtung begeistert nachzuvollziehen. Selbstverständlich steht es mir nicht zu, die Entscheidungen eines anderen zu beurteilen. Aber häufig beobachtet man etwas und überlegt sich, wie man denn selbst in einer solchen Situation reagieren würde.

Mir war natürlich klar, dass dieses Ziel – meine Erleuchtung – größte Disziplin und Aufmerksamkeit forderte, und ich war bereit, auf bestimmte Angewohnheiten oder Dinge zu verzichten.

Ich wünschte mir nichts mehr, als engelsgleich zu leben. Das ist natürlich nicht ganz einfach, wenn man bedenkt, dass wir hier auf der Erde sind und dazu dummerweise auch noch einen recht dichten Körper haben. Das erste, zweite und dritte Chakra (am Sitz, am Bauch, am Nabel) wurden von mir zu »niedrigeren« Energiezentren degradiert, die es »zu vermeiden« galt. Es wurde erst am vierten Chakra (am Herzen) interessant. Und die weiteren galt es auch relativ zügig zu durchlaufen (am Hals und zwischen den Augenbrauen), um sich dann auf das Scheitelchakra konzentrieren zu können.

Meine Vorstellung von der »Erleuchtung« fing ein bisschen

zu wackeln an, als ich den Dalai Lama weinen sah. Er beschrieb eine Situation, in der ein spät berufener Mönch ihn fragte, ob er mit seinem spirituellen Training schon weiter wäre, wenn er damit bereits in seiner Kindheit angefangen hätte. Der Dalai Lama bestätigte das. Am nächsten Tag wurde der Mönch tot aufgefunden. Er hatte sich sofort eine neue Reinkarnation gewünscht, um mit dem Training früher beginnen zu können. Offensichtlich bereiteten die Erinnerung an das Gespräch und die Entscheidung, sich selbst zu töten, die dieser Mönch damals getroffen hatte, dem Dalai Lama große Schmerzen. Verständlicherweise. Obwohl ich erkannte, dass eine Erleuchtung – von der ich beim Dalai Lama ausging – wohl nicht alle Schmerzen beseitigt, so erwartete ich doch, dass die meisten verschwinden.

Vieles hat sich in meinem Leben verändert, und vor ein paar Jahren fiel mir auf, dass der Wunsch nach Erleuchtung nicht mehr das Wichtigste in meinem Leben war. Das Interesse daran ging verloren. Ich fing wieder zu leben an. Plötzlich interessierten mich auch Leute wieder, die nicht meditieren. Kunst und körperliche Bewegung wurden wieder wichtig. Ein Glas Rotwein schmeckte überraschenderweise köstlich.

An meinem fünfundvierzigsten Geburtstag, an dem ich wie jedes Jahr nach einem Abendessen meine Freunde bat, sich in einem Kreis aufzustellen, um meinen Liebsten mitzuteilen, wie mein letztes Jahr war und was ich gelernt hatte, da fragte mich irgendjemand, was ich mir denn am meisten wünsche. Ich musste darüber nachdenken. Nach einer Weile sagte ich: »Innigkeit. – Innigkeit mit den Menschen, die ich liebe.«

An dem Abend in meiner Meditation fiel es mir zum ersten

Mal auf: Ich habe nicht nach Erleuchtung gefragt. Ich hatte in den letzten Jahren immer nach Erleuchtung gefragt. Erstaunlicherweise veränderte sich das von einem Jahr aufs andere. Dieses Mal gab ich die Erleuchtung auf – für etwas für mich Wichtigeres: Innigkeit. Mir ist es gar nicht aufgefallen, wie sehr ich es vermisst hatte. Jetzt, da ich diese Innigkeit mit Gott spürte, wollte ich sie auch im Leben spüren. Und dazu musste ich von meinem »spirituellen hohen Ross« runtersteigen, um diese Innigkeit zu erleben.

Ich habe mein ruhendes Herz wieder zum Leben gebracht. Damit sind laute, wechselnde Gefühle, Schmerzen, Unsicherheiten und das ganze übliche Hin und Her zurück in mein Leben gekommen. Nach den ersten zehn Jahren mühsamen Trainings, in dem ich genau dieses Hin und Her loswerden wollte, bin ich jetzt dankbar, seit sechs Jahren wieder alles zu fühlen. Und doch ist es anders, bin ich anders als vorher. Da gibt es jetzt eine Stabilität, eine Unerschütterlichkeit, die in meinem Wissen um die Innigkeit in Gott liegt. Gewisse Dinge, die mich vor meinem spirituellen Weg mitgenommen hatten, berühren mich nicht mehr: wenn eine Freundin kurzfristig absagt, wenn mich ein anderer Autofahrer schneidet, wenn Geräte kaputtgehen, Computer abstürzen, Telefone nicht mehr funktionieren, mir Sachen hinfallen und zerbrechen. All das nehme ich zur Kenntnis. Das war es auch schon. Die Dramen sind sehr viel weniger geworden.

Ebenfalls neu dazugekommen ist das Bewusstsein um das, was ich tue. Ich habe kaum mehr »automatische« Reaktionen auf unangenehme Situationen. Da entsteht zuerst eine Pause. Ein Bewusstsein, das mir die Möglichkeit gibt, darüber nachzudenken. Welcher Teil von mir ist da berührt worden? Welche Kindheitserinnerung kommt da hoch? Welcher alte Schmerz ist da wieder angestoßen worden? Das gibt mir die Gelegenheit, darüber nachzudenken. Sagen zu können: »Meine automatische Reaktion ist nun, mich umzudrehen und zu gehen, weil ich mich so verletzt fühle. Doch ich zwinge mich jetzt, zu bleiben, um das mit dir zu besprechen.« Ich erlaube mir nun, zuzugeben, wenn mir etwas wehtut. Akzeptiere endlich, dass ich fühle, was ich fühle.

Es gibt diese Momente, in denen wir uns eins mit der Welt, eins mit Gott fühlen. In denen in uns eine wunderbare Wärme und Glückseligkeit ist. Ich hätte nie gedacht, dass mir das reichen würde. Wenn mehr passiert, dann ist es schön. Wenn nicht, ist es auch gut. Ich versuche einfach weiter, mich am Leben zu erfreuen, ein guter und anständiger Mensch zu sein, hilfsbereit und mit offenem Blick und einem offenen Herzen durch die Welt zu gehen.

Übrigens, wir fragten Solano (gechannelt von Sheila Gillette) nach diesen Spontanerleuchtungen. Das bedeutet, dass man sich von einem Moment zum anderen als erleuchtet empfindet. Das kann auch durch einen Unfall oder etwas Aufregendes geschehen. Auf jeden Fall – deshalb die Bezeichnung – ist es spontan. Gibt es sie, oder gibt es sie nicht?

Solano beschrieb es wie folgt: »Jede Bewusstseinsebene ist wie ein Kreis, in dem man sich bewegt. Umgeben von einer Art Schale. Wird diese Schale nun schlagartig und nicht langsam durchbrochen, fühlt man sich häufig komplett erneuert und anders. Und man glaubt, dass dies nun die Erleuchtung sei. Doch auch dieser neue Kreis hat eine Schale …«

Aha.

Wieso werde ich krank?

Wir glauben häufig, dass spirituelle Menschen – also die *wirklich* spirituellen Leute – nie krank werden oder es zumindest nicht werden sollten. Wenn also jemand nicht gesund ist, dann ist er offenbar nicht spirituell genug und hat auch noch einiges falsch gemacht. Und sofern dann nicht mindestens in ein paar Wochen eine »Wunderheilung« stattfindet, ja, dann ist es vorbei mit der Wertschätzung.

Ich hörte von einem wunderbaren Mann, der sich sehr für gemeinnützige Organisationen einsetzte. Er war eingebunden in eine wundervolle, warme spirituelle Gruppe, die häufig miteinander betete, aber auch gerne zusammen feierte oder verreiste.

Dann bekam er Krebs. Und die Gruppe wusste sofort, was an ihm »falsch« war. Der Grund für seine Krankheit, so wurde ihm bei jeder Gelegenheit mitgeteilt, sei der, dass er noch unverarbeiteten Ärger in sich trage. Die Gruppe hatte das Gefühl, dass mit dem Mann »etwas nicht stimmte«. Und vielleicht lag da auch die Angst »Wenn er schon krank werden kann, dann bin ich auch nicht sicher« darunter.

Die Stimmung in der Gemeinschaft, in der sich der krebskranke Mann bisher sehr wohl gefühlt hatte, änderte sich ihm gegenüber. Die Leute waren der Meinung, dass er eigentlich nicht mehr zu ihnen gehöre, da er ja offensichtlich noch ungelöste Probleme habe, die ebendiese Krankheit ausgelöst hätten. Er war ihnen ein Dorn im Auge. Und das konnte er natürlich fühlen. Obwohl er dafür nicht einmal besonders feine Antennen brauchte, er ist nämlich regelrecht geschnitten worden. Einige wechselten sogar die Straßenseite, damit sie ihn nicht begrüßen mussten.

Gott sei Dank hatte er noch andere Freunde, auf die er sich verlassen konnte. Die ihm zuhörten, Verständnis zeigten und ihm nicht dauernd erklären wollten, was er gefälligst zu machen und was er sein zu lassen habe.

Ein paar Monate später starb er. Seine Trauerfeier – oder lieber: die Feier um sein Leben – war voller Liebe und Herzlichkeit.

Wer kann schon sagen, warum wir krank werden? Nach all den Vorträgen, Büchern, Erfahrungen anderer und natürlich meiner eigenen glaube ich, dass das Entstehen von Krankheiten aus unterschiedlichen Ursachen kommt. Einmal haben wir als Seelen unsere Hausaufgaben, die es zu erleben gilt, und dann haben wir Schwachstellen in unserem Körper – erblich oder umweltbedingt –, die beachtet werden wollen. Und manchmal benutzen wir auch eine Krankheit, um die Aufmerksamkeit zu bekommen, die wir wollen. Ich glaube, dass jeder seine persönlichen Heilungskräfte in sich trägt und dass jede Krankheit für uns nützlich ist. Das heißt natürlich nicht, dass diese Situation nicht schwierig wäre. Jede Krankheit ist anstrengend. Selbst eine verstopfte Nase nervt uns mehr, als uns lieb sein kann.

Gerade in den Zeiten von Krankheiten betrachten wir unser Leben plötzlich sehr viel aufmerksamer. Krankheit ist keine Strafe Gottes. Was für ein Gott wäre denn das? Alles in unserem Leben erleben wir, weil unsere Seele es erleben will. Auch unsere Krankheiten.

Was passiert, wenn wir krank werden? Unser Körper wird uns extrem bewusst. Unser Körper ist unser Thermometer und gibt uns den Grad unseres Wohlbefindens an. Unser Körper hat vielleicht schon seit vielen Jahren probiert, unsere Aufmerksamkeit zu erregen, und wir haben ihn mit einem »Das geht jetzt nicht. Sei ruhig!« zum stillen Mitmachen zu bewegen versucht. Doch unsere Ängste, unser Stress, unsere Trauer, unsere unverdauten Dramen und ungesunden Gewohnheiten müssen sich ja schließlich irgendwo in uns niederlassen.

Es gibt wohl selten jemanden, der sich durch eine Krankheit nicht verändert. Wir versprechen uns, ab jetzt Prioritäten zu setzen. Mehr Zeit zu haben für das, was wirklich wichtig ist. Dinge im Job oder im Privatleben anders zu machen. Unser Heilungsweg mag kurz oder lang sein, auf jeden Fall hat er uns erstaunliche Erkenntnisse gebracht. Ob etwas spontan geheilt werden kann, wie es spontan geheilt werden kann und wann unsere eigenen Selbstheilungskräfte ausgelöst werden, das ist ein weites Feld mit vielen Vorschlägen. Ein paar davon habe ich selbst ausprobiert und als nützlich empfunden.

Mir ist aufgefallen, dass ich jetzt immer sofort merke, wenn mein Körper unharmonisch funktioniert. Eine Grippe kündigt sich bei mir immer mit einem leichten Kratzen im Hals an. Früher habe ich das ignoriert – wie ich dachte, mit positivem Denken (»Das wird schon wieder vorbeigehen, ich kriege keine Grippe«) –, und fast immer … wurde ich krank. Offensichtlich funktionierte das nicht für mich, und so suchte und fand ich einen anderen Weg.

Wann immer ich jetzt merke, dass sich etwas rührt, also gleich beim ersten Zeichen, schiebe ich ein komplettes Abwehrprogramm hinterher. Als Erstes wird meditiert, und ich sage dem Virus (oder wer immer sonst sich da im Hals einnisten wollte): »Raus mit dir. Ich erlaube dir das nicht.« Anschließend beginne ich, mit Salzwasser zu gurgeln, und nehme entweder meine Hepar-sulph.-Tabletten zu mir oder meine chinesischen Tropfen. Je nachdem, was ich in meiner Meditation gesehen habe. Dazu passe ich extrem auf, was ich denke, damit sich kein »O nein, ich werde krank« in meinem Gedankengängen niederlässt. Was übrigens nicht einfach ist, wie alle, die das auch machen, bestätigen werden. Meine neue Methode klappt zu neunzig Prozent. Und die restlichen zehn Prozent nehme ich in Demut hin.

Meine Tochter Julia ist sehr selten krank. Ich erinnere mich an zwei Ohreninfektionen und ein, zwei Male Bauchschmerzen. Sie war sechzehn Jahre alt und mit ihrer Schule beim Skifahren. Julia hasst Skifahren. Am ersten Abend, kaum fünf Stunden nach der Ankunft in den Bergen, bekam ich einen Anruf von einer Lehrerin, sie sei krank.

»Krank?«, fragte ich überrascht. Julia klang ganz fürchterlich am Telefon, und nach meinen ersten Fragen (»Soll ich nicht lieber kommen?«, »Wie fühlst du dich?«) sagte ich zu ihr: »Schatz, du weißt schon, dass ein einfaches ›Ich will nicht Ski fahren‹ gereicht hätte, dazu hättest du nicht krank werden müssen.«

Pause am anderen Ende der Leitung.

»Ja, ich weiß … Ich wollte krank werden.«

Das Jahr darauf haben wir sie von der Skiwoche abgemeldet.

Vor etwa sechs Jahren beschloss ich, eine längere Arbeitspause einzulegen. Kurz nach meiner Entscheidung bekam ich starkes Sodbrennen. Ich hatte vorher erst einmal Sodbrennen gehabt – was damals, so glaube ich, am Essen lag –, aber dieses Mal war es anders. Schon tagelang hatte ich jenen seltsamen Geschmack im Mund, und es schien gar nicht mehr aufzuhören. Ich betete und fragte in meiner Meditation, warum ich das habe; und ich bekam keine Antwort. Als es auch in den nächsten Tagen nicht besser wurde, ging ich zum Arzt, und er untersuchte mich. Nach Röntgenaufnahmen, bei denen ich eine schreckliche dicke Flüssigkeit zu mir nehmen musste, stand es offiziell fest: Ich habe Sodbrennen. Was ich nun allerdings auch schon vorher gewusst hatte.

Mein Arzt gab mir ein Pillenrezept in die Hand, und ich fragte, wie lange ich das nehmen müsse. »Wahrscheinlich für immer«, war seine Antwort. Für immer? Das war für mich auf jeden Fall zu lange.

Ich ging wieder nach Hause und setzte mich vor meinen Hausaltar. Nach meinem Gebet fragte ich wieder meinen Körper: »Was willst du mir sagen?«

Ich hörte in mich hinein, und ich hörte nichts.

Offensichtlich war ich entweder nicht in der Lage, etwas zu hören, oder mein Körper hatte beschlossen, nicht mit mir zu sprechen.

Plötzlich kam mir ein anderer Gedanke und damit auch eine andere Frage: »Was liegt mir im Magen?«

Und ein paar Minuten später kam ein Wort hoch: »Shame« – das englische Wort für »schämen« oder »Schande«. O mein Gott, genau, das war es: Ich fühlte mich dermaßen schuldig, weil ich eine Arbeitspause machen wollte, dass es mir so im Magen lag und deswegen auch immer wieder »hochkam«. Ich sollte mir das Problem genau anschauen, statt es einfach nur »im Magen liegen zu lassen«.

Nach ein paar Tagen, in denen ich viel nachgedacht hatte über meine »Schande« ob der Entscheidung, mir eine Pause zu gönnen, verschwand das Sodbrennen wieder. Ich empfinde es als sehr wichtig, tief in sich zu gehen und sich selbst zu fragen. Wir als Seele wissen genau, was wir brauchen und was wir verändern müssen. Die Informationen über unseren Gesundheitszustand kommen am besten von uns. Schließlich kennen wir uns am besten. Wir müssen nur nachschauen. Tief in uns nachschauen. Dabei helfen Meditationen, Stille oder auch automatisches Schreiben.

Falls Sie mit der Meditation so Ihre Schwierigkeiten haben, versuchen Sie es doch mal mit automatischem Schreiben. Nehmen Sie sich einen Block oder Ihren Computer und beten Sie, dass all die Informationen, die für Sie wichtig sind, zu Ihnen kommen. Manchmal mag nachts dazu die beste Zeit sein. Dann schreiben Sie Ihre Frage einfach immer und immer wieder auf. So lange, bis etwas anderes als Antwort kommt. Und das ist dann die Antwort, die aus der Tiefe Ihrer Seele kommt.

Hilfsbereitschaft ist eine der höchsten Tugenden; und besonders wenn andere krank sind, möchten wir denen helfen, die vielleicht keinen so fundierten spirituellen Glauben haben wie wir. Das kann allerdings zu Situationen führen, die uns

extrem überfordern und für die wir weder vorbereitet noch
ausgerüstet sind. Meine Freundin Sheila Kenny hat zwei Erlebnisse in dieser Richtung gehabt:

»*Meine Freundin Linda rief mich an, weil sie einen wundervollen Heiler, der ein ehemaliger katholischer Priester ist, in der
folgenden Woche besuchen wollte. Sie fragte, ob sie bei mir über-
nachten könne und dass sie unbedingt ihren Bekannten Greg
mitbringen wolle. Er sei gerade aus einer psychiatrischen Anstalt
entlassen und als schizophren diagnostiziert worden. Ob ich da
was dagegen hätte?*

*Ich dachte mir: ›Klar werde ich mit einem Schizophrenen
fertig, das wird schon nicht so schlimm sein.‹*

*Ein paar Tage später rief mich Linda noch mal an, dieses Mal
sehr viel weniger optimistisch. Sie meinte, dass sie sich Sorgen
macht, ob das nicht doch zu viel für sie wird. Greg ist sehr verwirrt und auch unglaublich anstrengend. Ich habe ihr vorgeschlagen, es mal mit Greg zu besprechen, und dann sieht sie ja
schon, wie dieser darauf reagiert.*

*Einige Stunden danach rief sie zurück. Sie hätte jetzt also mit
Greg gesprochen, und der hätte ihr einen langen Vortrag gehalten,
dass sie doch bitte mehr Vertrauen haben sollte – und offensichtlich fehle es ihr am Glauben. Er dagegen spreche doch jede Stunde seine Gebete, und sie solle ein bisschen mehr Gottvertrauen
haben. Daraufhin beschloss Linda, doch mit Greg zu kommen.*

*Ich holte sie also ein paar Tage später vom Flughafen ab. Greg
hatte eine Reisetasche dabei, die bis zum Anschlag mit Kristallen
und spirituellen Büchern gefüllt war. Solche Sachen wie Zahn-
bürste und Unterwäsche hatte er vergessen. Und als ich ihn
umarmte, hatte ich das Gefühl, als ob ich aufgespießt würde. Er*

hatte einen Mantel mit diesen vielen Taschen an, und in jeder Tasche waren ebenfalls riesengroße Kristalle. [Das war, bevor die strengeren Sicherheitsbestimmungen in Flugzeugen eingeführt worden waren.]

Als ich ihn fragte, warum er denn so viele Kristalle mit sich herumtrüge, meinte er, dass er für den Heiler geerdet sein wolle. Ich fragte ihn dann, wie er sich diese vielen Kristalle denn überhaupt leisten könne. Da waren riesige Stücke dabei. Und darauf antwortete er, Gott habe ihm gesagt, dass er sie nehmen soll.

Darauf ich: ›Wie, nehmen?‹

Plötzlich schwante mir etwas. ›Hast du sie etwa gestohlen?‹, fragte ich ihn.

Er schaute ein bisschen vage und meinte dann, dass Gott ihm gesagt habe, er solle sich diese Kristalle nehmen, und da er doch keine dreitausend Dollar gehabt hätte, so habe er sie sich genommen.

Da dachte ich mir schon: ›Na, wenn das mal gut geht …‹

Mitten in der Nacht wachte ich durch Cat Stevens auf: ›Moonshadow‹, das auf voller Lautstärke durch mein Haus brüllte, so dass ich davon senkrecht auf der Matratze saß. Ich springe aus dem Bett und laufe nach unten, um nachzuschauen, was da los ist, und finde Greg im Wohnzimmer zu dieser irrsinnig lauten Musik tanzend. Ich drehe Cat Stevens runter und frage Greg, was das denn soll, sage ihm, dass es erst drei Uhr früh sei und dass wir hier alle schlafen wollen.

Greg meinte, dass er dies immer um diese Uhrzeit mache – und so würde es ja auch nicht stören, es sei doch schließlich ›Moonshadow‹, und das müsste man schließlich in der Nacht spielen. Mit viel Mühe habe ich ihn wieder ins Bett geschickt.

Am nächsten Tag war nun der Termin mit dem Heiler. Der

hielt zuerst einen Vortrag, und dann lud er die Leute, die Heilung suchten, ein, auf die Bühne zu kommen. Viele kamen. Der Heiler sprach seine Gebete und machte seine Handbewegungen, und als alle dann wieder weg waren – das Ganze dauerte ein paar Stunden –, tauchte plötzlich Greg ganz allein auf der Bühne auf. Der Heiler fragte ihn, ob er emotionale Probleme hätte. Greg nickte. Der Heiler vollzog seine Heilung an Greg, und Linda und ich schleppten ihn wieder zum Auto. Mittlerweile war er fast ohnmächtig, aber er flüsterte dauernd, dass er dringend ein Bad bräuchte.

Wir haben ihn dann wieder nach Hause gebracht, und nachdem er sein ›Moonshadow‹ gehört hatte, drehten wir den Wasserhahn der Wanne auf. Es schien ihm auch wieder besserzugehen, so ließen wir ihn allein.

Wir sitzen in der Küche, und plötzlich fällt mir auf, dass ich immer noch das Wasser durch die Leitung rauschen höre. Die Badewanne müsste doch längst voll sein! Wir also wieder hoch ins Gästebad.

Gott sei Dank war die Tür nicht zugesperrt, denn er lag da ohnmächtig in der Wanne. Das Wasser gerade noch unter seinem Kinn, und der Rest lief schon über.

Ich dachte mir: ›Worauf hab ich mich da nur eingelassen?‹

Aber das Schlimmste sollte noch kommen. Am nächsten Morgen meinte Greg, dass er auf keinen Fall zurückfliegen könne, er brauche mindestens noch eine Woche, in der er sich bei mir ausruhen müsse.

Ich dachte mir: ›Um Himmels willen, ich werde den Kerl nie mehr los.‹

Irgendwann einmal fragte ich, wo denn seine Medikamente seien. Dann machte er ein kleines Seitenfach von seinem Koffer auf, und da war dann Schokolade drin. Und ja, er wollte auch immer Rotwein haben. Schließlich haben wir ihn dann regelrecht gezwungen, seine Arznei zu nehmen. So war er auch ein paar Tage später wieder einigermaßen beieinander, dass er nach Hause fliegen konnte.«

Ich gebe diese wahre Geschichte nicht wieder, ohne großen Respekt vor den Herausforderungen der Krankheit zu haben. Um mehr von ihr zu verstehen, las ich vor einigen Jahren diverse Bücher, die von Schizophrenen selbst geschrieben worden waren. Das hat mir gezeigt, welch unglaubliche Disziplin und Selbsterkenntnis notwendig sind, um mit solch einer gesundheitlichen Herausforderung umzugehen. Außerdem half es mir, mehr Einblick in die Dynamik dieser Krankheit zu bekommen. Die meisten Schizophrenen sind sich ihres Leidens sehr wohl bewusst und wissen auch, wie sie es behandeln müssen.

In diesem und dem nächsten Beispiel geht es darum, dass wir uns unter dem Gedanken des »Gottvertrauens« zu viel aufladen. Wann und wie eine Heilung stattfindet, liegt in Gottes Hand. Wir wollen natürlich andere unterstützen und wünschen ihre Heilung, aber da gab es wie bei Sheila und ihrer Freundin Linda schon von Anfang an ein komisches Gefühl. Und dieses komische Gefühl wollte sie auf den Stolperstein aufmerksam machen. Sie haben dann gegen ihre Intuition gehandelt. Nicht, dass das so etwas Ungewöhnliches wäre. Ich tu es jede Woche. Irgendwann einmal werde auch ich das lernen.

Die nächste Begebenheit erzählte mir Sheila, die mit »Sacred Life« nach Indien unterwegs war, also mit der spirituellen Gemeinschaft, der auch ich damals angehörte (nein, es war keine Sekte ...). Ich war das Jahr vorher schon dort gewesen, und dieses Mal fuhr ich nicht mit. Eines der Mitglieder von »Sacred Life« hatte eine Tochter, die ich »Kerry« nennen möchte. Kerry ist ebenfalls schizophren und war schon sehr häufig deswegen in Behandlung. Auch sie hatte strikte Anweisungen, regelmäßig ihre Medikamente zu nehmen, um einigermaßen funktionieren zu können:

»Kerry hatte sich mit ihrer Mutter angemeldet, um auf diese Reise nach Indien mitzufahren und einen Guru in Rishnikesh zu besuchen. Als die Teilnehmer vollständig dort angekommen waren und ihr erstes gemeinsames Mahl zu sich nahmen, stand Kerry auf und wandte sich an alle. Sie wollte ihre Pillen absetzen und die Unterstützung der Gruppe haben.

Also fragte Jacqueline die Gruppe: ›Wie viele von euch glauben, dass Kerry mit den Pillen aufhören sollte?‹

Niemand hob die Hand, alle sprachen sich dagegen aus. Kerry war der Gruppe nicht neu, und sie hatte schon viele Dinge gemacht, die inakzeptabel waren: Einmal erzählte sie ihrer Mutter, die auf Reisen war, dass ihr Haus abgebrannt sei und sie sich gerade noch mühsam aus dem Fenster habe retten können. Nach mehreren Tagen, in denen ihre Mutter viel weinte und um den Verlust ihres Hauses trauerte, stellte sich heraus, dass dies nicht wahr war und Kerry alles erfunden hatte. So war die Gruppe sich des Risikos sehr wohl bewusst, aber der Swami war dafür und meinte, der Rest der Gruppe sollte Kerry unterstützen.

Sie wurde jeden Tag zu einer anderen Person. Manchmal veränderte sich ihre Persönlichkeit sogar zweimal am Tag. Sie be-

gann als Hare-Krishna-Anhängerin, und am Nachmittag war sie Muslimin. Dann war sie eine russische Frau mit einer Babuschka und einen Tag später eine meditierende Hindi.

Den Morgen darauf hatten wir ein Meeting mit dem Swami. Er war ein hochgeehrter Mann, dem man nie den Rücken zukehrt. Natürlich war er sehr milde, sehr herzlich und hatte den unschuldigen und gleichzeitig wissenden Ausdruck eines Kindes. Er war immer ganz in Pfirsich gekleidet. Pfirsichfarbene Robe, pfirsichfarbene Kissen, pfirsichfarbenes Telefon.

Nun, da sitzen also um die zwanzig Leute respektvoll vor ihm, während er einiges aus der Hindutradition erklärt. Ab und zu klingelt das Telefon, und der Guru hebt ab und spricht dann kurz. Jeder bleibt weiterhin natürlich still sitzen und wartet, bis der Swami fertig ist.

Kerry war äußerst genervt, dass sie nicht seine komplette Aufmerksamkeit hatte, und zog aus ihrem weiten Rock zwei Spielzeugtelefone hervor. Ich sitze in der Nähe des Swamis, und Kerry stürzt sich nach vorne und fängt an, uns beiden gleichzeitig mit den Telefonen auf den Kopf zu hauen. Währenddessen brüllt sie fortwährend in einer quäkenden Stimme: ›Ihr seid zu viel am Telefon! Ihr seid zu viel am Telefon!‹

Der Swami war, wie die anderen auch, schockiert. Aber er wollte trotzdem noch nicht aufgeben.

Am nächsten Tag fanden wir eine bikinitragende Kerry oben auf dem Dach des Aschrams, sie nahm ein Sonnenbad. Wir versuchten, ihr klar zu machen, dass dies weder gestattet noch höflich wäre und einfach allen Regeln in diesem Land widerspräche. Aber ihr war das egal, sie wollte braun werden.

Der Swami war immer noch gnädig.

Ein Heiler in der Gegend sagte ihr, dass er ihre Schizophrenie *mit Abführmitteln und Zitronensaft heilen könnte. Nach diversen Versuchen wurde auch das aufgegeben.*

Einmal waren wir beim Essen, und mir kamen ihre Klamotten so bekannt vor. Als ich näher hinschaute, bemerkte ich, dass das meine Sachen waren und sie auch noch Schmuck trug, den ich aber zu Hause in Kalifornien gelassen hatte. Ich fragte sie, woher sie meine Sachen habe. Sie und ihre Mutter waren zwei Wochen vorher bei mir zu Besuch gewesen, und sie hatte meine Klamotten einfach eingepackt, meinen Schmuck ebenfalls.

›Ach, Sheila, mach dir nichts draus, den anderen schönen Schmuck hab ich noch in meiner Wohnung, den habe ich erst gar nicht nach Indien mitgenommen.‹

Ich stand mit offenem Mund da.

Dann erzählte mir jemand, dass Kerry mitten in der nächsten Nacht mit zwei metallenen Abfalldeckeln – die sie wie Schlagzeugbecken benutzte – vor dem Schlafzimmer des Swamis ›Musik‹ gemacht habe. Das hatte natürlich einen riesigen Krach gegeben. Die Helfer des Swamis stürzten heraus und wollten sie zum Schweigen bringen, aber sie erklärte ihnen, dass der Swami ihr Guru sei und dass sie jederzeit zu ihm gehen könne – und da er ja sowieso jetzt bestimmt wach sei, wolle sie mit ihm sprechen.

Doch nun hatte auch der Swami genug. Am nächsten Morgen stellte er uns nur eine Frage: ›Wo sind ihre Medikamente?‹«

Obwohl Kerrys Benehmen sehr anstrengend für alle Beteiligten war (inklusive sie selbst), war trotzdem niemand in direkter Lebensgefahr. Manche Kranke, verzweifelt auf der Suche nach irgendjemandem, der sie heilen kann, hören zum Teil die abenteuerlichsten Vorschläge. Wenn sie bestimmt und autoritär vorgetragen werden, ist es nicht ungewöhnlich, dass damit jemand verunsichert wird. Schizophrenie mit Zitronensaft und Abführmitteln heilen? Wer weiß, was ich nicht alles ausprobieren würde, wenn ich verzweifelt wäre?

Und doch ist es sehr schwer, nachzuvollziehen, wie manche Ratschläge zustande kommen. Stan Swartz, Sunnys Ehemann, von der Sie gleich lesen werden, hatte schon einige ernsthafte Herzbeschwerden hinter sich und musste deshalb Medizin zur Blutverdünnung nehmen. Er bekam einen Ratschlag von einem Heiler, »sofort alle Medikamente abzusetzen«. Er »könne durch die Medikamente nicht durcharbeiten« – und »wenn er die Medikamente nicht absetze, dann habe er kein Gottvertrauen«.

Ganz schön viel verlangt, sein Leben einem Mann anzuvertrauen, den man kaum kennt.

Ich selbst überlege mir die Einnahme von Medikamenten. Ich bin eines dieser »Beinah«-Contergan-Kinder. Meine Mutter hatte während ihrer Schwangerschaft mit mir größte Schwierigkeiten, und der Arzt schlug ihr immer wieder Contergan vor, das damals als gänzlich ungefährlich galt. Erst ein paar Monate später, als die ersten Kinder mit extrem kurzen Armen und Beinen geboren wurden, erkannte man die schreckliche Wirkung dieser Medizin.

Kein Wunder also, dass ich mit Medikamenten immer etwas vorsichtig bin. Und doch bin ich dankbar, wenn mir mein Zahnarzt vorher eine Spritze gibt und wenn ich bei großen Schmerzen ein Analgetikum zur Verfügung habe. Und ja, meiner Meinung nach werden zu viele Antidepressiva verschrieben, statt Therapien zu verordnen. Aber trotzdem sind viele Pillen lebensnotwendig.

Eine Bekannte von mir, Terry Cheney, ist bipolar (früher als manisch-depressiv bezeichnet). Ihre Höhen und Tiefen sind unbeschreiblich. Sie ist eine der wunderbarsten Schriftstellerinnen, die ich jemals getroffen habe. Sie schrieb das Buch *Manic* über ihre Krankheit (leider zurzeit nur in Englisch zu erhalten). Die Tiefe, die Intensität, die sie erlebt hat, die Kreativität, die dadurch frei wurde, ist unerreicht. Viele Künstler, die durch tiefe Täler gegangen sind, haben während dieser Phasen ihre besten Werke geliefert. Wir werden ehrlicher, wenn es uns schlechtgeht. Sie weiß, dass sie Medikamente braucht, um ihr chemisches Ungleichgewicht auszugleichen.

Ich erinnere mich an eine Frau, die mich nach einem meiner Vorträge um Rat fragte. Sie erklärte, dass sie schon seit einigen Wochen Zahnschmerzen hätte, die einfach nicht nachließen. Sie meditiere, singe, trinke diverse Kräutertees, aber der Schmerz ginge einfach nicht weg. Was ich denn vorschlagen würde?

»Was sagt denn Ihr Zahnarzt?«, fragte ich sie.

»Da war ich noch nicht. Ich dachte, der liebe Gott wird mir meine Schmerzen nehmen?«

»Ja, das tut er auch. Durch den Zahnarzt.«

Eine meiner größten Herausforderungen war, auf meinen Körper zu hören. »*Ich* bin der Chef hier«, das muss ich mir irgendwie eingeredet haben, »und mein Körper folgt mir gefälligst!« So eine Hierarchie funktioniert in keinem Zusammenleben harmonisch, deswegen logischerweise auch erst recht nicht in unserem eigenen Körper.

Mir fiel auf, dass ich aufgrund der Meditationen und der vielen emotionalen Fluchten kaum in meinem Körper gewesen war: Achtzig bis neunzig Prozent von mir waren wohl nicht anwesend. Erst jetzt, da ich sehr viel tiefer in mir bin, erkenne ich den Unterschied. Während der Zeit, als ich meinen Körper oft verlassen habe, war mir das nicht bewusst.

Meinen Seelenschwestern ging es ähnlich. Samantha, die mit Tieren spricht, ist häufig beruflich in einem meditativen Stadium. Wenn sie also fünf oder sechs Klienten pro Tag hat, ist sie kaum mehr in ihrem Körper. Seit Jahren schon hat sie gesundheitliche Schwierigkeiten. Schmerzen, die auftreten, Organe, die nicht so funktionieren, wie sie sollten – und sie machte das, was auch ich getan hätte: mehr meditieren, mehr beten. Doch wir erkannten beide, dass wir damit dem Körper noch mehr Kraft entzogen haben, statt ihm welche zu geben.

Jedem, der ein gewisses spirituelles Training hat, fällt es leicht, in der Stille zu sein, zu meditieren und zu beten. Das ist es nicht, was wir lernen müssen! Das können wir sehr gut. Wir haben andere Herausforderungen, denn bei uns ist es genau umgekehrt: Wir müssen *mehr* im Körper sein, uns *mehr* bewegen. Statt täglich stundenlang zu meditieren, würde uns ein aufmerksamer Spaziergang in der frischen Luft sehr viel mehr helfen.

Mein Körper, der mir relativ regelmäßig bestimmte Hinweise gab, wie es um ihn steht, wurde häufig zum Schweigen gebracht. Ja, ich ging zu meinem Chiropraktiker, wenn meine Muskelspasmen zu schlimm waren, aber ich wusste nicht, wie ich sie vermeiden sollte. Ich glaube an die Verbindung zwischen Körper und Geist, dennoch weiß ich auch, dass wir mit einem Genpool ausgestattet sind, der das eine oder andere Organ einfach schwächer sein lässt. Und doch wurde ich meine Rückenkrämpfe nicht los, weil ich den tieferen Grund dafür nicht erkannt und abgestellt hatte.

Zu dieser Zeit begann ich auch mit einer Therapie, von der ich im nächsten Kapitel noch erzählen werde. Die Therapeutin Vera fragte mich, wie sich denn mein Rücken so anfühle.

Wie bei einem Diavortrag sah ich vor meinem inneren Auge einen Fahrradkorb, dessen Henkel sich tief in meine Schultern eingegraben hatten. Doch statt wie bei einem Fahrrad einfach über der Stange zu hängen, erkannte ich meine als eingewachsen. Auf dem Fahrradkorb hing ein Zettel, und auf dem stand: »Wünsche bitte einwerfen.«

Vera ließ sich alles bis ins Detail beschreiben (Bastkorb ohne Boden, so dass er nie voll werden konnte, Eisenhenkel, großer plakativer Zettel). Und dann tauchte, ebenso wie bei einem Diavortrag, ein weiteres Bild auf, und darauf stand: »Wenn du nicht im Dienst stehst, dann hast du kein Recht zu leben.«

Ich erschrak.

Ja, das war es, was ich glaubte. Das war es, was diesen Korb an meinem Rücken hielt. Das war es, wonach ich lebte. Das Leben musste sich verdient werden. Ich konnte es nicht als Geschenk sehen.

Als ich mit Vera meinen »Fahrradkorb« besprach und sich mein unterbewusstes Glaubenssystem zur Diskussion stellte – nämlich dass man kein Recht habe zu leben, wenn man nicht im Dienst stehe –, ergab es sich, dass Theo (gechannelt durch Sheila Gillette) einen Workshop anbot.

Eine Frage brannte mir auf der Zunge, und ich stellte sie Theo bei einem der Gruppenabende: »Wer schickt mehr positive Energie aus: derjenige, der dient und vielen Menschen hilft, oder derjenige, der ein glückliches Leben lebt?«

Ich konnte das Lächeln an den Mundwinkeln leicht erkennen, und er gab mir die Antwort, die ich schon selbst erahnte: »Die Energie ist die gleiche!«

Ich habe einige Freunde, die an Krebs erkrankt sind. Jeder von ihnen entscheidet sich für eine bestimmte Behandlung. Manche wählen die chinesische Medizin, andere eine Chemotherapie (ja, ich höre Ihren Aufschrei), manche Operationen und einige eine Kombination von vielen Möglichkeiten. Einen weiteren Stolperstein erfahren wir, wenn wir auf das »Wie soll geheilt werden?« treffen. Irgendwie haben wir mitbekommen, dass wir »natürlich« heilen sollen. Gebete werden uns helfen; und wenn wir uns auf konventionelle Behandlungsmethoden einlassen, dann haben wir »versagt«. Unser Glaube, oder unser Wissen, war nicht stark genug, und wir sind wieder in alte Muster gefallen. So schleppen wir neben der Krankheit auch noch das schlechte Gewissen mit uns herum, dass wir in unserem Heilungsprozess irgendetwas falsch machen.

Wenn man mich fragt, was ich denn von den verschiedenen Heilungsmethoden halte, frage ich erst einmal zurück. »Wohin tendierst du denn?« Wenn sich ein Patient für eine Behandlung entscheidet, dann glaubt er daran, dass sie funktioniert. Er hat Vertrauen entweder in den Arzt, den Chirurgen oder den Heilpraktiker. Und dieses Vertrauen werde ich nicht zu erschüttern versuchen, indem ich meinen Kommentar dazu gebe (außer natürlich bei absolut grober Fahrlässigkeit – aber wir gehen hier jetzt mal von dem »Normalfall« aus).

Ich mag die Nützlichkeit von Gebeten erwähnen, von Visualisierungen. Ich mag zusätzliche immunstärkende Mittel vorschlagen. Zusätzliche Therapien wie Jin Shin Jyutsu, Massagen, Akupunktur et cetera. Aber das war es dann auch schon. Ich werde auf keinen Fall und unter keinen Umständen jemandem von irgendetwas abraten. Denn wie gesagt, damit erschüttere ich das Vertrauen in die eigene Entscheidung, etwas, was meiner Meinung nach nur Nachteile im Heilungsprozess mit sich bringt. Natürlich bete ich regelmäßig für und mit dem Kranken. Er wird schon wissen, was für ihn richtig ist.

Eine enge Beziehung zu Gott und mit den Engeln, Gebete, Meditationen, Singen, all das bildet eine starke Unterstützung im Heilungsprozess. Und manchmal mag auch der Körper sterben, aber die Seele, das Herz ist trotzdem geheilt.

Natürlich gibt es eine Verbindung zwischen Körper und Seele. Der Körper wird ja von der Seele gestaltet. Wenn ich zum Beispiel Halsschmerzen bekomme, dann frage ich mich immer als Erstes: »Was habe ich nicht gesagt?« Oder: »Was habe ich heruntergeschluckt?«

Ich gehe auch nicht davon aus, dass Ärzte spirituelle Banausen sind. Ich habe vor jeder Operation, für die ich mich entscheide, ein gemeinsames Gebet. Ärzte sind an meiner Heilung interessiert. Sie sind auf meiner Seite. Klar, es mag manche Ärzte geben, die mit jeglicher zusätzlichen Unterstützung (Gebete, Akupunktur, Reiki, Massagen, Tees, Arnika und so weiter) ihre Probleme haben, aber da gibt es ja genügend andere Ärzte, für die ich mich entscheiden kann.

Manchmal, wenn wir das Sterben eines geliebten Menschen miterleben, mögen wir uns fragen, ob es nicht doch eine Therapie, ein Mittel oder ein Gebet gegeben hätte, was den Betreffenden wieder gesund gemacht hätte. Manche machen sich Vorwürfe, dass sie entweder nicht genug da waren, nicht genug vorgeschlagen haben, nicht auf etwas bestanden haben, von dem sie glaubten, dass es etwas genutzt hätte.

Ich glaube nicht, dass wir aus Versehen sterben. Gott steht nicht da und sagt: »Huch, jetzt ist mir doch glatt die Sabrina weggestorben. Da habe ich mal wieder nicht aufgepasst.« Wir sterben, wenn unsere Zeit gekommen ist. Ich hoffe und wünsche mir, dass ich es mitbekomme, wenn ich sterbe. Dass ich mich nicht zu lange auf das Heilen konzentriere, wenn es Zeit ist, sich mit dem Abschiednehmen zu beschäftigen. Ich wünsche mir, dass ich mit meiner Familie, mit meinen Freunden offen über mein Gehen reden kann. Ich möchte nicht so tun müssen, als ob hier nichts Entscheidendes mit mir passiert. Ich möchte, dass über meinen bevorstehenden Tod gesprochen wird. Damit ich ihn annehmen kann und damit ihn auch die anderen annehmen können. Ich hoffe, es gelingt mir.

Sunny Swartz ist ebenfalls eine meiner Seelenschwestern. Sie lebt in Phoenix, Arizona. Sie hatte schon so viele Berufe und Berufungen, dass die Aufzeichnung fast den Rahmen dieses Buches sprengen würde. Sie arbeitete unter anderem als Innenarchitektin und Hypnosetherapeutin. Aber sie bevorzugt die Bezeichnung »Ich bin eine Seele, die eine menschliche Erfahrung macht«:

»Während ich aufwuchs, hatte ich keine Angst vor Krankheiten. Niemand in meiner Familie war jemals krank. Meine Großeltern und ihre Geschwister wurden achtzig oder neunzig Jahre alt, einige sogar hundert. Man starb, weil die Körperteile alt

wurden, und nicht, weil man krank war oder zum Beispiel Krebs bekam. Krebs tauchte, bis ich zwanzig Jahre alt war, in meinem Leben nicht auf.

Mein erstes Erlebnis mit Krebs hatte ich als Krankenschwesternschülerin. Zu meinen Patienten gehörte jemand, der todkrank war. Ich war überrascht, als ich erfuhr, dass sie die Mutter von einem meiner Schulfreunde war. Das war das erste Mal, dass ich jemanden in meinem Leben kennenlernte, der diese Krankheit hatte. Für mich war es einfach eine gefährliche Krankheit wie jede andere auch, wie zum Beispiel Diabetes oder eine Herzkrankheit. Krebs machte mir keine Angst.

Kurz danach hatte ich mein eigenes Krebserlebnis. Ich hatte einen Tumor von meinem Hals entfernen lassen müssen. Als ich zu meinem Doktor ging, um herauszufinden, was genau es denn war, wurde ich für einen Tag in das Krankenhaus eingeliefert. Mein Arzt sagte mir, die Möglichkeit stehe fünfzig zu fünfzig, dass dies ein krebsartiges Geschwür sei. Die Laborwerte kamen negativ zurück. Und wieder machte mir Krebs keine Angst.

Jahre später traf ich auf eine Gruppe, die ›Sacred Life‹ hieß. Zarathustra, unser Lehrer und Meister, wurde dort von meiner Freundin und spirituellen Schwester Jacqueline Snyder gechannelt. Die Lehren waren weise und berührten uns tief. Wir lernten, dass wir als Mitschöpfer unser Leben gemeinsam mit Gott kreieren. Wir lernten, dass unsere Gedanken sehr machtvoll sind. Wir lernten auch, dass das, worauf wir uns konzentrieren, wächst.

Ich war schon zehn Jahre bei ›Sacred Life‹, als Jacqueline krank wurde. Sie erzählte nur ihren engsten Freunden von ihrem Problem. Durch eine Operation fand sie heraus, dass sie Eileiterkrebs hatte. Die Ärzte entfernten den Krebs. Ihr wurde gesagt, dass sie einige Nachbehandlungen brauchen würde. Für mich hörte sich das alles so an, als ob dann das Kapitel ›Krebs‹ für sie erledigt sein würde. Ich zweifelte keine Sekunde daran, dass Jacqueline wieder vollkommen gesundete. Krebs war keine große Sache.

Ihre Ärzte schlugen eine Chemotherapie vor als zusätzliche Versicherung, dass auch wirklich alles vom Krebs verschwunden war. Sie lehnte das ab. Ich nahm natürlich an, dass Zarathustra ihr Rat dabei gab und dass sie selbstverständlich wusste, dass eine zusätzliche Chemotherapie nicht notwendig sein würde. Alles war gut.

Monate später fühlte sich Jacqueline überraschenderweise wieder schlechter. Tests zeigten, dass der Krebs sich bis in ihre Lungen ausgebreitet hatte. Plötzlich wurde alles sehr viel geheimnisvoller. Sie zog sich von den meisten Leuten von ›Sacred Life‹ zurück. Denjenigen unter uns, die ihr nahestanden, wurde es verboten, das Wort ›Krebs‹ in den Mund zu nehmen. Wenn wir unter uns darüber sprachen, so redeten wir nur über ›das große K‹. Sie weigerte sich wieder, eine Chemotherapie zu machen, denn sie sah es als etwas Übles an. Sie wurde kränker und kränker.

Ich glaubte damals, dass Jacqueline immun gegen solche Krankheiten wie Krebs war, denn schließlich channelte sie einen großen Meister. Ich hatte seinerzeit keine Ahnung, dass ihre Weigerung, über den Krebs überhaupt zu sprechen, auf ihrer Angst davor basierte. Naiv, wie ich war, glaubte ich, dass sie uns deswegen verbot, über den Krebs zu sprechen, weil sie ihrer Krankheit dadurch keine zusätzliche Kraft zuführen wollte.

Ich versuchte natürlich, ihren Wünschen zu entsprechen, aber je mehr ich mich bemühte – also das Wort ›Krebs‹ nicht einmal zu denken –, desto häufiger tauchte es um mich herum auf. Jedes

Magazin, das ich aufschlug, hatte lange Krebsgeschichten be-
schrieben. Ich hörte und überhörte plötzlich überall Erlebnisse
mit Krebs. Das Wort war allenthalben da. Mein Gehirn blinkte
auf wie eine große Neonleuchte: ›Krebs! – Krebs! – Krebs!‹ Ich
fühlte mich schuldig, dass ich dauernd an Krebs dachte, und
dumm, dass ich es einfach nicht aus meinem Gehirn heraus-
brachte. Eine tiefe Angst machte sich in mir breit und durch-
zuckte mich. Was früher einfach nur eine Krankheit wie viele
andere auch war, wurde für mich nun zu einem Riesenmonster.
Jetzt hatte ich Angst vor dem Krebs.

Kurz vor Jacquies Ende traf es auch meinen Mann. Er hatte
immer vor Gesundheit gestrotzt und war niemals auch nur einen
Tag in seinem Leben krank gewesen. Seine Ärzte hatten keine
Ahnung, was mit ihm los war, außer dass er dauernd erschöpft
war. Er verlor sehr schnell sehr viel an Gewicht und fühlte sich
immer matter. Er sah sehr krank aus. Stan sprach mit Zara-
thustra – durch Jacqueline – und bat darum, zu wissen, was da
mit ihm los sei.

Stan sagte damals: ›Wenn ich nur wüsste, was es ist, dann
könnte ich auch damit fertig werden.‹

Zarathustra antwortete: ›Wenn ich dir das Wort sagte, dann
würdest du so an dem Wort hängen und daran, was dieses Wort
bedeutet, dass du dir nicht erlauben würdest, wirklich gesund zu
werden.‹

Das bestätigte mich natürlich in der Meinung, dass, wenn ich
das Wort nur dächte, ich dann die Krankheit auch selbst kreierte.
Je konzentrierter ich versuchte, nicht daran zu denken, desto
häufiger dachte ich daran. Meine Angst wuchs.

Stan bekam seinen Wunsch erfüllt. Es dauerte zwei Jahre, bis
endlich eine Diagnose feststand: Er hatte Krebs. Non-Hodgkin-

Lymphom. Ich hatte das Gefühl, als ob mir jemand den Boden unter den Füßen weggezogen hätte. Was für ein Schock! Ein Teil von mir glaubte, dass es mit meine Schuld war, denn ich war immer noch nicht in der Lage, meine Gedanken zu kontrollieren. Die Angst hatte mich nun so in den Klauen, dass es mir nicht mehr möglich war, klar zu denken. Ich fühlte mich halb tot.

Es gab allerdings auch gute Nachrichten über Stans Krebs. Er war langsam wachsend. Chemotherapie wird für schnellwachsende Krebsformen benutzt, so dass diese Behandlungsmethode für ihn nicht einmal in Frage kam. Das beruhigte mich. Seit meiner Erfahrung mit Jacqueline sah ich Chemotherapie und Bestrahlung als etwas Schlechtes an. Chemotherapie war für mich schlimmer als die Krankheit selbst.

Ich verbrachte Stunden um Stunden vor meinem Computer und forschte nach alternativen Heilmethoden für Krebs. Ich fand jede naturheilkundliche Klinik in Europa und Mexiko. Ich fand jeden glaubwürdigen Heiler. Wir gaben Tausende von Dollars für alternative Heilmethoden aus, für Heiler und eine Klinik in Mexiko. Am Ende hat es sich gelohnt. Stans Krebs bildete sich zurück.

In meinem Inneren fühlte ich mich bestätigt in dem, was ich sowieso schon glaubte: Alternative Behandlungsmethoden waren der einzig wahre Weg – nicht nur für uns, sondern für alle anderen auch. Obwohl es Stan immer besser ging, hatte er trotzdem stets wieder gesundheitliche Herausforderungen, aber wir lernten, mit ihnen zu leben, und fanden uns mit der Tatsache ab, dass das Leben, wie wir es vorher führten, vorbei war. Meine Ängste beruhigten sich langsam, und ich entspannte mich.

Dann passierte etwas Unfassbares: Unsere Tochter April, die

*mein Fels in der Brandung während all der harten Zeiten mit
der Krankheit Stans war, wurde plötzlich krank mit einem sehr
seltenen Lymphom. So selten, dass es nur hundert diagnostizier-
te Fälle in den gesamten Vereinigten Staaten gab. Es ist überaus
aggressiv und in der Regel tödlich. Die Ärzte gaben ihr noch
zwei Monate.*

*Schon zwei Wochen vorher hatte man ihr angesehen, dass sie
nicht gesund war. Zuerst hatte sie nur einen Husten, den sie
nicht loswurde. Dann musste sie sich übergeben, und plötzlich
schwoll ihr Bauch mit einer unglaublichen Geschwindigkeit an.
Nach zehn Tagen sah sie so aus, als ob sie im neunten Monat
schwanger war!*

*Wir brachten sie zum Notarzt. Dort holten sie zwei Liter Flüs-
sigkeit aus ihrer Lunge und drei aus ihrem Bauch. Die Ärzte
entschieden, dass sie sofort einen explorativen Eingriff machen
müssten, um zu sehen, was genau in ihr passiert war. Wir warteten in dem Wartezimmer vor dem Operationssaal und hörten
dann die Diagnose: Burkitt-Lymphom.*

*Worte können nicht beschreiben, was für einen Schlag, was für
einen Schock ich bekam, als ich die Diagnose hörte. Ich dachte,
ich löse mich auf. Ich hatte das Gefühl, als ob ich in einer un-
wirklichen Welt lebte, einen Albtraum habe und nicht mehr daraus aufwachen könne. April hatte nicht einmal Zeit, sich von
dieser riesigen Operation zu erholen, denn sie musste sofort mit
der Chemotherapie beginnen. Ohne diese wäre sie ein paar
Wochen darauf tot gewesen. Ich musste mein Glaubenssystem
über traditionelle Krebsbehandlungen überdenken.*

*April sagte mir, sie wollte leben. Und dass sie alles dafür tun
würde. April hatte keine Angst. Dadurch verschwand auch meine Angst vor der Chemotherapie und der Bestrahlung. Ich fühl-*

te, wie Ruhe über mich kam. Ich glaube, dass Gott in allem ist und dass die ›Bestrahlungen‹ auch die Bestrahlungen Gottes waren. Somit wurde die Chemotherapie wundervoll, denn mit ihr strahlte Gott durch April.

Ich sah meiner Tochter zu, wie sie die Hand über die Spritze legte und um Gottes Segen bat, kurz bevor die Krankenschwester die Chemikalien in ihre Venen spritzte. Sie schloss danach die Augen und stellte sich vor, wie Lichtsprenkel durch die Spritze in ihr Blut flossen und sich dort ausbreiteten, um sie zu heilen. Ich musste aber auch zusehen, wie sie unter der Mundfäule und den Übelkeiten litt. Ich musste zusehen, wie ihr Haar ausfiel, bis ihr Kopf so glatt wie eine Billardkugel war.

Für April war das alles ein Teil des Heilungsprozesses. Sie hatte das Leben gewählt, und das war nun mal ihr Weg dorthin. Sie bekam eine Ganzkörperbestrahlung. Sie hielt einen der Gebetsengel, den Sabrina ihr geschenkt hatte, damit sie immer daran dachte, dass jede Bestrahlung auch eine Bestrahlung von Gott war.

Am Schluss unterzog sie sich auch noch einer Rückenmarktransplantation, bei der ihre eigenen Stammzellen als Donorzellen benutzt werden konnten. Solche Behandlungen sind extrem anstrengend und schmerzhaft. April nannte diesen Prozess ihre zweite Geburt.

Zwei Jahre später ist sie weiterhin krebsfrei, und sie erinnert sich an das ganze Erlebnis wie an einen Traum. Vielleicht war es das ja auch. Ich kann jetzt die Gnade in den letzten sieben Jahren mit dem Krebs sehen. Die Gnade, dass ich ein Gleichgewicht, einen Austausch zwischen alternativen und traditionellen Krebsbehandlungen erkennen durfte. Die Gnade, dass unser Glaube stärker geworden ist, sowie die Gnade, dass die Liebe in unserer Familie noch tiefer wurde.

April geht immer wie ein Engel durch das Leben. Da ist eine ihr eigene Art von Anmut, die ich immer wieder an ihr beobachtet habe. Besonders wie sie mit ihrer Krankheit umging. Sie dabei zu erleben gab mir stets aufs Neue die Kraft, die ich brauchte, um für sie und ihren damals fünfjährigen Sohn eine Stütze zu sein. Durch April lernte ich, dass meine Angst nicht die Angst vor Krebs war. Es war die Angst, allein gelassen zu werden: ohne meinen Mann leben zu müssen, ohne meine Tochter. Wenn heute diese ängstlichen Gedanken hochkommen, dann segne ich sie und lasse sie los, damit sich Gott darum kümmern kann. Ich glaube, wir haben dann Angst, wenn wir uns getrennt von Gott fühlen. Wir sind niemals allein, wir sind mit Gott. Gott und wir sind eins.«

Ich bat Sunny für die neue, 2009 überarbeitete Version dieses Buches noch etwas hinzuzufügen:

»Wir lernten viel durch die Krebserkrankung meiner Tochter und meines Mannes. Ich lernte, dass wir alle auf einer Seelenebene die Wahl treffen, zu leben oder zu sterben. Ich lernte, den Weg zu akzeptieren ohne Angst davor, wohin er führen mag, indem ich versuchte, immer im Jetzt zu leben. Mein Mann lernte, sich dem Prozess hinzugeben und loszulassen.

Meine Tochter, deren Krebs der aggressivste war und deren Krankheit am schlimmsten zu sein schien, ist jetzt glücklich verheiratet, und die Ärzte haben sie für geheilt erklärt. Würden Sie sie jetzt treffen, dann könnten Sie niemals glauben, dass sie so krank war. Sie ertrug ein Regime von schwerster Chemotherapie, neun Runden von kompletter Radiation und eine Rückenmarktransplantation und ging durch diese ganze schwere Zeit mit

Dankbarkeit an Gott. Oft sah ich ein Lächeln auf ihrem Gesicht, und wenn sie nicht in der Lage war, ihren Mund zu bewegen, dann merkte man, es ist trotzdem eines in ihrem Herzen. Heute sieht man ihr an, wie glücklich sie ist und wie sehr sie das Leben genießt.

Mein Mann, der einen langsam wachsenden Krebs hatte, ist mittlerweile gestorben. Er verbrachte die letzten vier Monate seines Lebens in einem Krankenhaus, immer noch in der Hoffnung, durch ein Wunder am Leben zu bleiben. Aber wir beide wussten, dass das Ende nah war. Ich machte mir Sorgen, wie ich wohl seinen letzten Atemzug hinnehmen würde, und hatte Angst davor, welche Gefühle da aus mir herausbrechen. Wenn ich es zuließ, dass meine Gedanken zu der Zeit seines Todes vorliefen, fühlte ich mich immer so, als ob ich nicht mehr atmen könnte. Ich fühlte mich wie erfroren vor Angst.

Einen Monat bevor mein Mann starb, lag er fiebrig auf der Seite in seinem Krankenbett. Sein Gesicht war mir zugewandt. Ich saß neben ihm und beobachtete ihn, während er schlief.

Plötzlich öffnete er die Augen und sagte laut und klar: »Ich habe eine Entscheidung getroffen. Ich gehe jetzt.«

Ich war von diesem Ausspruch völlig überrascht worden, da er ja die Sekunde vorher noch tief geschlafen hatte. Ich fragte ihn: »Wirklich? Wann?«, und er antwortete: »Das weiß ich nicht, aber bald.« Dann ist er sofort wieder eingeschlafen. Ein paar Stunden später wachte er glücklich wieder auf und erinnerte sich noch an seine Aussage.

Von diesem Augenblick an wechselten unsere Gespräche von der Hoffnung, am Leben zu bleiben, zu dem Glück und dem Wunder des Sterbens. Ich fing an, wirklich jeden Moment aufmerksam zu sein. Ich wollte jede Sekunde mit meinem Mann genießen. Ich starrte manchmal auf seine Hände, damit ich sie mir einprägen konnte. Ich hörte dem Klang seiner Stimme zu. Er fing an, Familienmitglieder, die schon lange gestorben waren, zu sehen. Er sang Lieder und führte lange Gespräche mit Freunden, die nicht mehr leben, so als wenn sie an seinem Bett säßen. An einem Tag ging ich in sein Krankenzimmer, und er hatte ein lebhaftes Gespräch mit irgendjemandem, den ich nicht sehen konnte.

»Mit wem redest du?«, fragte ich ihn.

»Bill. Er erzählt mir, wie wundervoll und schön es da sei, wo er jetzt ist.« Bill war sein bester Freund seit vielen Jahren, und er war sechs Monate vorher gestorben.

Mein Mann überlegte sich häufig, wie er denn aus seinem Körper rauskommen würde. Er wollte verstehen, wie so etwas denn passieren würde. Er sagte: »Ich muss immer wieder daran denken, wie Bentley das gemacht hat. Es sah so leicht aus. Er atmete, und dann ging er.« Bentley war unser Hund, und wir waren bei seinem Sterben dabei.

Wir sprachen darüber, dass wir auch noch nach seinem Tod miteinander kommunizieren wollen. Unsere Wahrheit ist, dass die Seele ewig lebt, und nachdem sie den Körper verlassen hat, ist man trotzdem noch lebendig. Ich bat meinen Mann, mir nach seinem Tod zu zeigen, ob das stimmt. Er versprach es mir.

An dem Tag, an dem mein Mann starb, hatten die Ärzte vorgeschlagen, ihn in ein Hospiz zu bringen. Sie glaubten, er hätte noch sechs bis acht Wochen zu leben. Wir hatten Glück: In dem schönsten und neuesten Hospiz, sogar noch bei uns in der Nähe, wurde gerade ein Zimmer frei. An diesem Abend würden sie ihn abholen und dorthin bringen. Ich beugte mich zu Stan herunter und flüsterte dies in sein Ohr und fragte ihn, ob er damit ein-

verstanden sei. Obwohl er schläfrig war, nickte er. Dann sagte ich: »Ich liebe dich so sehr.« Und nochmals nickte er und lächelte dabei.

Er schlief den ganzen Tag. Er hat seine Augen nicht mehr aufgemacht und sagte auch nichts mehr. Meine Tochter April war bei mir. Wir saßen an seinem Bett und dachten an ihn und unser gemeinsames Leben und warteten auf den Krankenwagen, der ihn abholen sollte. Während dieser Zeit sprachen April und ich darüber, wie die Seele entscheidet, ob man bleiben oder gehen will.

Meine Tochter sagte mir an diesem Tag, dass sie sich sehr wohl über alles bewusst war, als sie ihre Entscheidung traf. Sie konnte ihr ganzes Leben so sehen, als wenn sie einen Film betrachten würde. Sie sagte, dass ihr jeder in den Sinn gekommen war, den sie liebte – ihr Sohn, ihr Vater, ihr Bruder, ich –, aber sie fühlte keine Bindung zu irgendeinem von uns. Sie betrachtete ihr Leben bis zu diesem Zeitpunkt, alles, was sie getan hatte, und überlegte, was sie alles noch tun wollte. Und von diesem Platz der Übersicht und des Nachdenkens und des Rückblickens – ohne Bindung an irgendetwas – traf sie die Entscheidung, zu bleiben. Sie wusste ab diesem Zeitpunkt, dass sie gesund werden würde und ein langes Leben vor sich hat.

Nachdem sie ihre Geschichte erzählt hatte, wurde mir klar, dass auch mein Mann diese Entscheidung getroffen hatte. Und zwar an dem Tag, an dem er aufwachte und sagte, er habe sich entschieden zu gehen. Als ich ihn beobachtete, fiel mir auf, wie sehr er sich schon von mir und allem in seinem Umfeld gelöst hatte.

Mein Mann überraschte uns alle und starb, kaum fünfzehn Minuten, nachdem er im Hospiz angekommen war. Genau wie unser Hund Bentley nahm er noch drei tiefe Atemzüge, hielt den dritten für eine Sekunde, ließ ihn wie einen Seufzer aus und war fort. Was ich so lange gefürchtet hatte, war in Wirklichkeit lieblich. Meine Angst war weg. Stattdessen wurde der Platz aufgefüllt mit einem tiefen inneren Frieden und dem Wissen, wie wundervoll das Leben ist.

Am nächsten Tag stand ich in der Küche und fragte mich, wo mein Mann hingegangen sei. Plötzlich fühlte ich eine unglaubliche Ekstase in meinem Körper, ein Gefühl, das so stark war, dass ich es nicht beschreiben kann. Es war fast zu schön, um es im Körper festzuhalten. Mein erster Gedanke war: ›Wie kann ich so viel Glück und Freude empfinden? Mein Mann ist gerade gestorben. Ich sollte traurig sein.‹ Ich schämte mich ein bisschen, dass ich solch eine Glückseligkeit empfand. Dann wurde mir klar, dass es Stan war, der mir als Geschenk dieses Gefühl gab, das er jetzt empfand. Ich stand für eine Weile sprachlos da und fühlte mich umgeben von Licht und versuchte, dieses Licht in mich einzuatmen und die Größe dieses unglaublichen Erlebnisses aufzunehmen. Es war mehr, als ich jemals in meinem Leben als Glückseligkeit gefühlt hatte, und es war fast zu viel für meinen Körper.

Am nächsten Morgen wachte ich von einem Geräusch auf, von dem ich dachte, dass es mein kleiner Hund am Fuße meines Bettes machte. Als ich mich aufsetzte, sah ich meinen Mann in diesem unglaublich schönen hellen schillernden Licht stehen, wie ich es nie zuvor gesehen hatte. Er sah aus wie früher: So wie er war, bevor er krank wurde. Er war groß, gesund, lächelte und trug seine Lieblingsjeans. Ich hielt den Atem an und rief seinen Namen. Er sagte: »Schau mich an. Ich lebe!« Ich konnte ihm ansehen, wie glücklich er war. Er ging zu mir an meine Bettseite, und ich wollte ihn anfassen, da verschwand er langsam. Ich saß noch eine Weile im Bett, denn ich wollte diesen Anblick fest in mein Gedächtnis einbrennen, damit ich es niemals vergesse.

All die schwierigen Zeiten vorher sind jetzt vorbei, und daraus sind Erinnerungen geworden. In diesem Moment ist meine Tochter gesund und glücklich, und ich weiß ohne Zweifel, dass mein Mann lebendig ist. Dass er in einem Reich lebt, das wir zwar nicht mit unseren Augen sehen, aber mit unserem Herzen fühlen können. Ich bin beiden so dankbar, denn sie zeigten mir, wie voller Zauber das Leben doch ist.«

Warum bin ich nicht glücklich, obwohl ich so viel für andere tue?

»Es muss ein wunderbares Gefühl sein, wenn man so vielen Menschen helfen kann«, sagte die Frau, die am Ende einer meiner Erlebnisabende im Jahr 2001 eine Widmung von mir in ihrem Buch haben wollte. Dabei hatte sie Tränen in den Augen, und ich wusste, dass sie sich nichts mehr wünschte, als vielen Menschen eine Unterstützung zu sein.

Ich hatte diesen Satz schon ein paar Mal gehört, und auch dieses Mal nickte ich selbstverständlich als Antwort. Ich erinnere mich noch daran, dass dieser Austausch sich anfühlte, als ob ich eine Rolle spielte. Ich hatte ein seltsames Gefühl dabei.

Weswegen, wusste ich noch nicht.

Als alle gegangen waren und ich mich von den Veranstaltern verabschiedet hatte, ging ich zurück ins Hotel. Es war der dritte Tag einer zehntägigen Buchtour. Doch diesmal konnte ich nicht einschlafen. Der Satz »Es muss ein wundervolles Gefühl sein, wenn man so vielen Menschen helfen kann« rollte in meinem Kopf hin und her wie ein aufgezogener Kreisel.

Natürlich ist es ein wundervolles Gefühl, Menschen zu helfen! Gar keine Frage! Ist das nicht der Sinn eines Lebens, andere zu unterstützen? Selbstverständlich fühlt man sich wunderbar dabei.

Ärgerlich wälzte ich mich auf die andere Seite. Jetzt muss aber doch irgendwann einmal Ruhe sein. Wieso geht mir dieser blöde Satz nicht aus dem Kopf?

Und da, fast ketzerisch, tauchte aus den Tiefen meines zermarterten Gehirns eine Frage auf: »Ja, wo ist denn dann dieses wunderbare Gefühl?«

Ich traute mich nicht, mich zu bewegen. Ich war wie erstarrt. Meine »automatische« Antwort ließ auf sich warten.

Ist es nicht seltsam, dass ich hier, allein in diesem Hotelzimmer, diese Frage nicht so selbstverständlich beantworten konnte wie in dem Saal nur ein paar Stunden vorher? Was ist es, das mich zögern lässt?

Bin ich nicht glücklich mit dem, was ich tue?

Aber ich müsste doch glücklich sein! Ich mache doch das, wonach sich viele Menschen sehnen. Wonach ich mich immer gesehnt habe. Im Dienst zu stehen. Darauf basiert die Nächstenliebe. Das spirituelle Leben. Natürlich war mir schon seit längerem bewusst geworden, dass ich das »Heute« selten genoss, sosehr ich mich auch bemühte. Ich war zu stark von dem Gedanken an »morgen« getrieben, an die Dinge, die noch vorbereitet werden müssen, erledigt gehören, als dass ich die Gegenwart wirklich erleben konnte. Ich hakte mein Leben ab: das schon erledigt, das noch auf Wiedervorlage, das noch fertigstellen. Obwohl ich wusste, wie mühsam es war, gelang es mir noch nicht, es abzustellen.

Ab und zu war es mir möglich, einem Schmetterling wirklich zuzuschauen. Einen Sonnenuntergang wirklich zu erleben. Das Kuscheln mit meiner Tochter wirklich dauern zu lassen. Doch immer wieder unterbrach ich diese intensiven Momente, um »weiterzumachen«. Immer wieder trieb mich diese Stimme in mir an, die mehr von mir forderte. Die niemals zufrieden war.

Ich wälzte mich unruhig im Hotelbett hin und her. Ich wusste, dass ich die Frage dieser Frau – dass es ein wundervolles Gefühl sein müsse, so vielen Menschen zu helfen – mir selbst zu stellen hatte.

Ich zögerte.

Vor irgendetwas hatte ich Angst.

Hatte ich Angst vor der Wahrheit?

Irgendwie wollte ich nur noch einschlafen. Wollte nicht mehr weiter nachdenken. Wollte nicht weitergehen. Doch ein einmal gedachter Gedanke lässt sich nicht mehr »zurückdenken«.

»Also gut«, flüsterte ich mir zu, all meine Aufmerksamkeit auf den Körper gerichtet: »Wo ist denn dieses wunderbare Gefühl?«

Mein Herz war still.

Es fühlte sich schwer an.

Da war nichts Jubilierendes zu finden.

Keine Wärme, keine freudige Erregung.

Keine Glückseligkeit.

Es war einfach still.

Ganz erschreckend und fürchterlich still.

Langsam fühlte ich, wie mir die Tränen über die Wangen rollten.

Ja, es ist wahr. Damals fühlte ich mich alles andere als wunderbar. Ich war erschöpft und leer. Ich fühlte mich ausgelaugt und ausgewrungen. Wie ein altes Geschirrtuch, das zu oft benutzt und zu wenig zum Trocknen aufgehängt worden war. Und das nicht erst seit Beginn der Tour. Ich, die anderen den

Ratschlag gab, sich um sich selbst zu kümmern, konnte es nicht.

Was ist das für ein Gefühl, das ich empfinde? Ist es Trauer oder Schmerz? Fühle ich mich einsam, verlassen, ausgesaugt? Ich fühlte in mich hinein. Ich fühlte ein tiefes Loch, ein unendlich tiefes Loch, das keine Gefühle, sondern nur Leere zu enthalten schien.

»Durchhalten!« – das Wort tauchte aus der Tiefe auf und begann sich zu wiederholen: »Durchhalten! Durchhalten! Durchhalten!«

Tiefe Trauer schwappte über mich. Ich hatte so die Nase voll vom »Durchhalten«. Sofort fühlte ich schmerzhafte Muskelverkrampfungen in meinem Rücken, die mich schon seit vier Jahren nicht mehr losgelassen hatten. Ich zog automatisch meine Beine an und rollte mich ein.

»Durchhalten! Durchhalten! Durchhalten!« Die Worte dröhnten weiter in mir, und ich bat Gott um Klarheit. Bat um Hilfestellung und bat um Situationen, die mir zeigten, wie ich die Erlebnisse dieses Abends verarbeiten sollte.

Wieder zurück in Los Angeles, erwartete ich aufmerksam, was mir Gott denn als Anregung schicken würde. Mein damaliger Mann und ich gingen gerade durch unsere zweite Ehetherapie. Die erste war nach drei Jahren Ehe und die zweite nach dreizehn. Dabei meinte er: »Eine Therapie allein würde dir auch nicht schaden.«

Mir? Konsterniert schaute ich ihn an. Ich muss mich wohl verhört haben. Ich habe in den letzten Jahren mehr Zeit in der Stille und in der Reflexion verbracht als im alltäglichen Leben. Ich habe jede Antwort, jede Geste, jeden Gedanken hundertmal durchgekaut, überprüft, vor- und nachmeditiert, durchgebetet und »durchge-omt«. Und ich brauche eine Therapie? Ha!

Am selben Abend erzählte mir eine meiner Freundinnen von ihrer wunderbaren Therapeutin. Sie arbeitet nicht nur als normale Gesprächstherapeutin, sondern sie bezieht auch den Körper und die Körpersprache mit diversen Atemtechniken mit ein. In mir regte sich etwas. Das fühlte sich nach dem Zeichen an, um das ich gebeten hatte.

Vielleicht sollte ich ja mal eine Einzeltherapie ausprobieren? Schließlich empfehle ich Therapien sehr häufig, und außer meiner Eheberatung und meiner Hypnosetherapeuten-Ausbildung hatte ich keine weiteren Erfahrungen auf diesem Gebiet. Ich wusste, dass ich Hilfe brauchte, und normalerweise erbat ich Unterstützung von gechannelten Spirits, die mindestens seit zweitausend Jahren tot sind. Vielleicht wäre es ja mal ganz praktisch, wenn ich mit einem völlig normalen und vor allem hier in Körperform lebenden Therapeuten spräche.

Ich nahm die Empfehlung meiner Freundin auf und rief Vera an, von der im vorigen Kapitel ja schon kurz die Rede war. Insgeheim stellte ich mir folgendes Szenario vor: Nach dem ersten einstündigen Termin würde sie Bewunderung ob meiner fundierten Selbsterkenntnisse aussprechen – so nach dem Motto »Gnädige Frau, eine Therapie haben Sie doch gar nicht nötig« – und mir zum Abschied gratulierend auf die Schulter klopfen.

Und das tat sie dann auch. Das Schulterklopfen meine ich, welches allerdings eher tröstend als bewundernd ausfiel. Das war die einzige Gemeinsamkeit mit meiner Vorstellung davon, wie dieser Termin ablaufen würde.

Die ersten dreißig Minuten verbrachten wir mit den Fakten, und sie ließ mich erzählen. Mein ehemaliger Mann und ich hatten eine unserer üblichen Auseinandersetzungen gehabt; und so teilte ich ihr mit, wie ich darüber dachte und wie ich versuchte, damit zurechtzukommen. Ich zog die Beine an, verschränkte die Arme und bemerkte natürlich gleich, wie das alles von meiner Therapeutin registriert wurde. Ich löste die Arme sofort wieder. So blöd war ich ja dann auch wieder nicht.

Sie bat darum, dass ich mich auf ein Kissen in der Mitte des Raums setzte, und gab mir einen langen Strick.

»Zeigen Sie mir doch mal anhand dieses Stricks, wo Sie Ihre Grenzen setzen.«

Vollkommen entsetzt sah ich sie an. »Grenzen setzen? Wozu soll denn das gut sein?«

Vera schaute neugierig: »Meinen Sie jetzt die Grenzen oder den Strick?«

Ich hielt den Strick ungern in den Händen, was ihr als erfahrener Therapeutin natürlich sofort aufgefallen war. Fast fühlte er sich an, als würde ich mir daran die Finger verbrennen. Ich schloss die Augen.

»Augen offen lassen, bitte.«

Irritiert öffnete ich die Augen. »Es hilft mir sehr«, versuchte ich zu erklären, »wenn ich beim In-mich-Hineinfühlen die Augen geschlossen habe.«

»Probieren Sie es einfach mit Ihren offenen Augen. Bleiben Sie einfach da.«

Bleiben Sie einfach da? Ja, will sie denn damit sagen, dass ich häufig weg bin?

Ich merkte, dass mir Vera jetzt doch auf die Nerven ging. Ich war es nicht gewohnt, von einer wildfremden Frau in

Richtungen geführt zu werden, die ich nicht kannte. Ich war mir noch nicht sicher, ob ich ihr überhaupt vertrauen würde; und da verlangte sie schon von mir, dass ich ihr folgte. Ich war es gewohnt, jeden Schritt, jeden Gedanken, jede Bewegung sorgfältig abzuwägen und in einem inneren Dialog auszudiskutieren. Mir über die »Wenns« und »Abers« Gedanken zu machen. Ist das ein richtiger Schritt oder nicht? Und da kommt sie und gibt mir Anweisungen!

Ich reagiere allergisch auf Anweisungen.

Außer sie kommen von meinen Engeln – und die weisen nicht an. Die schlagen nur vor.

Natürlich kenne ich meine automatische Reaktion darauf: Ich werde kühl, distanziert, leise höflich. Für zweihundert Dollar die Stunde kann ich mir solche Mätzchen nicht leisten. Schließlich will ich hier ja was lernen. Ich weise mich zurecht. Schüttele mich kurz durch und versuche, weiterhin aufmerksam zu sein. Versuche, Vera zu mögen. Mich ihr anzuvertrauen.

Nun gut, jetzt erst mal die Sache mit dem Strick hinter mich bringen. Ich legte ihn in einem Abstand von zwanzig Zentimetern um mich herum; und ich fühlte mich sehr unwohl dabei. Ich schob ihn näher zu mir her, bis er mich fast berührte; und auch das störte mich. Ich legte ihn anschließend einen Meter weiter nach draußen, und auch das fühlte sich nicht richtig an. Egal, in welchem Radius ich diesen Strick um mich legte, es gefiel mir nicht. Dann wurde mir der Grund klar. Vera hörte erstaunt zu, als ich ihr erklärte, warum ich mit diesem Strick nichts anfangen konnte.

»Vera, wissen Sie, ich mag solche Grenzen nicht. Ich will nämlich keine Grenzen zwischen mir und meinen Mitmenschen haben.«

Vera zog erstaunt die Augenbrauen hoch.

Ich machte ungerührt weiter: »Kennen Sie diese aufblasbaren Gummischläuche in den Swimmingpools, mit denen man eine Bahn von der anderen trennt?«

Vera nickte.

»So was würde mir besser gefallen. Da ist überall das Wasser, das uns miteinander verbindet, und doch entsteht eine leichte Abgrenzung. Aber nicht zu viel.«

Ich lehnte mich zufrieden zurück und war zugegebenermaßen sehr stolz auf meinen Vergleich.

Vera schaute weniger begeistert. »Eine besonders starke Abtrennung ist das ja nicht. Diese Gummischläuche kann man doch wegblasen!«

»Ja und?« Ich verstand ihre Frage nicht. »Wo ist das Problem?«

Das Gefühl, dass Vera von meinem Vergleich nicht sonderlich angetan war, verstärkte sich. Sie schlug als Nächstes eine Atemübung vor. Ich war bereit. In Atemübungen bin ich gut. Ich vergesse manchmal fast das Atmen, wenn ich meditiere, und ich erwartete, dass sie von mir ein tiefes und langsames Ein- und Ausatmen verlangen würde.

»So, Sabrina, bitte reißen Sie den Mund ganz weit auf, wie beim Zahnarzt, und atmen Sie durch den Mund schnell ein und aus. Wie wenn Sie hechelten.«

»Ach so, das Feueratmen«, dachte ich mir. Eine Technik, von der ich schon gehört, die ich aber aus Desinteresse nie wirklich ausprobiert hatte.

Ich kam mir etwas blöd vor mit dem weit aufgerissenen Mund, und natürlich kommt auch noch hinzu, dass ich keinerlei Vorstellung davon hatte, was Vera von mir erwartete.

Oder, noch schlimmer, welche Schlüsse sie aus den diversen Übungen ziehen würde.

Ich fing an, schnell mit offenem Mund ein- und auszuatmen, und konnte mir eigentlich keine Reaktion darauf vorstellen. Zu meiner großen Überraschung wurde mir schon nach dem dritten Ein- und Ausatmen schwindelig, und ich musste aufhören. Was immer Vera aus dieser Übung rausholen will, dreimal ein- und auszuatmen kann auf gar keinen Fall zu irgendeinem guten Ergebnis führen.

Vera ließ mich ausruhen.

Dann bat sie, dass ich es noch mal mache. Alles in mir sträubte sich. »Ist das wirklich notwendig?«, fragte ich sie.

Sie nickte.

Also noch mal.

Auch beim zweiten Mal war es nicht besser. Nach einigen Malen musste ich abbrechen. Mein Kopf drehte sich. »Das tut mir einfach nicht gut«, dachte ich mir. »Was für ein Schmarrn!« Gelegentlich kommen ein paar bayerische »Kraftausdrücke« in mir hoch.

Die Stunde war vorbei, und Vera schaute mich an und meinte – gleichzeitig mit dem beruhigenden Schulterklopfen –: »Liebe Sabrina, eine Therapiestunde in der Woche wird nicht reichen.«

Aha.

Ich musste zugeben, dass ich doch nicht ganz so überrascht war. Im Laufe der Stunde fielen mir ein paar Sachen auf, bei denen mir durch Veras Fragen und Kommentare klar wurde, dass sie manche meiner Verhaltensweisen nicht unbedingt als förderlich bezeichnen würde. Und besonders das mit dem Atmen gab ihr wahrscheinlich doch sehr zu denken.

Trotzdem fragte ich nach dem Warum.

Vera schaute mich an und meinte dann: »Sie sind, was wir klassisch einen ›Agenten‹ nennen. Das können Sie mit einem Manager oder einem Künstleragenten vergleichen. Der Agent kümmert sich darum, dass sein Klient alles hat. Er versorgt ihn also. Und Sie haben viele Klienten. Nicht nur Ihren Mann und Ihre Tochter, Ihre Familie, Ihre diversen Haustiere und Ihre Freunde, sondern auch noch jede Menge an Lesern. Ein Agent kümmert sich immer um die anderen und selten um sich selbst. Das ist übrigens sehr verbreitet, Sie würden sich wundern.«

Doch Vera war noch lange nicht fertig: »Außerdem verlassen Sie Ihren Körper – und damit sich selbst –, wenn es anstrengend wird. Das hat die Atemübung gezeigt. Und wie Sie wissen, haben Sie noch große Schwierigkeiten, gesunde Grenzen zu setzen. Sie sind ihnen so unangenehm, dass sie sich gerade mal mit aufblasbarem Plastik anfreunden können, und sogar das nur höchst ungern. Davon abgesehen habe ich den Eindruck, als ob es Ihnen nicht wirklich klar ist, wie wichtig solche Grenzen sind.«

Vera schaute mich liebevoll an: »Sabrina, Sie haben das Recht, sich zu schützen.«

Der Satz stach sich durch mich durch und explodierte in meinem Herzen, wiederholend, sich immer erneut wiederholend: »Sie haben das Recht, sich zu schützen ... Sie haben das Recht, sich zu schützen ... Sie haben das Recht, sich zu schützen ... Sie haben ...«

Ich hatte Angst, ich falle auseinander. Breche hier vor dieser wildfremden Frau zusammen. Und ich zwang mich mit energischen Worten dazu, schnell meine Siebensachen zusammenzupacken und dann sofort hier rauszugehen. So schnell, wie ich kann, bevor ich noch in Tränen ausbreche. Und da hämmerte auch schon mein ganz ureigenes, seit der Kindheit geübtes Mantra durch alles, was ich bin: »Durchhalten! Durchhalten! Durchhalten!«

Es dröhnte bis in meinen Kopf hinein, aber es war schon zu spät. Und obwohl ich »den Kopf zur Seite legte« und fieberhaft in meiner Tasche nach meinen Autoschlüsseln suchte, war Vera mein innerer Kampf nicht entgangen. Sie sah mich einfach nur an. Und es tobte in mir: Soll ich mich gehen lassen oder durchhalten? Mit Gewalt, mit der größtmöglichen Konzentration versuchte ich, die Tränen zurückzuhalten. Mir nicht die Blöße zu geben. Den Eindruck einer Frau, die stark ist, weiterhin aufrechtzuerhalten. Wenn das nur nicht so verdammt schwierig wäre.

In mir entstand ein schneller innerer Dialog:

»Reiß dich zusammen!«

»Warum, ich bin doch schließlich in Therapie?«

»Was wird sie nur von dir denken? Du benimmst dich ja, als wenn du nur noch ein Nervenbündel wärst. Hast du denn gar keine Selbstkontrolle? Du bist erwachsen! Benimm dich!«

»Aber ich bin doch in Therapie. Wie soll sie mir denn helfen können, wenn ich hier schauspielere?«

So fing ich schon in meiner ersten Therapiestunde zu weinen an.

»Sie haben das Recht, sich zu schützen« – was ist es, das dieser einfache Satz auslöst? Dieses Recht, mich zu schützen, nehme ich so gut wie nie in Anspruch. Ich schütze mich erst dann, wenn ich mit dem Rücken zur Wand stehe und es keinen anderen Ausweg mehr gibt. Aber als »Recht« habe ich das noch nie gesehen. Das war auf keinen Fall etwas Selbstverständliches. Ich erlaube meinen Schutz nur als Notwehr.

So viele Jahre der Meditation und der Selbsterkenntnis, und da scheinen sich jetzt Welten aufzutun, von denen ich noch keine Ahnung hatte. Mit Erschrecken fragte ich mich: »Was habe ich sonst noch übersehen?«

Ich sah Vera zweimal die Woche für ein halbes Jahr und dann zum Abschluss noch mal für ein paar Monate einmal die Woche.

Mir wurde auch klar, dass ich mir nicht erlaubte, wirklich zu fühlen. Mein Verstand bestimmte, was ich fühlen durfte und was nicht. Alle Gefühle, die meinem Verstand nicht passten, wurden unterdrückt, wegmeditiert oder schöngeredet. Ich redete mir »besser passende« Gefühle ein. Im Nachhinein erkannte ich darin eine Angewohnheit, die ich schon als junge Frau bei den Männern hatte. Ja, sie waren interessant, ja, sie waren charmant, ja, sie waren attraktiv, und ja, sie waren in mich verliebt. Doch ich war es nicht wirklich. Ich wollte mich so gerne verlieben, dass ich mich dazu zwang. Schon damals redete ich mir häufig eine Verliebtheit ein.

Eine Übung, die mir die größten Schwierigkeiten bereitete, war, bei intimen Geständnissen die Augen aufzubehalten und Vera anzuschauen. Die Arbeit mit ihr bestand abwechselnd aus Gesprächen und Übungen. Zu einer der Übungen sollte ich mich (natürlich angezogen) auf eine Art Massagebank legen. Sie setzte sich neben mich auf einen Stuhl.

An das genaue Thema kann ich mich nicht mehr entsinnen, aber ich glaube, es ging um eine Kindheitserinnerung mit meinem Vater. Wir hatten kein enges Verhältnis, und ich habe das, so glaube ich, in diesem Moment zutiefst bedauert. Tränen rannen mir herunter, und ich schloss die Augen.

Ich hörte Veras Stimme: »Sabrina, bleiben Sie da, schauen Sie mich an.«

Ich drehte langsam und widerwillig den Kopf zu ihr – ein simpler Akt, der all meine Willenskraft erforderte – und öffnete kurz die Augen. Ich konnte sie nur vielleicht eine halbe Sekunde offen halten, dann zog es meinen Kopf wieder automatisch von Vera weg zur Wand hin, und ich schloss meine Augen, während ich weiterweinte.

»Sabrina, schauen Sie mich an. Erzählen Sie und schauen Sie mich an.«

Ich vermochte es nicht. Es war mir nicht möglich. Ich konnte es nicht fassen. Das kann doch nicht so schwer sein, eine Frau anzusehen und ihr von meinen tiefsten Schmerzen zu erzählen! Ich springe doch sonst immer über meinen Schatten! Aber sosehr ich mich auch bemühte, mein Kopf weigerte sich, sich nach links zu drehen und Vera anzuschauen.

Ich nahm aus lauter Verzweiflung den Kopf in beide Hände und drehte ihn zu ihr. Wie wenn man ein lebloses Objekt von einer Seite auf die andere rollt. Irgendwie kam ich mir total lächerlich vor. Dann zwang ich mich, meine Augen aufzumachen. Ich sah ihr Mitgefühl und konnte es nicht ertragen. Ich erlebte einen inneren Kampf, der sich außen manifestierte: Augen auf, Augen zu, blinzeln, Augen auf, Augen zu, schluchzen, Augen auf, Augen zu.

Das Aufmachen. Das Anvertrauen. Das Zulassen. Das Loslassen. All das sprach gegen mein ureigenstes, zutiefst durchgeführtes Lebensprinzip: das Durchhalten. Irgendwie alles allein machen zu müssen.

Ich habe mich von nur sehr wenigen Menschen trösten lassen. Ich ziehe mich zurück, wenn ich weinen muss. Und wieder war es die Hingabe, die sich als meine große Herausforderung darstellen sollte.

Ich lernte viel über mich und viel von meiner Zeit mit Vera. Mir war nicht klar gewesen, wie viele Verhaltensweisen und Gewohnheiten ich hatte, die auf Dauer schlichtweg ungesund waren. Und ich wusste, dass ich, wenn ich so weitermachte, kein zufriedenes Leben haben konnte.

Das ist nun schon eine Weile her, und vieles hat sich seitdem verändert. Aufmerksames Beobachten unseres Körpers hilft uns, genau zu wissen, was wir brauchen. Bei meinen Vorträgen frage ich immer wieder, wie viele von den Anwesenden denn erschöpft sind. Es ist immer mehr als die Hälfte. Doch jeder von ihnen – wie ich damals – wollte weiterhin anderen helfen. Wenn wir erschöpft sind, haben wir nichts zu geben. Ich habe jahrelang um mehr Kraft gebetet, obwohl mir eigentlich gesagt worden ist, ich sollte Pausen machen.

Meine ständigen Rückenschmerzen sind verschwunden. Schon seit Jahren melden sie sich nicht mehr. Ich mache Pausen, und das Wort »Nein« kommt mir jetzt entspannt und nicht mehr zögerlich über die Lippen. Ich halte einmal im Monat einen Vortrag, und das passt wunderbar! Und doch – wenn immer ich, selten genug, lesend auf der Couch sitze, meldet sich noch die kleine Stimme leicht vorwurfsvoll: »Hast du denn nichts zu tun?« Früher bin ich schleunigst aufgestanden. Heute sage ich: »Nein. Ich genieße gerade mein Leben. Danke der Nachfrage.«

Und dann ist Ruhe …

Grenzen setzen: Beispiele

Vor meiner Therapie mit Vera war ich der Meinung, dass ich in Zukunft in Frieden leben werde, weil ich spirituell an mir arbeite. Ich erwartete, dass sich meine Umwelt durch meine größere Liebesbereitschaft, Offenheit und Liebenswürdigkeit verändert. Gleich zu Beginn verspürte ich eine große Veränderung, doch dann stagnierte es. Komischerweise wurde mehr und mehr von mir gefordert. Erst durch Vera erkannte ich, dass ich lernen musste, Grenzen zu ziehen. Mein größter Stolperstein und die schönste Perle.

Häufig war ich nach Auseinandersetzungen vollkommen erschöpft und konnte kaum aufrecht stehen. Die Auseinandersetzungen waren weder aggressiv noch besonders laut. Da waren Gefühle involviert, aber in den wenigsten Fällen irgendeine Art von Drama. Und obwohl sie sehr zivilisiert waren, musste ich mich nicht selten danach, am helllichten Tag, auf ein Sofa legen und versank in einen komaähnlichen Schlaf. Obwohl ich häufig versuchte, diese Müdigkeit zu unterdrücken, schien sie doch so viel stärker zu sein.

Denn ich flüchtete. Mal wieder.

Ich konnte in den Auseinandersetzungen, in den Argumentationen, in den emotionalen Schmerzen nicht verweilen. So verließ ich mein Leben. Wie so häufig. Verschwand in der Verschwommenheit des Schlafs. Meinen Körper unbewohnt zurücklassend.

Dazu fand ich in meinem Tagebuch ein paar Gedanken, geschrieben vor meiner Therapie mit Vera:

»Ich habe mich verlassen. Unbemerkt. Unbemerkt von mir. Das allein ist schon eine erstaunliche Leistung, die sich nur durch jahrelanges Training erklären lässt. Training, das schon sehr früh begann. Um mich sicher zu fühlen, lernte ich in frühester Kindheit, bestimmte Antennen auszufahren. Diese Antennen waren in der Lage, festzustellen, wie die Stimmung um mich herum ist. Eine Stimmung, die nicht von mir geschaffen, aber von mir aufgenommen wurde. Ich fühlte, wie es meiner Mutter, meinem Vater ging, und konnte so Überraschungen vorbeugen. Je schärfer meine Antennen wurden, desto mehr verlor ich mich. Denn diese Antennen hatten nur eine einzige Aufgabe: die Stimmung der anderen zu beobachten. Meine gingen völlig achtlos an mir vorbei. So hatte ich mir in allen zwischenmenschlichen Beziehungen angewöhnt, andere mehr als mich selbst zu fühlen.

Das Gefühl des Schlappseins, des Unwohlfühlens, der leichten Traurigkeit entstand durch diese Gabe, die Gefühlszustände anderer zu erkennen. Nur meine blieben dabei auf der Strecke. Gleichzeitig hatte ich mir sehr strenge Verhaltensregeln auferlegt. Unter anderem die Perfektion.

Ich hatte mich schon wieder, wie schon Hunderte Male vorher, vor meinen Altar zurückgezogen.

Mal wieder fühlte ich mich unverstanden. Mal wieder weinte ich. Mal wieder betete ich für mehr Verständnis und weniger

Schmerzen. Warum kann ich nicht um mich herum den Frieden und die Ruhe haben, die ich mir so sehnlichst wünsche?
Warum, verdammt noch mal, gelingt mir das nicht?«

Heute weiß ich, warum. Ich habe keine Grenzen gesetzt. Eine meiner Herausforderungen ist es, mit den Vorstellungen oder gelegentlichen Vorwürfen anderer umzugehen. Und obwohl ich weiß, wer ich bin und warum ich tue, was ich tue, bringen mich irgendwelche ungerechten Vorwürfe ins Schleudern. Einmal ist es das Entsetzen, missverstanden zu werden, zum anderen fühlte ich mich verurteilt, besonders von Menschen, die mich gar nicht persönlich kennen. Ich bin da natürlich nicht die Einzige, der es so geht. Zu unserem großen Erstaunen nimmt uns das sehr mit. Obwohl wir uns sogar immer wieder vorsagen, dass wir selbst wissen, wer wir sind oder was wir unter gar keinen Umständen machen würden – trotzdem, es trifft uns. Ob es uns passt oder nicht.

Ein-, zweimal im Jahr wurden mir früher per E-Mail oder in Briefen (niemals übrigens im persönlichen Gespräch) Vorwürfe gemacht. Entweder gab ich nicht genug von meiner Zeit, stand nicht immer zur Verfügung, sagte etwas, was jemandem nicht passte et cetera.

Jeder dieser Vorwürfe traf mich damals zutiefst, und dass sie mich zutiefst trafen, war noch zusätzlich schmerzhaft für mich. Warum konnte ich nicht einfach darüber hinweggehen?

Weil ich es allen recht machen wollte. Und das ist nicht möglich. Theoretisch weiß ich es natürlich, aber trotzdem tat es mir weh. Es lässt sich eben leichter eine unhöfliche und respektlose E-Mail schreiben, als jemandem persönlich etwas zu sagen. Ich ließ es geschehen. Ich nahm das Recht nicht in

Anspruch, mich zu schützen, weil ich viel zu sehr damit beschäftigt war, die anderen zu schützen. Im Gegenteil schrieb ich auch noch verständnisvolle E-Mails zurück! Doch irgendwann einmal wurde der Stolperstein zu groß, der da vor mir lag:

In meiner damaligen Skulpturklasse war eine Frau, die ich »Paula« nennen möchte. Paula war das, was man als »eine starke Persönlichkeit« bezeichnet. Sie hatte zu allem eine Meinung und eine Stimme, die jedem Offizier zur Ehre reichen würde. Was sie sagte, kam mit Ausrufezeichen.

Obwohl sie sich sehr für spirituelle Themen interessierte, meditierte und wir auch häufig Gespräche über Feng Shui, die Lage der Welt und die Menschen im Besonderen hatten, so war sie doch in ihrer Art recht abrupt und häufig fordernd.

Da wir uns schon seit ein paar Jahren kannten, hatte ich diverse Diskussionen innerhalb unserer Bildhauergruppe miterlebt, die lebhaft bis anstrengend gewesen waren. Sie liebte es, laut und leidenschaftlich zu diskutieren, inklusive Augenrollen, tiefem Seufzen und dramatischen Handbewegungen.

In unserer Bildhauergruppe saß in der Regel das Modell in der Mitte, und wir hatten unsere hohen Rollwagen, auf denen die mehr oder weniger vollendeten Lehmmassen lagen, an denen wir gerade arbeiteten. Da bei Skulpturen fast immer dreidimensional gearbeitet wurde, bewegten sich alle Mitglieder der Gruppe regelmäßig um das Modell. Mal betrachteten sie es von hinten, mal von vorn, mal von der Seite, mal näher dran, mal weiter weg. Einige von uns waren länger an bestimmten Positionen, und so wartete man in der Regel darauf, bis derjenige fertig war, falls man die gleiche Perspektive benötigte. Oder, was auch sehr häufig geschah, man fragte, wie lange der andere noch in der Position brauche. Häufig rückte er dann ein bisschen zur Seite. Manchmal allerdings brauchte man genau diese nahe Perspektive, und dann wartete der andere einfach bis später. Das ist ein ganz normaler und auch harmonischer Austausch.

Chris, die ebenfalls mit mir Bildhauerei studierte, stand genau an der Stelle vor dem Modell, die auch ich brauchte. Ich musste näher heran, um den Hals besser von vorn zu sehen, aber Chris arbeitete ebenfalls daran. Ich fragte sie, wie lange sie noch brauche.

»Zehn Minuten«, war ihre Antwort.

Nach den besagten zehn Minuten bewegte sich Chris von ihrer Position, und ich schob meinen Wagen zeitgleich mit Paulas vor das Modell, in die alte Position von Chris.

Diese meinte dann zu Paula: »Sabrina wartet schon seit einer Weile auf diese Position.« Sie wies sie also darauf hin, dass ich zuerst dran sei.

Paula fauchte mich an: »So geht das nicht, dass wir jetzt schon Positionen reservieren! Wo kommen wir denn da hin?«

Mir schossen die Tränen in die Augen, und ich drehte mich mit meinem Wagen weg.

Hinter mir meinte mein Lehrer: »Oh, ich glaube, da ist jemand in Kampfstimmung.«

Ich fühlte mich ungerecht angegriffen und merkte, wie sich die anderen mir aufmerksam zuwandten. Ich wollte allerdings nicht vor der Gruppe in Tränen ausbrechen, da mir klar war, dass es eine große Diskussion geben würde, die ich vermeiden wollte.

Ich ging nach draußen. Die anderen riefen mir noch was hinterher, einige boten mir eine Position in der Nähe an, aber ich musste raus, und das so schnell wie möglich.

Draußen ging ich erst einmal auf die Straße und lief sie ab, um mich zu beruhigen. Überrascht stellte ich fest, dass ich wütend war. Wütend? Ich erlaubte mir nie, wütend zu sein, und schon gar nicht auf irgendwelche andere Leute. Mein antrainierter und inzwischen selbstverständlicher normaler erster Schritt ist, Verständnis für den anderen zu haben. Warum hat er so reagiert? Welche Hintergründe hat dieser Austausch? Was braucht er/sie von mir, um sich wieder zu beruhigen? Meine normale Checkliste, die ich mittlerweile automatisch abrufe. Doch dieses Mal kam ich nicht einmal auf den Gedanken. Ich ging mit Riesenschritten um den Block herum und war – wütend! Natürlich kannte ich Wut. Schließlich war ich vor meinem spirituellen Training häufig wütend gewesen. Doch diese Wut war anders. Ich merkte, dass ich mich jetzt nicht gleich beruhigen wollte, wie ich das sonst immer tat. Ich hatte schon Verständnis für Paula (»Du weißt doch, wie sie ist; sie meint es nicht so«), und normalerweise beginne ich dann anschließend, mich zurechtzuweisen (»Sei doch nicht so empfindlich!«).

Doch dieses Mal gab es da noch etwas anderes, was aus mir rauswollte. Mit einem rasenden Tempo stürzte ich mich weiterhin vorwärts. Richtungen abrupt wechselnd, leise und intensiv vor mich hin murmelnd: »Was ist da noch? Was ist da noch?« Irgendeiner Sache war ich auf der Spur. Und dann erkannte ich es plötzlich und blieb vor Schreck stehen: »Warum habe ich sofort den Rückzug angetreten? Warum konnte ich mich nicht verteidigen? Warum habe ich nicht ganz normal einfach gesagt: ›Paula, ich habe auf diese Position gewartet, und ich benutze sie jetzt auch‹?«

Ich hatte mich nicht verteidigt. Es fiel mir nicht einmal im Traum ein! Ich ging lieber. Verletzt. Weinend. Ich war fassungslos über meine Unfähigkeit, mich zu verteidigen.

Ich erinnere mich noch, dass ich mir als Kind und noch lange in meinen jungen Erwachsenenjahren vorgestellt hatte, wie meine eigene Beerdigung sein würde. Weinen werden alle, die vor meinem Grab stehen, die mich schlecht behandelt haben. Aber dann wird es zu spät sein! Nicht mehr froh werden sie werden; vom schlechten Gewissen gebeutelt, keine Nacht mehr werden sie schlafen können! Herrlich war diese Vorstellung. Ich habe sie damals mit allen Details ausgeschmückt und fühlte mich nach einigen Stunden (!), die ich damit verbracht hatte, irgendwie getröstet.

Wann bin ich alt genug, gleich zu sagen, was mir nicht passt?

Wann erlaube ich mir endlich, dass mir mal was nicht passen darf?

Himmel noch mal, wann lerne ich endlich, für mich selbst geradezustehen?

Ich ging zurück, nicht ohne mir vorher um die Ecke was zum Essen zu holen. Ich wollte nicht, dass es so aussieht, als ob ich geflüchtet wäre. (Dummes, kindisches Verhalten, ich weiß.) Ich wollte Diskussionen vermeiden, zu denen ich einfach keine Lust hatte. (Das klingt doch gleich viel besser als Erklärung, oder?)

Als ich zurückkam, bot mir Paula sofort ihre Position an.

Und obwohl ich weiß, dass mir diese Situation – dieser Stolperstein – geschickt worden war, damit ich meine Reaktionen verändern kann, obwohl ich weiß, dass es ein wichtiger Austausch war, konnte ich trotzdem nicht »normal« auf ihr Angebot reagieren. Ich schaute nur kurz auf (ich konnte ihr nicht länger in die Augen schauen, sie hätte sonst gesehen, was passiert war) und meinte dann, eine Spur leidend (nicht zu viel – Sie kennen diese feinen Nuancen bestimmt, oder?), genau mit diesem seltsamen Ton in der Stimme, der nur darauf angelegt ist, in dem anderen eine gewisse Unruhe zu erzeugen: »Nicht jetzt. Später. Danke.« Dabei drehte ich mich von ihr weg.

Ich weiß, ich weiß, es war eine höfliche spirituelle Bestrafung. Nicht offen genug, um gleich erkannt zu werden, so »nett«, wie ich war. Ich gab ihr keine wirkliche Chance zu einem Austausch, denn wir reagierten auf unterschiedlichen Ebenen. Ich war immer noch auf meinem spirituellen hohen Ross. Und doch genoss ich es, dass sie die nächsten Male extrem höflich zu mir war.

Das war das letzte Mal, dass mir dies passierte. Von jenem Zeitpunkt an sagte ich, wenn ich mich verletzt fühlte. Das passiert mir so zwei- bis viermal im Jahr. Jedes Mal sind die anderen überrascht. So haben sie das nicht gemeint.

Vor kurzem traf ich eine Frau, der es ähnlich ging wie mir damals. Wir trafen uns auf einer Pressekonferenz. Ich war eine der Referenten, sie Journalistin. Sie saß neben mir, als eine andere Referentin über ihr Thema sprach. Die Journalistin stellte eine Frage, aber die Referentin unterbrach sie und antwortete kurz und abrupt. Nach der Konferenz merkte ich, wie verletzt die Journalistin war. Ihre Augen waren feucht. Sie erzählte mir, wie ungehörig sie das Verhalten dieser Referentin fand. Ich schlug vor, mit ihr doch kurz darüber zu sprechen, wie es denn bei ihr angekommen sei. Das wollte sie nicht: »Nein, da ziehe ich mich zurück. Ich weiß mich zu schützen.« Ich wusste, dass der Rückzug sie nicht schützen wird. Sie wird immer und immer wieder darüber nachdenken. Immer und immer wieder dieses Gefühl der Schwäche und der Verletztheit empfinden. Wie vertraut mir doch das alles war. Schade, dass sie nicht mit der Referentin darüber sprechen wollte. Vielleicht wird sie bei den nächsten Gelegenheiten diesen Stolperstein in eine Perle verwandeln.

Eine meiner Freundinnen erzählte mir mal, dass sie einen männlichen Massagetherapeuten hatte, der plötzlich, während er sie massierte, mit ihr zu flirten begann. In den Behandlungen davor war er immer korrekt gewesen. Ab und zu ergab sich das eine oder andere Gespräch, und so wusste er, dass meine Freundin gerade durch eine Trennung ging und sehr unter dem Stress litt, der dadurch entstand. Er hatte sich in all den Behandlungen zuvor als liebevoller Zuhörer gegeben. Ihr fiel auf, dass die Berührungen – ohne jemals wirklich übergreifender sexueller Natur zu werden – intensiver wurden, aber sie traute ihren eigenen Wahrnehmungen nicht, da sie sich in einer emotionalen Ausnahmesituation befand.

Die Woche darauf fühlte sie sich eigenartig, als sie sich da nackt auf den Massagetisch legte, und zog automatisch das dünne Baumwolllaken enger an ihren Körper. Irgendetwas in ihr fühlte sich unsicher. Die Gespräche wurden von dem Therapeuten in eine Richtung gedrängt, die Beziehung, Partnerschaft und Intimität einbezogen.

Obwohl sich alles in ihr sträubte, machte sie einen weiteren Termin aus. Als der Termin näherrückte, bemerkte sie einen

Hautausschlag. Wieder ließ sie sich von ihm massieren. Wieder fühlte sie sich unwohl. Wieder war sie nicht in der Lage, Grenzen zu setzen. Während er die Massage beendete, bat er sie um ein Rendezvous. Sie sagte dazu sogar ja. Sie wollte ihn nicht verletzen.

Darauf folgte eine kurze und heftige Affäre. Sie schlug sich kräftig an dem Stolperstein an, besonders als sie bemerkte, wie manipulativ er war. Das Ende war unerfreulich. So unerfreulich, dass sie lernte, Grenzen zu setzen.

Sheila ist eine meiner engsten Freundinnen. Sie ist hilfsbereit, großzügig, liebevoll und mit einer herrlichen Portion Humor gesegnet. Und sie lebt im Wohlstand. Sheila fühlt sich häufig für andere verantwortlich. Sie ist umgeben von Leuten, die ständig pleite sind, und Sheila hilft großzügig aus. Und doch wird immer mehr von ihr verlangt.

Wenn jemand sie um einen Gefallen bittet, ist ihre erste spontane Reaktion, ja zu sagen. Es fällt ihr sehr schwer, diese automatische Reaktion zurückzuhalten und wirklich nachzufragen, ob ein »Ja« auch wirklich das ist, was sie sagen will.

Sheila gibt nicht nur ihr Geld her, sondern auch ihre Zeit. Sie arbeitete für eine gemeinnützige Organisation und zahlte alle ihre Ausgaben selbst. Jede Briefmarke. Jede Reise. Jede Telefonrechnung. Ihre Ausgaben waren deckungsgleich mit ihrem Honorar. Sie arbeitete also umsonst. Die Leiterin dieser gemeinnützigen Organisation sank in Sheilas Meinung rapide. Sie konnte beobachten, dass die Integrität der Organisation durch die Aktionen dieser Chefin häufig in Frage gestellt wurde und dass sie das, was sie von anderen verlangte, nicht selbst lebte. Und trotzdem gab Sheila weiterhin alles, was sie konnte, weil sie die gute Sache unterstützen wollte. Sie blieb bis zum Schluss. Sie wollte ja sagen und erkannte, dass es ein »Nein« gebraucht hätte. Nicht nur um ihrer selbst willen, sondern auch, um vielleicht ihrer Chefin zu helfen, dass diese zur Integrität zurückfände. Doch nein zu sagen, das ist eine der schwersten Übungen auf dem spirituellen Weg, denn wir denken häufig, es steht uns nicht zu. – Sheila erzählt:

»Spirituell zu sein und gleichzeitig im Dienst zu stehen, das war für mich eine der größten Herausforderungen. Ich gab sehr viel von meiner Zeit, meiner Energie und meinen Gaben – viel zu viel, und das war ungesund. Ich hatte keine Grenzen gesetzt, denn ich wollte unbedingt im Dienst stehen. Im Dienst für eine gute, eine größere Sache. Ich fühlte, dass ich persönlich mithalf, wichtige Lehren unter die Menschen zu bringen. Ein neues Bewusstsein und mehr Licht zu all den Leuten in der Gruppe und auch in die Welt zu senden.

Es war mir noch nie leicht gefallen, Grenzen zu setzen; das fing schon als kleines Mädchen an, als ich immer wieder meine Lieblingsspielsachen verschenkte. Ich lernte langsam, eben auch für mich selbst geradezustehen, für die eigene Person im Dienst zu stehen. Zuerst sich um das ›Selbst‹ zu kümmern und dann um andere. Erst wenn wir gelernt haben, richtig für uns zu sorgen, dann haben wir die Kapazität, um uns auch um andere zu kümmern. Langsam, aber sicher verstehe ich das (das Wissen darum habe ich jetzt schon seit über sechs Jahren, und dennoch ist es immer noch nicht richtig integriert!), ich habe jetzt ein besseres Verständnis dafür und gesündere Grenzen gesetzt.

Ich verstand es nicht, während es gelehrt wurde. Erst sehr viel später wurde mir klar, was da eigentlich gesagt worden war. Ich hatte einfach einige alte Kindheitsglaubenssätze (versteckt in meinem Unterbewusstsein) über den katholischen Gedanken, dass man leiden muss, um zu dienen, und dass es besser ist, zu geben, als zu nehmen. Und dadurch erlaubte ich dieses Ungleichgewicht in meinem Leben. Ich wollte es immer allen recht machen und wollte so unbedingt dienen.

Ich denke oft, dass es in der Spiritualität – aber auch jedem anderen Gebiet, in dem man sich in erster Linie um andere kümmert – äußerst schwierig ist, sich auch um sich selbst zu kümmern. Ich wurde sehr häufig ausgenutzt, weil ich glaubte, dass die einzige Möglichkeit, wirklich und wahrhaftig zu leben, im Dienst zu stehen ist. Also, wann immer ich erschöpft war und nicht mehr ein noch aus wusste, dann sagte ich mir (mit ein bisschen Stolz dabei), dass ich schließlich im Dienst stehe und dass das richtig und gut sei. Ich unterdrückte meine Gefühle und was ich brauchte, weil ich glaubte, da gäbe es etwas Wichtigeres – und dass ich mir dafür irgendwo im Universum eine Medaille verdienen würde. Dienst und Opferbereitschaft schienen Hand in Hand zu gehen.

Ich dachte immer, im Dienst stehen bedeutet, dass man sich zuerst um andere kümmert und dann um sich selbst. Es war extrem schwierig, diesbezüglich ein harmonisches und gesundes Gleichgewicht herzustellen. In meinem Leben sind immer wieder jede Menge Leute aufgetaucht, die jemanden suchten, der sich um sie kümmert. Ich gab mit ihnen ein perfektes – aber ungesundes – Paar ab. Speziell in spirituellen Kreisen scheint es sehr häufig vorzukommen, dass die einen zu viel geben und die anderen zu viel nehmen.«

Tief verstrickt in dem Steinhaufen des Helfens hoffen wir, dass die anderen endlich unser »Opfer« anerkennen. Dass sie einsehen, wie unendlich großzügig, wie unendlich hilfsbereit wir wirklich sind. Aber die anderen sehen das nicht, denn es wird immer mehr gefordert. Schließlich sind wir ja stets da. Schließlich stehen wir immer zur Verfügung. »Die Anne, die macht das schon.« – »Der Karl kann das doch schnell noch erledigen.« Wir fühlen uns verantwortlich, wenn jemand etwas braucht. Ob wir dazu Lust haben, das fragen wir uns kaum. Lust? Das hier ist eine Notwendigkeit, und da muss ich doch einspringen, wer sonst würde es tun? Wenn wir großzügig sind, entsteht gelegentlich Dankbarkeit, aber wenn wir es zu viel tun, wird es uns letztendlich übel genommen.

Weswegen? Wenn wir jemandem zu viel geben, wächst in dem anderen das Gefühl, dass er weniger wert ist. Wer fühlt sich schon gerne weniger wert? Und so sucht er nach demjenigen, der daran schuld ist und ihn in diesen Zustand gebracht hat. Das sind wir, die ihn immer wieder unterstützen, wir, die immer wieder helfen und dem anderen dadurch immer wieder dieses gleiche Gefühl der Minderwertigkeit vermitteln. Natürlich gibt es dann auch einige Mitmenschen, deren Erwartungshaltung steigt: »Du hast es, du schuldest es mir.« Oder: »Du hast mir zwar erst gestern was gegeben, aber heute brauche ich wieder was.« Dann wird es eingefordert.

Es entstehen eine Angst und eine Abhängigkeit, denn der Betreffende befürchtet, dass es ihm allein unmöglich ist, sich aus einer schwierigen Lage selbst zu befreien. Schließlich waren wir ja immer die Befreier! Also sind wir daran schuld, dass es dem anderen schlecht geht. Denn es ist unser Verhalten, das dieses Gefühl immer wieder hochkommen lässt.

Das Einzige, was es aufhören lässt, das Einzige, was es heilen lässt, so schwer es uns auch fallen mag, ist ein Wort. Und das Wort heißt »Nein«.

Das schwerste Wort in unserem Vokabular. Besonders für spirituelle Leute. Wir wollen ja sagen. Hundertmal. Tausendmal. Und doch nutzt es dem anderen nichts, und es nutzt uns selbst nichts. Bei allen Schuldgefühlen, der Unsicherheit, dem Unwohlsein ist ein »Nein« neben dem Wort »Liebe« wohl das wichtigste Wort in unserem Vokabular.

Wenn wir in Frieden leben wollen, dann müssen wir Grenzen setzen können. Und solange wir das nicht tun, so lange liegt der Stein da.

Was ist meine Lebensaufgabe?

Zu leben.

»Das ist alles?«

Das ist alles.

Das reicht Ihnen nicht? Das kann doch wohl nicht mein Ernst sein, dass dies das ganze Kapitel ist?

Das verstehe ich, mir hätte diese Antwort jahrelang auch nicht gereicht. Ich wäre wahrscheinlich beleidigt gewesen. Hätte mich mit einem frustrierten Schulterzucken abgewandt und mir jemanden gesucht, der mir eine Antwort geben könnte, die ich logischer finde.

Ich habe die Frage nach dem Sinn meines Lebens selbst hundertmal gestellt: an Channels, an Astrologen, an Schamanen, an Hellsichtige, an Freundinnen und Freunde. Ich habe in meinen Gebeten und Meditationen Gott gefragt und jeden Engel, der in meine Nähe kam. Ich flehte diesen Satz in den Sternenhimmel und ließ ihn auf die heilige Erde sinken. Ich hoffte auf eine Richtung, eine Weisung, die sich einfach in einem Satz zusammenfügen lässt:

- »Deine Aufgabe ist es, mit Tieren zu kommunizieren.«
- »Deine Aufgabe ist es, kranken Kindern zu helfen.«
- »Deine Aufgabe ist es, afrikanische Dörfer mit Brunnen zu versorgen.«
- »Deine Aufgabe ist es, indianische Kulturen und Weisheiten zu verbreiten.«

Doch es kam und kam einfach keine Antwort.

Die Antworten für mein Leben passen nicht in solch einen Satz. Die meisten, so glaube ich, passen nicht in solch einen Satz. Das Leben ist lang, und wir können jederzeit unsere Meinung und unsere Wünsche ändern. Wir können keinen Fehler machen – der liebe Gott steht nicht am Ende unseres Lebens da und sagt: »Ja, warum hast du denn das und das nicht gemacht? Das war doch deine Aufgabe! Wie kann man denn so unaufmerksam sein?«

Ich bewundere Samantha, die schon seit vielen Jahren mit Tieren spricht. Sie tut es immer noch mit der gleichen Begeisterung wie am Anfang. Mir wäre es schon längst zu langweilig geworden. Noch mal ein Hund, der sich über sein Herrchen beschwert? Eine Katze, die nicht rausdarf? Ein Vogel, der sich einsam fühlt? Ich muss gestehen, dass ich nicht so geduldig bin.

Ich bin sicher, die Tiere sind noch dankbarer als ich, dass dies nicht meine Aufgabe ist. Sie sind bei Samantha einfach sehr viel besser aufgehoben.

Bitte machen Sie sich keine Sorgen über Ihre Lebensaufgabe. Wir leben lange. Und da gibt es Zeiten, in denen wir uns mehr unseren Kindern widmen oder einem großen karitativen Projekt, und dann gibt es wieder Zeiten, in denen wir uns erholen müssen. Wir sollen eben alle Aspekte des Lebens erleben und uns daran erfreuen lernen. Außerdem können wir uns über Jahre verrückt machen, weil wir glauben, wir verpassen gerade unsere Lebensaufgabe. Wir verpassen nichts. Ist das nicht beruhigend?

Was ist eigentlich Channeling?

Wir kommen zu bestimmten Meinungen, weil wir in unserer Vergangenheit einiges erfahren oder erlebt haben. Daraus ergibt sich ein Netzwerk aus bewussten und unterbewussten Erlebnissen, nach denen wir uns richten und nach denen wir unsere Entscheidungen treffen. Wenn wir auf dem spirituellen Weg sind, dann kommt neben unserer eigenen Intuition – die uns wahrscheinlich doch mehr oder weniger vertraut ist – eine weitere Komponente hinzu. Wir holen unsere Informationen aus dem »Ungesehenen«. Das kann sich um Gedanken handeln, die wir während eines Gebets haben, oder um einen inneren Dialog, den wir mit Engeln oder anderen himmlischen Helfern führen. Einige von uns holen sich ihre Lehren oder Informationen von Channels.

Channeling ist eine sehr komplexe Angelegenheit. Manche sind davon regelrecht begeistert, für andere ist es New-Age-Quatsch. Die »Durchsagen« von nicht in Menschenform lebenden Wesenheiten durch Menschen haben eine lange Tradition. Manche sehen das als die Ahnen, die da durch einen sprechen, für andere sind es Meister, wieder andere sind sich sicher, Jesus oder Mutter Maria gehört und/oder gefühlt zu haben.

Diejenigen, die damit gar nichts anfangen können, vermuten eher eine gespaltene Persönlichkeit oder einen Scharlatan dahinter. Nun kommt es natürlich immer darauf an, ob jemand schon selbst solch eine Erfahrung gemacht hat. Und – vor allen Dingen – wie dieses Erlebnis aufgenommen worden ist. Das hängt sicher auch immer stark davon ab, ob das Gesagte irgendeine Resonanz ausgelöst hat.

Dass wir, dass ich mit Engeln rede, das geht ja noch oder kann zumindest mit einem gönnerhaften Schmunzeln zur Kenntnis genommen werden. Wenn es dann ums Channeln geht, dann läuten die Alarmglocken der anderen häufig unverhohlen los. Der Blick, der einen trifft, ist plötzlich anders geworden: »Naiv und auch noch verrückt.«

Ich rede nicht gerne über das Channeling, weil diejenigen, die ein gutes Channeling noch nicht erlebt haben, das einfach sehr schwer nachvollziehen können. Und doch muss ich zugeben, dass es mich stört, wenn mich mein Gesprächspartner wirklich für so trottelig hält, dass ich auf jeden Hochstapler hereinfallen würde. Nein, ich glaube nicht, dass es sich bei channelnden Personen um irgendwelche gespaltenen Persönlichkeiten handelt, und ich glaube auch nicht, dass derjenige halt einfach eine besonders lebhafte Fantasie hat.

In der Geschichte der Menschheit gab es immer wieder Gespräche mit Gott, Ahnen, Propheten oder Engeln, die sich häufig auch körperlich gezeigt haben. Channeln ist wahrhaftig kein neues Phänomen. Allerdings, und hier liegt auch eine Sorge von mir, ist es in den letzten Jahren zu inflationären Channel-Aktivitäten gekommen. Ich halte das nach wie vor für eine recht seltene, heilige Gabe, und ich kann mir beim besten Willen nicht vorstellen, dass wirklich alle, die channeln, auch wirklich dazu berufen sind.

Erst wenn wir den Spirits – den Geistwesen – eine Zeit lang zugehört haben, können wir beurteilen, ob ihr Rat auch etwas taugt. Die Gechannelten, zu denen ich mich hingezogen fühlte, habe ich in der Regel über Jahre hinweg beobachtet. Manche probierte ich nur einmal aus und dann nie wieder. Was immer sie mir gesagt haben, hatte keine Resonanz ausgelöst oder war einfach so lapidar, dass ich dafür nicht noch mal hundert Euro oder Dollar ausgeben wollte. Bei manchen hatte ich das Gefühl, sie kennen mich nicht, und auch diese fragte ich nicht wieder um Rat. Ich habe so ungefähr zehn Channels erlebt, wobei ich von dreien sehr begeistert war und noch bin.

Das Channeln ist für mich eine heilige Angelegenheit. Und manchmal bin ich zutiefst verwundert, wenn jemand »plötzlich« channeln will. Ist das wirklich der tiefste Wunsch der Seele, der da hochkommt? Oder eher eine Idee: »Das wäre doch toll, wenn ich das könnte!« Ich glaube, dass man sich das Channeling nicht einfach als Freizeitbeschäftigung aussuchen kann wie etwa das Golfen oder das Zeichnen. Das Channeln ist etwas, was vor diesem Leben mit jener anderen Wesenheit beschlossen worden ist und sich dann – im Laufe unseres Erdendaseins – plötzlich abzeichnet. Natürlich kann man seine Intuition hören, also die Sprache der Seele, aber das sind Nachrichten, die für mich bestimmt sind. Weiß ich wirklich, dass diese Information, die da in meiner Meditation kommt, tatsächlich auch für den anderen gedacht ist? Natürlich kann man Unterricht nehmen, um seine Intuition zu üben. Aber das Channeln?

Es ist schon ein wundervolles Gefühl, wenn man einen Channel gefunden hat, dem man vertrauen kann. Doch hier gilt es ebenso, immer aufmerksam zu sein. Auch der Channel hat seine eigenen persönlichen Herausforderungen. Da gibt es Ehekrisen, Geldsorgen, Krankheiten, genervte Klienten. Je länger er einen Kunden kennt, je persönlicher sein Kontakt ist, desto schwieriger wird es für den Channel, klare Informationen mitzuteilen. Es ist sehr viel einfacher für ihn, einer völlig fremden Person etwas zu übermitteln, da er kein Interesse an dem persönlichen Leben des Fragenden hat.

Als ich einige gechannelte Wesenheiten erlebt hatte, stellte ich mit Verwunderung fest, dass jede auch ihre eigene Persönlichkeit hat. Die Stimme verändert sich, sie wird häufig dunkler und bekommt immer einen seltsamen – natürlich unterschiedlichen – Akzent. Manchmal verändert sich sogar die Augenfarbe.

Ich bat meinen Freund LD Thompson, der Solano channelt, um ein paar Erfahrungen mit dem Channeling. Er schickte mir einen Auszug aus seinem Manuskript *Revelations for a New Humanity*:

»Es war im Sommer 1982, und ich hatte gerade erst mit dem Channeling von Solano für ein paar wenige Freunde angefangen. Obwohl ich sie gebeten hatte, nicht darüber zu reden, machte es doch die Runde. Eines Tages, als ich von einem Picknick vom Lake Washington zurückkehrte, einem herrlichen See in Seattle, fand ich eine Nachricht auf meinem Anrufbeantworter, die mein Leben vollkommen verändern sollte – ob ich nicht Lust hätte, Solano einem breiteren Publikum vorzustellen? Eine

sehr bekannte Frau aus der gehobenen Gesellschaft Seattles schlug dafür einen Abend in ihrem Haus vor.

Zuerst war ich absolut dagegen, aber da gab es ein Gefühl, dass ich diesen Vorschlag in meine Meditation einbringen sollte, um Solano um Rat zu fragen.

Seine Antwort konnte nicht klarer sein: ›Es ist das, worauf du vorbereitet worden bist, für das dein Körper vorbereitet worden ist. Und es ist für dein Wachstum wichtig, dass sich diese Möglichkeit vor dir auftut. Glaubst du wirklich, dass du dieses Geschenk, dieses Talent, zurückhalten kannst? Du hast ja schon jetzt erlebt, wie unmöglich das ist. In der Tat, es wird danach Herausforderungen für dich geben. Aber diese Chance ist ebenfalls eine Gelegenheit, dich weiterzuentwickeln.‹

Ich stellte Solano zum ersten Mal im Juli 1982 einem breiteren Publikum vor. Er öffnete am Anfang weder meine Augen, noch bewegte er den Körper für irgendwelche Gesten. Wenn ich in Trance verfiel, verließ ich meinen Körper, und seine Essenz trat ein. Mir war weder bewusst, was er mit der Gruppe besprach, noch, wer in der Gruppe präsent war.*

Zu diesem ersten öffentlichen Auftritt kam etwas verspätet eine Frau, die ich von New York her kannte. Ich war damals noch Schauspieler gewesen, und wir hatten gemeinsam die Hauptrollen in einem Broadway-Musical namens ›Babes in Toyland‹

---

* Im Channeling ist eine andere Seele in dem »geliehenen« Körper. Das gechannelte Wesen kann diesen anderen Körper in den meisten Fällen auch bewegen. Das dauert allerdings eine Weile. Also, am Anfang ist es in der Regel für das gechannelte Wesen nur möglich, die Stimmbänder und den Mund des anderen zu bewegen, und erst später kommen die Augen hinzu, die Hände, der Oberkörper. Häufig kann dann dieses gechannelte Wesen auch den »geliehenen« Körper zum Gehen bringen. Das Ganze dauert aber eine Weile und ist in vielen Fällen sehr anstrengend und mühsam.

gespielt, mit dem wir auf Tour gegangen waren. Ich erinnerte mich daran, dass sie sehr emotional und nervös gewesen und es ihr oft sehr schwer gefallen war, mit dem Stress einer reisenden Theatergruppe umzugehen.

Als dieser Abend zu Ende ging, war ich damit beschäftigt, meine Gedanken wieder zu sammeln, denn so ein Trance-Erlebnis hat immer etwas Desorientierendes. Leslie bestand darauf, in den Raum gebracht zu werden, in dem ich mich erholte – nicht ohne sich recht unhöflich zwischen einige Freunde zu drängen, um mich dann mit Beschlag zu belegen. Es war schon lange her, dass wir uns zum letzten Mal gesehen hatten, und wir umarmten uns herzlich. Plötzlich brach sie die Umarmung ab, und ihre Augen wurden weit und ein bisschen glasig, und dann erklärte sie mir: ›Jetzt verstehe ich endlich, worum es geht: Du bist meine Seelenhälfte!‹

Das war eine unwillkommene Aussage von jemandem, den ich nicht einmal richtig mochte; aber ich bemühte mich, höflich zu sein, und antwortete: ›Was für ein wundervolles Kompliment, und es berührt mich tief, aber ich glaube nicht, dass dem so ist.‹

›Egal‹, strahlte sie mich an, ›es stimmt. Ich weiß es!‹

Gott sei Dank kamen meine Freunde in jenem Moment, um mich aus dieser Situation zu befreien, und sie begleiteten Leslie nach draußen.

Fast ein Jahr ging vorbei, ohne dass ich mit Leslie, meiner vermeintlichen ›Seelenhälfte‹, Kontakt hatte. Ich channelte jetzt regelmäßig. Die Gruppenabende wurden immer größer, und die Anstrengungen forderten ihren Tribut. Ich war mittlerweile sehr viel erfahrener darin, den Energieverbrauch zu managen, der beim Channeling nötig ist. Um mich wieder aufzuladen, entschied ich mich zu einem kurzen Trip auf die Insel San Juan, die vor der Küste des Staates Washington liegt. Ich hatte so die Möglichkeit, die Schönheit dieser Insel zu erfahren und mich dabei gleichzeitig wieder aufzutanken. Zusätzlich freute ich mich, ein paar meiner New Yorker Freunde zu treffen, die es dorthin verschlagen hatte.

›Zufällig‹ lebte auch Leslie auf San Juan, und das Schicksal brachte uns wieder zusammen. Sie war ebenfalls dabei, als ich mit einer Gruppe von Freunden eine Bergwanderung machte. Während wir durch diese großartige Natur und die grandiose Blumenpracht wanderten, fragte mich Leslie über eine Wesenheit aus, die ›Bala Shunai‹ heiße. Sie sei ein weiblicher Spirit, von dem ihr Solano an dem Gruppenabend erzählt habe, der kurz vorher stattgefunden hatte. Bala Shunai sei Solano zufolge eine von vier großen Seelen, die sich um das Wetter und die Elemente auf diesem Planeten kümmerten. Da ich wie immer keine Erinnerung daran hatte, was Solano gelehrt hatte, hörte ich höflich zu, war aber kaum interessiert.

Später während unseres Gesprächs wurde mir plötzlich klar, dass Leslie mit dieser Seeleneinheit eine Art Kontakt aufgebaut hatte, und schon bestätigte sie mir meinen Verdacht, als sie mir mit leuchtenden Augen erzählte: ›Bala Shunai will, dass ich sie channele!‹

Ich hatte keine Zeit, mir eine sorgfältigere, charmante, durchdachte Antwort zurechtzulegen, denn aus mir brach es heraus: ›Mach es nicht, Leslie! Du bist als Persönlichkeit nicht integriert genug, geschweige denn ist dein Ego ausreichend stabil, um zu channeln.‹

Verschiedene Erinnerungen kamen dabei hoch, als ich diesen Satz zu ihr sprach: Blitzschnell kam es mir wieder ins Gedächtnis, wie sie mich mal zu sich in ihre Wohnung gerufen hatte. Eine ihrer vielen Katzen war erkrankt. Leslie bekam dadurch einen hysterischen Anfall, während ich mich am Boden wälzte, um dem Tier, das sich nach Kräften wehrte, Medizin in den Rachen zu geben. Oder wie sie damals diese Affäre mit einem stadtbekannten Playboy hatte. Wie erwartet brach dieser die Beziehung sehr schnell ab, worauf Leslie sich ins Bett legte und für eine Woche nichts mehr aß und nichts mehr sagte. Damals kamen sogar Gerüchte auf, dass sie gestorben wäre.

Ich fühlte instinktiv, dass ihre Persönlichkeit zu fragil war, um mit dem starken Druck fertig zu werden, der durch das Channeling entsteht. Doch schon als mein Rat aus mir herausbrach, konnte ich sehen, dass er das Gegenteil auslöste: Ihre Augen wurden trotzige schmale Schlitze. Sie würde es mir schon zeigen! Sie würde channeln.

Und das tat sie denn auch.

Das Channeling ist keine leichte Aufgabe, kein Gesellschaftsspiel, sondern ein wahrhaftiges physikalisches Ereignis, das durch klinische Studien dokumentiert worden ist. Zuerst entstehen Veränderungen im Körper – ein nicht unerheblicher Stress für das Nervensystem, der nicht selten dazu führt, dass zum Beispiel Wasser länger im Körper gehalten wird, damit die Nerven durch ebendiese Flüssigkeit geschützt werden können. Gleichzeitig werden dem Organismus durch die chemischen Veränderungen und die Zusammensetzung des Blutes zu viele lebenswichtige Mineralstoffe entzogen.

Aber viel schwieriger ist es, mit den Projektionen der anderen umzugehen. Menschen, die sich in der Anwesenheit eines wahrhaftigen Channels befinden, der in der Lage ist, ein Wesen von einer höheren Frequenz durchkommen zu lassen, fühlen sich selbst erhoben. Ihre Lebensperspektive verändert sich, und eine heilende Wirkung ist möglich.

Das Channeling kann ein sehr machtvolles Erlebnis sein, und es mag eine Neigung entstehen, die Liebe und die Bewunderung, den Respekt und den erhobenen Status auf die Channel zu projizieren. Das bedeutet, wenn die Personen, die channeln, nicht ihre eigenen spirituellen ›Hausaufgaben‹ machen (zum Beispiel ein Gleichgewicht und eine Balance im eigenen Leben schaffen), dann können sie von dieser Bewunderung abhängig werden. Mit anderen Worten: Sie ›glauben ihrer eigenen guten Presse‹. Sie beginnen anzunehmen, dass sie etwas Außergewöhnliches sind, sozusagen von Gott besonders berührt. Wenn der Channel dann auch noch ein niedriges Selbstbewusstsein hat oder über ein hungriges Ego verfügt, dann kann das leicht die dunkle Seite des Ganzen hervorbringen: Gier, Manipulation, aufgeblasenes Selbstbewusstsein/Ego, Überschätzung ihrer selbst und dessen, was der Körper aushalten kann. Und so können sie diesen klaren, sauberen Zustand nicht erreichen, den ein guter Channel einfach haben muss, um Informationen klar durchkommen zu lassen.

Ich erinnere mich an die ersten Male, als ich zu channeln lernte. Ich war umgeben von zwei Freunden, in deren Gegenwart ich mich beschützt genug fühlte, das Risiko einer tiefen Trance einzugehen. Meine Erfahrung lässt sich mit einem tiefen Loslassen vergleichen, indem ich mein Ego, meine Persönlichkeit zurücklasse; und es fühlt sich dann so an, als wenn ich auf den Boden eines tiefen Sees sänke. Die Oberfläche zieht sich langsam zurück, während ich für meinen verlassenen Körper bete und um göttlichen Segen für die Leute bitte, für die ich in diesem Moment channele. Dann gibt es einen Moment, in dem sich die

Oberfläche so anfühlt, als ob sie sich immer weiter zurückziehe. Diese Oberfläche steht für mein Körperbewusstsein. Ich drehe meinem Körper also ›den Rücken zu‹ und sinke weiter weg, immer tiefer, zu einem Platz kompletter Stille. Das ist der Moment, in dem dann Solanos Essenz meinen Körper übernimmt und dort die führende Energie wird.

Ich war normalerweise recht erfolgreich in diesem ›Wegsinken‹. Einmal, bei einer Session, die ich gab, erinnere ich mich, dass ich ein lautes Lachen – wie aus großer Entfernung – hörte, und ich wollte wissen, wo das denn herkomme. So bewegte ich mich in die Richtung dieses Geräusches.

Als ich näher kam, hörte ich die Stimme Solanos in mir: ›Gib den Körper frei.‹

Und dann war Stille. Ich erinnerte mich wieder: ›O ja, ich bin ja in Trance.‹

Und dann sank ich tiefer, bis ich wieder zurück in der Stille war.

Später sagte Solano zu mir: ›Wenn wir das [Channeln] *gemeinsam machen wollen, dann musst du die Zügel während dieser Zeit loslassen. Sonst besteht die Gefahr, dass die Dinge, die deine Persönlichkeit als wichtig ansieht, den Zustand verunreinigen, den wir erreichen wollen. Das fordere ich als Versprechen von dir. Das heißt nicht, dass es nicht in der Zukunft eine Zeit geben wird, in der du mehr in einem Co-Bewusstsein* [geteilten Bewusstsein, gemeinsamen Bewusstsein] *mit dem, was ich bin, zusammenarbeiten kannst. Aber für jetzt ist das Separieren unbedingt notwendig.‹*

Ich gab das Versprechen und halte es bis zum heutigen Tag. Derzeit, über zwanzig Jahre später, bewege ich mich immer mehr in das gemeinsame Bewusstsein, doch ich brauchte diese

ganzen zwanzig Jahre, um mich wirklich langsam darauf vor-
zubereiten.

Aber ich schweife ab. Obwohl ich Leslie gewarnt hatte, hörte
ich kurz danach, dass sie Gruppen hatte, die zu ihr nach San
Juan kamen, um sie channeln zu hören, und dass diese Gruppen
größer und größer wurden. Eine Weile später hörte ich seltsame
Reports über Bala Shunai und was sie lehrte: Dinge, die etwas
mit mir zu tun hatten. Mir wurde zugetragen, dass Bala Shu-
nai behauptete, Leslie und ich seien der erste Mann und die erste
Frau, die jemals auf Erden inkarniert gewesen seien, und ich
hätte sie damals missbraucht. Dies sei der Anfang für all die
Probleme der Menschen auf Erden gewesen. Aber das war noch
nicht alles: Bala Shunai behauptete ebenfalls, ich sei Adolf Hitler
gewesen und Leslie Eva Braun. Und als Folge meiner fürchter-
lichen Dinge, die ich auf Erden damals getan habe, sah Bala
Shunai eine Konfrontation zwischen mir und Leslie voraus, die
in Gewalt enden würde.

Eine Freundin von mir rief mich an einem Freitag spätnach-
mittags in Panik an. Sie erzählte mir, dass die Gruppe um Bala
Shunai auf dem Weg in den Park Cascade Mountain in der
Nähe von Seattle sei, wo ich wohnte, und dass sich darunter
einige beunruhigende Gestalten befänden. Sie hörte ebenso von
einem Plan des inneren Kreises um Leslie, zu dem auch zwei
Vietnamveteranen gehörten, dass sie mich kidnappen wollten,
um mich dann zu ihrer Veranstaltung zu schleppen. Meine
Freundin schlug mir dringendst vor, sofort die Stadt zu verlassen,
am besten für ein verlängertes Wochenende irgendwohin zu fah-
ren. Einen weiseren Ratschlag hätte ich nicht bekommen können.
Ironischerweise hatte ich sogar Pläne, übers Wochenende nach
Oregon zu reisen.

Ich fuhr also weg, um mich von all der Aufregung zu erholen. Ich hatte allerdings keine Ahnung, welches Drama sich auch ohne meine Anwesenheit abspielen sollte.

Leslies Gefolgschaft war durch Mundpropaganda gewachsen. Damals gestaltete sich Seattles ›New Age Community‹ noch relativ übersichtlich, und viele Leute machten ›Channel-Hopping‹, gingen also von einem Channel zum anderen, um Unterstützung und Rat zu erhalten. Zu dieser Zeit gab es eine berühmt-berüchtigte Frau, die einen alten Krieger channelte (und das war auch noch ein sehr mutiger und befehlender Kämpfer), die ebenfalls von den Äußerungen der Bala Shunai und den Geschichten darüber alarmiert war. Sie wollte nicht, dass sich ihre eigene Gefolgschaft Leslie anschließt.

Diese andere Frau war beunruhigt, dass die Bala-Shunai-Gruppen sogenannte Weinzeremonien abhielten, in denen alle Wein aus großen Flaschen tranken, die in der Menge herumgereicht wurden. Sie befürchtete, dass es dabei einen fürchterlichen Unfall geben könnte, wie zum Beispiel Vergiftungen oder massenhaften Selbstmord, von denen wir ja alle in den letzten Jahren in den Schlagzeilen lesen konnten. Ich glaube allerdings, sie war einfach nicht glücklich darüber, dass Bala Shunai sich eine zu große Scheibe von ihrem Kuchen abschneiden wollte.

Und so kam es, dass sich diese Frau zusammen mit einigen aus ihrem inneren Kreis in einen Wohnwagen setzte und damit zu dem Park fuhr, in dem Leslie gerade ihren Wochenend-Workshop gab. Es war fast dunkel, als sie ihr Ziel erreicht hatte. Kaum angekommen, begab sie sich in Trance, um ihren rächenden Kämpfer hervorzubringen. Sie/Er schritten durch die Leute, die sich versammelt hatten, um Bala Shunai zu hören, und blieben vor

Leslie stehen; und der gechannelte Krieger proklamierte: ›Du bist eine Scharlatanin und eine Betrügerin!‹

Im tiefsten Schock darüber brach Leslie zusammen und fiel in Ohnmacht.

Der ›Rächer‹ drehte sich dann um und brüllte in die Gruppe: ›Diejenigen von euch, die zu mir gehören, kommen mit mir zum Fluss und waschen sich die Hände, um sich von dieser unseligen Affäre zu reinigen!‹

Und fast alle der Versammelten standen auf und folgten ihm/ ihr, um sich die Hände im Fluss zu waschen.

Einige von Leslies Gefolgschaft blieben loyal zurück und brachten sie in ihre Wohnung. Besonders eine Frau, eine Therapeutin, die ich seit vielen Jahren kenne und bewundere, kümmerte sich sehr um Leslie und wollte ihr helfen, sich durch das Trauma und die Demütigung zu arbeiten. Aber Leslie legte sich wie damals, als sie von diesem New Yorker Playboy verlassen worden war, ins Bett und weigerte sich, auch nur ein Wort zu sprechen.

Eines Morgens, ein paar Wochen später, verschwand Leslie plötzlich. Niemand sah, wie sie wegging. Sie hinterließ weder eine Nachricht noch eine Spur. Es sah nicht einmal so aus, als ob sie irgendetwas gepackt hätte. Niemand hat jemals wieder von ihr gehört.

Da sie britische Staatsbürgerin war und sich illegal in den USA aufhielt, habe ich das Gefühl, dass sie in das nahe Kanada geflohen ist, um sich neu zu definieren und ein neues Leben zu beginnen. Und immer noch, bis heute, erwarte ich, dass mir irgendjemand mal von Leslie erzählt, weil er sie irgendwo wiedergetroffen hat.

Es ist so verblüffend, dass solche Sachen Menschen passieren können, die dermaßen begeistert davon sind, Gott zu erleben.

Und es ist auf jeden Fall ein warnendes Erlebnis, das uns klarzumachen vermag, dass spirituelle Energie – unkontrolliert und undiszipliniert – fürchterlich schieflaufen kann.«

»Unkontrolliert und undiszipliniert«: Gerade auf dem spirituellen Weg ist es sehr wichtig, diszipliniert seinen Weg zu gehen. Das gilt für den Ratholenden genauso wie für den Ratgebenden. Und natürlich auch ganz besonders für diejenigen, die große Gruppen betreuen wollen.

Polly Dovenmuehle kann dazu einiges erzählen. Was vorher schon beschrieben wurde – Menschen verändern sich –, zeigt sich hier auch ganz deutlich und ist aufmerksam zu beobachten:

»Eines Tages, in den frühen achtziger Jahren, lud mich jemand ein, um eine gechannelte Wesenheit kennenzulernen; und das war so, als ob meine ganze Welt mit einem Riesenknall aufginge und das gesamte Universum sich in mir niederließe. Plötzlich war ich zwar wieder in einer Gruppe, aber dieser Sog war tausendmal stärker und verführerischer, als einem Mann nach Indien zu folgen, der mehr oder weniger meine Definition von wertvoll, heilig und gut erreicht hatte.

Jetzt hatte ich Kontakt mit jemandem direkt aus dem Ungesehenen! Jetzt gab es keinen anderen Menschen, der mir sagen sollte, wie ich zu leben und was ich zu denken habe, nein, hier gab es ein nichtinkarniertes Wesen, das uns durch Zeit und Raum hindurch direkt erreichen konnte und sogar zu uns sprach. Holy Shit! Gibt es irgendetwas Cooleres? Das war wie ein Märchen, das wahr wurde, nur noch viel besser. Da gab es so viele Momente, die für mich wichtige Veränderungen hervorriefen, dass mein Leben komplett umgekrempelt wurde. Und mein Leben veränderte sich und veränderte sich. Und dabei gab es jede Menge Stolpersteine.

Stolperstein: *Einige Channels werden wahnsinnig, pressen aus den Besuchern alles an Geld heraus, was sie nur können, adoptieren Philosophien (und Sätze), die überhaupt keinen Sinn ergeben. Und das Gleiche, was für sich gegenseitig bekämpfende Gurus und Lehrer gilt, gilt auch für Channels: Hab Acht!*

Und wieder einmal wurde ich Zeugin davon, wie bösartige Gerüchte durch Channels und ihre Gefolgschaft entstanden, nur aus dem Wunsch heraus, die Gefolgschaft zu vergrößern und damit gleichzeitig die Macht und den Geldbeutel.

Aber da gab es auch Momente von unübertroffener Klarheit. Ich hatte das Gefühl, als wenn ich endlich einen unumstößlichen Halt auf einem rutschigen spirituellen Weg erhalten hätte. Einen, den ich nie wieder verlieren würde. Was immer ich ausprobiert habe, um zu diesem Punkt zu kommen, im Nachhinein war es das alles wert. Und jetzt, so viele Jahre später, ist diese neue Realität so fest in meinem Bewusstsein, dass ich mich kaum noch erinnern kann, wie es ohne dieses Wissen war. Dieser Halt kam mit einem liebevollen Blick, dieses Mal auch auf mich selbst gerichtet, mit dem ich alle meine Fehler erkannte und mich trotzdem lieben konnte. Das nennt sich das Christus-Bewusstsein. Die Schritte dazu, die häufig nur eine kleine Veränderung des Bewusstseins bewirkten, waren entsetzlich schmerzhaft.

Stolperstein: *Wenn wir Glückseligkeit, Frieden oder spirituelle Selbsterkenntnis suchen, dann produziert das nicht automatisch Glückseligkeit oder Frieden.*

Im Gegenteil, sich nach etwas auf die Suche zu machen sorgt häufig dafür, dass alles in deinem Leben, was dem nicht entspricht,

hochkommt. Damit wir es nochmal betrachten, nachdenken, ver-
ändern oder es loslassen können. Dann beginnen wir, unser Leben
neu zu entscheiden – und damit unseren neuen inneren Kurs
und die Art, wie wir uns in Zukunft verhalten wollen.

Ich hatte mal einen Freund, der auf die Frage, wie es ihm
denn gehe, immer antwortete: ›Ich bin noch im Bau.‹

Ich glaube, dass die größte Schwierigkeit beim Erforschen der
Weisheit des Channels darin liegt, dass einige von ihnen nicht
weise sind. Aber können wir den Unterschied wirklich feststellen?
Manche geben die fürchterlichsten Ratschläge, einige mögen
nicht einmal richtig channeln, und manche, die channeln, sind
am Anfang großartig und werden dann später grässlich. Ich hatte
Glück oder genoss eine große Gnade – je nachdem, wie Sie es be-
trachten wollen –, dass ich einen Channel immer verließ, bevor
er durchzudrehen begann. Einer wurde vollkommen verrückt, als
die Klassengröße auf tausend Leute anschwoll. Die akkumulier-
te Energie war so unkontrollierbar, obwohl ja alle nur dasaßen
und zuhörten.

Dann fand ich einen anderen Channel, der mich Schritt für
Schritt durch einen Prozess führte, welcher mir half, meine
Aspekte, meine Puzzlestücke, in mir wiederzuvereinen. Die
Arbeit an mir hat dadurch erst richtig begonnen. Diese gechan-
nelte Wesenheit war nicht nur ein hervorragender Psychologe,
sondern er hatte das Christus-Bewusstsein, und er war auch
mein Freund, der mir half, durch einen schwierigen Prozess
durchzusteigen, bei dem mir oft die Luft ausging, um das Ge-
lernte auch wirklich anzuwenden. Grundsätzlich ist zu sagen,
dass ich mich selbst gefunden habe, zufriedener in meinem Leben
bin und immer weniger die Notwendigkeit sehe, außerhalb mei-
ner eigenen Wahrheit und Weisheit Rat und Führung zu finden.

Ich erinnere mich daran, dass ich einmal unglaublich frus-
triert war und mein körperloser Lehrer, der da von meinem
Freund gechannelt wurde und durch ihn sprach, mich an beiden
Schultern packte und mich hin und her schüttelte. Ich weiß noch,
wie ich mich fragte, was da wohl – durch das Schütteln – in mir
losgelöst werden sollte.

Und er meinte dabei: › Warum glaubst du, dass du alles erklä-
ren, alles herausfinden kannst?‹ Ich denke, das war der Zeit-
punkt, an dem ich endlich aufhörte, das Universum erklären zu
wollen.«

Was für eine Herausforderung Channeln doch ist! Nicht nur
für diejenigen, die channeln, sondern auch für diejenigen, die
sich Rat von einer »nicht in Menschenform lebenden Wesenheit« holen.

Eins fällt mir dabei immer wieder auf: Es gibt Gechannelte, die ausschließlich meine Fragen beantworten; und dann
gibt es wieder andere, die mir darüber hinaus einen Überblick
bieten.

Ich würde hier gerne ein relativ »normales« Beispiel nehmen, das eines Umzugs. Nicht jede Frage, die man einem
Channel stellt, geht um Leben oder Tod. Angenommen, Sie
wollen umziehen, weil Sie sich auf Dauer eine günstigere
Wohnung wünschen. Sie sind vor einem Jahr in diese neue
Stadt gezogen und hatten kaum Zeit, wirklich was zu suchen.
Sie fühlen sich sehr wohl in Ihrer Wohnung, doch die Miete,
obwohl Sie es sich leisten können, ist hoch, und eigentlich
möchten Sie gerne auf lange Sicht weniger zahlen.

Nach langem Suchen haben Sie endlich eine Wohnung gefunden, die sich »gut anfühlt«. Sie sind schon lange auf der

Suche, und was immer Sie vorher in der gleichen Preisklasse gesehen haben, war indiskutabel. Diese Wohnung, bei der auch schon einige andere Interessenten zum selben Termin anwesend waren, war sehr viel besser als die anderen, aber entsprach trotzdem nicht ganz dem Niveau Ihrer gegenwärtigen Bleibe. Sie wollten zum Beispiel schon eine eingebaute Küche, da Sie eigentlich keine Zeit haben, um noch eine neue zu bestellen – und da stehen nur ein magerer Ofen und eine seltsame Spüle drin. Schrankplatz ist in der ganzen Wohnung etwas knapp, aber da könnte man sich eventuell arrangieren, wenn man von dem einen Zimmer ein Stück wegnimmt und eine dünne Wand durchzieht. So entscheiden Sie sich ungewöhnlich schnell für diese Wohnung, da Sie sie nicht an einen anderen Mieter verlieren wollen.

Kaum ist der Mietvertrag unterschrieben, stellt sich eine gewisse Panik ein: »Habe ich mir das wirklich richtig gut überlegt? Diese neue Einbauküche kostet nicht nur viel Geld, sondern verlangt auch noch viel Aufmerksamkeit und viel Planung; und eigentlich habe ich sowieso schon so viel zu tun.«

Eine Woche später sind Sie immer noch nicht »freudig erregt«, und je mehr Sie über diese neue Wohnung nachdenken, desto unsicherer werden Sie. Ein Teil von Ihnen plant interessiert die neue Küche, aber Ihnen fällt trotzdem auf, dass Sie sich einfach nicht genug auf die neue Wohnung freuen.

Sie suchen bei einem gechannelten Wesen Rat und wollen wissen, warum Sie plötzlich so durchgeschleudert werden. Sie überlegen sich natürlich vorher sorgfältig Ihre Fragen. Also: »Habe ich mich für diese Wohnung zu schnell entschlossen?

Werde ich mich in dieser Wohnung wohl fühlen? Werde ich das Geld für den Kücheneinbau von meinem Nachmieter wieder zurückkriegen?«

Nehmen wir weiter an, dass Sie zwei unterschiedliche gechannelte Persönlichkeiten zur Auswahl haben und bei beiden einen Termin ausmachen. Dann wird Ihnen bei Ihrem Termin mit dem gechannelten Wesen A vielleicht Folgendes geantwortet:

Channel A: »Ja, wie du selbst weißt, hast du dich schnell entschlossen und dich damit selbst unter Druck gesetzt aus Angst, dass du die Wohnung sonst verlierst. Das wäre nicht notwendig gewesen. Was dir Schwierigkeiten bereitet, ist das Gefühl, dass du zu viel für die Veränderungen bezahlen musst; und du machst dir deswegen viele Vorwürfe. Diese Selbstvorwürfe sind ebenfalls nicht notwendig.«

Zur nächsten Frage, ob wir uns in dieser Wohnung wohl fühlen werden, mag die Antwort lauten: »Wenn du das Gefühl gehabt hättest, dass diesbezüglich ein Zweifel besteht, dann hättest du die Wohnung nicht genommen. Du weißt aus deiner eigenen Erfahrung, dass du immer eine wohnliche Atmosphäre um dich herum geschaffen hast. Das wird dir auch hier gelingen.«

Und zur letzten Frage, ob das Geld für die Einbauküche wieder zurückkommt: »Sei dir bewusst, dass du nicht zu viel Geld für die Küche ausgeben sollst. Solange du deine Ausgaben in einem bestimmten Rahmen hältst, wird dir das gelingen. Deine Tendenz ist, alles so schön wie möglich zu machen, und dein Geschmack ist teuer.«

Dieser Channel A beantwortet also genau unsere Fragen.

Channel B sieht sich als Informant und Hilfesteller einer anderen Aufgabe zugewiesen. Er wird uns zusätzliche Informationen liefern. Meistens in einem Dialog und mit Gegenfragen:

Frage: »Habe ich mich für diese Wohnung zu schnell entschlossen?«

Channel B: »In dir tobt ein Kampf, in dem du unsicher bist, ob du die für dich richtige Entscheidung getroffen hast.«

Frage: »Ja, warum ist das so?«

Channel: »Was ist es, was dich an dieser neuen Wohnung am meisten beschäftigt?«

Frage: »Die Liste von all den Dingen, die ich zu erledigen habe. Eine Küche aussuchen mit Kühlschrank, Waschmaschine, Herd. Wo ich was hinstelle. Dann habe ich nicht genug Schrankplatz und muss da auch noch umbauen. Ich habe im Moment so viel um die Ohren, dass mich das eher abschreckt.«

Channel: »Deine Persönlichkeit findet Gefallen daran, Lebensräume zu gestalten. Warum, glaubst du, findest du diesen Gefallen dieses Mal nicht?«

Nachdenkend und dann nach einer Weile: »Ich wollte eigentlich weniger arbeiten. Ich wollte mehr Zeit für meine Hobbys und meine Freunde haben; und jetzt weiß ich schon, dass ich mich die nächsten zwei, drei Monate um die handwerklichen Sachen kümmern muss. Ich bin, glaube ich, einfach zu erschöpft und habe deswegen keine Lust.«

Channel: »Ah! Was könnte also die Alternative sein?«

Frage (abwartend): »Vielleicht nicht umziehen?«

Channel: »Was würde es dir bringen, wenn du nicht umziehst?«

Frage: »Ich würde auf jeden Fall weniger Arbeit haben und weniger Stress. Klar, ich zahle jetzt mehr Miete, aber dafür habe ich auch nicht die Ausgaben für diese Küche; und in meiner jetzigen Wohnung fühle ich mich sehr wohl.«

Channel: »Hast du denn nicht auch in der letzten Woche sehr viel häufiger über Geld nachgedacht?«

Frage: »Ja. Ich habe bemerkt, wie ich mir Sorgen mache, dass ich ja nicht zu viel Geld für diese Küche ausgebe.«

Channel: »Du bist also von einem Gefühl des Wohlstandes zu einem Gefühl des Mangels gekommen.«

Frage (erschrocken): »Das ist wahr. Ich stellte plötzlich fest, dass ich mein Geld zusammenhalten will, und machte mir darüber Sorgen. Ich glaube, ich bleibe einfach da, wo ich bin, und erfreue mich daran, dass ich so eine schöne Wohnung habe.«

Beide gechannelten Informationen sind wahr: die eine wie die andere. Hätten wir uns zu diesem Umzug entschlossen, dann hätten wir die Wohnung auch schön hergerichtet und uns dabei wohl gefühlt. Der zweite Channel gibt mir aber deutlich mehr Informationen. Ich erkenne, warum ich bestimmte Entscheidungen getroffen habe. So banal sie auch sein mögen: Ich habe aber dadurch mehr an Weisheit und mehr an Selbsterkenntnis gewonnen.

Eine der Herausforderungen bei gechannelten Informationen liegt also in der Fragestellung. Wie wir fragen, beeinflusst entscheidend die Antworten. Bei dem Beispiel haben wir uns schon für den Umzug entschlossen. In unseren Wünschen war kein Platz für die Frage, ob wir vielleicht ganz auf den Umzug verzichten sollen. Wir haben uns dazu entschlossen und wollten eigentlich nur Gewissheit haben, dass wir keine dumme Entscheidung mit kostspieligen Folgen getroffen haben. Wenn der Channel, zu dem wir gehen, ein Channel von der Persönlichkeit A ist, dann ist es äußerst wichtig, dass wir die Fragen noch sorgfältiger vorbereiten. Wir könnten zum Beispiel anfügen: »Was würde passieren, wenn ich mich nicht für diese Wohnung entschlossen hätte?«, »Ist es überhaupt notwendig umzuziehen?« oder »Warum will ich eigentlich so dringend umziehen?« – und so weiter.

Eine andere wichtige Notwendigkeit ist das Nachfragen bei gechannelten Informationen. Wenn wir etwas nicht verstehen (und das kommt nun mal häufig vor), dann müssen wir nachhaken. Der Gechannelte wird deswegen nicht beleidigt sein. Im Gegenteil, er wird sich freuen, dass er es erklären kann. Es ist nicht automatisch anzunehmen, dass ein Gechannelter uns »ansieht«, ob wir etwas verstanden haben oder nicht. Häufig ist der Prozess des Nachdenkens nicht abgeschlossen, wenn wir die Antwort oder den Vorschlag gehört haben. Wir denken weiter darüber nach. Doch wenn uns gleich von Anfang an etwas unklar ist, dann nutzt uns die Information nur wenig, und wir werten sie anders aus.

Ich hatte einmal bei einem Gechannelten, den ich sehr schätze, das Gefühl, als ob er nicht richtig durchkomme. Gleich als ich dem Channel gegenübersaß, er die Augen geschlossen und kurz danach wieder geöffnet hatte, tauchte in mir plötzlich der Gedanke auf: »Er ist nicht drin.« Zuerst wollte ich es nicht glauben, doch schon nach kurzer Zeit bestätigte sich die Nachricht meiner Engel: Nach jahrelangen wunderbaren Antworten waren diese plötzlich seltsam. Er schien überrascht zu sein von meinen Entscheidungen und riet mir Dinge, die ich schon längst abgeschlossen hatte. Fast jeder Rat hörte sich falsch an.

Gegen Ende des Termins hatte ich urplötzlich wieder das Gefühl, dass er durchkommt und ganz und gar präsent ist, und seine letzten Worte haben mich tief berührt. Der Rest war für mich nicht verwertbar. Und so ließ ich es denn. Ich verließ mich auf meine Intuition, und das ist meiner Meinung nach die wichtigste Herausforderung, wenn wir gechannelte Informationen aufnehmen. Wir müssen auch hier ein aufmerksames Bewusstsein bewahren. Wir können uns letztendlich am ehesten auf unseren eigenen Rat verlassen. Denn auch wenn viele Informationen stimmen, müssen es doch nicht alle sein. Wie wir sehen, gibt es nun mal keine hundertprozentig sicheren Ratschläge, selbst wenn wir bereits lange unseren spirituellen Weg gehen.

Wie ist das mit Spiritualität und Sexualität?

Vor Jahren war ich auf einer Konferenz für »Frauen mit Visionen« und traf dort auf einen Mann, der mir anbot, durch tantrischen Sex mit ihm zu höheren spirituellen Gefilden aufzusteigen. Er habe gleich gesehen, dass ich das »Zeug« dazu hätte.

Ich war erst einmal baff, weil ich zunächst annahm, dass er mich nach dem Weg zum Konferenzraum hatte fragen wollen – und weil solch ein Angebot doch normalerweise zumindest erst nach ein paar höflichen Floskeln, einem Glas Wein oder nach dem Austausch tiefer Blicke kommen würde ... Als mir die stumme, dunkelhaarige Frau neben ihm auffiel, stellte er sie als seine Ehefrau vor. Nach meiner offensichtlich nicht erleuchteten Frage, was diese denn davon hielte, antwortete (natürlich) er, dass sie damit einverstanden sei. Sie schaute dabei zu Boden. Glücklich schien sie mir allerdings nicht zu sein. Offensichtlich hatte sie die höheren spirituellen, selig machenden Gefilde durch ihren Mann noch nicht erreicht.

Wenn ich bedenke, dass ich diesen Herrn vorher noch nie gesehen hatte, war ich schon erstaunt, wie schnell er bei mir ein spirituelles Potenzial entdecken konnte, das mit seiner potenten Hilfe auf die Sprünge gebracht werden kann. Ich lehnte es ab mit den Worten (die ich sogar relativ ernst von mir geben konnte), dass ich alle spirituellen Höhen, die man in der Sexualität erreichen kann, schon erreicht habe und dass ich es zurzeit mit Süßigkeiten versuche. Ob er denn das schon mal probiert habe? Daraufhin bot ich ihm und seiner Frau von meiner Schokolade an.

Er meinte, milde den Kopf schüttelnd, dass ich darüber keine Witze machen sollte. So weit müsste ich doch mindestens schon sein. Offensichtlich wusste ich nicht, was mir da entginge. Ja, das habe ich wirklich nie erfahren.

Sex ist gerade in spirituellen Kreisen ein hochexplosives Thema. Entweder hat man ihn gar nicht mehr (um so die ungenutzte Energie des körperlichen Orgasmus zum Erreichen des spirituellen Orgasmus, der Erleuchtung, zu benutzen), oder Sex ist das Mittel, um zur Erleuchtung zu kommen – oder Sex ist ausschließlich heilig: mit vorherigem Gebet, tantrischem Atem und diversen Regeln. Bei manchen ist Sex kaum mehr vorhanden, »weil man schon darüber hinaus ist«. Sexuelle Fantasien hat man sich ebenso abgewöhnt wie sexuelle Spielereien.

Meine Therapeutin Vera hat noch eine ganz andere Theorie: Ihrer Meinung nach sagt der Stand der Sexualität immer etwas über den Stand der Beziehung, der Ehe aus. Wenig bedeutet für sie immer: weniger innig, weniger erfüllt. Mehr Sex bedeutet nach ihrer Erfahrung einen tieferen, interessierteren gemeinsamen Austausch. Also kaum noch Sex, kaum eine Verbindung. Wobei Vera damit nicht von den Ehen spricht, die sich in ein freundschaftliches Verhältnis verändert haben, in denen Sex nicht mehr existiert. Das ist für sie keine erfüllte Ehe. Das ist eine Freundschaft, also eine andere Form des Zusammenlebens.

Ich bin keine Sexualtherapeutin und werde mich hüten, irgendwelche schlecht fundierten Kommentare dazu abzugeben. Jeder von uns macht seine eigenen sexuellen Erfahrungen. Wir ahnen oder wissen alle, dass es ohne Hingabe, ohne Zärtlichkeit, ohne sich in die Augen zu schauen, ohne wirklich und komplett anwesend zu sein, einen wenig erfüllten Austausch gibt. Ich selbst habe Jahre gebraucht, um meine Orgasmen nicht mehr vorzutäuschen, sondern sie auch zu haben. Ich war viel zu sehr daran interessiert, dass mich der andere für eine gute Liebhaberin hält, als dass ich wirklich Sexualität hätte genießen können. Außerdem fiel mir Geben immer schon leichter als Nehmen. Es war für mich, für lange Jahre, mehr oder weniger Schauspielerei. Ich hatte auch ein paar One-Night-Stands, die ich recht zügig wieder aufgab. Ich fühlte mich einfach anschließend zu schlecht.

Ich glaube, es ist wichtig, dass man für seine eigene Sexualität und sein Lustempfinden verantwortlich ist. Das bedeutet eben auch das Sich-selbst-Kennenlernen und den Austausch mit dem Partner, damit er oder sie wissen, was uns gefällt und was nicht. Wir wissen natürlich ebenso, dass Sexualität ein Austausch von Energien ist. Zwei Menschen verbinden sich, und in dieser Verbindung liegt die Sehnsucht nach Einigkeit. Nicht nur nach einer Einigkeit mit dem Partner, sondern auch nach einer Einigkeit in Gott. Dieser Austausch ist etwas Heiliges. Bei Frauen hat diese Verbindung noch eine zusätzliche Bedeutung: Wir nehmen wahrlich etwas auf. Und dieses Aufgenommene bleibt bei uns.

Welche Energien wollen wir wirklich aufnehmen? Ist der Kerl, der da sehr cool und sexy an der Bar steht, es wirklich wert, dass wir das, was er in uns zurücklässt, eine Weile mit uns herumschleppen? Und vor allen Dingen: Kennen wir ihn gut genug, um zu wissen, was da eigentlich in uns zurückgelassen wird? Wenn ich gefragt werde, dann rate ich: »Wenn du ihn nicht segnen kannst, dann schlaf nicht mit ihm.«

Die Zärtlichkeiten, die Leidenschaften, die langsame, nicht enden wollende Lust, das alles sind Dinge, die für die meisten zu einem erfüllten Leben dazugehören. Mag sein, dass es welche unter uns gibt, die nun wirklich schon so viel großartigen Sex hatten, dass sie damit fertig sind und den Rest ihres Lebens lieber ohne verbringen wollen.

Sex hat etwas mit Lust zu tun. Häufig nicht zu trennen von den anderen menschlichen Genüssen: essen, trinken, sich verwöhnen lassen.

Gandhi sagte, dass man auch die sexuellen Instinkte kontrolliere, wenn man seinen Appetit aufs Essen zügeln könne. Er sprach von seinem eigenen Kampf mit der Keuschheit als etwas Schwierigem:

»Wenn Keuschheit eine Sache von immer weiter gehender Freude ist, so hoffe ich doch, dass niemand glaubt, dass das einfach für mich war. Ich bin jetzt über sechsundfünfzig Jahre alt, und mir ist klar, wie schwer das ist. Jeden Tag wird es mir bewusster, dass die Keuschheit wie ein Spaziergang auf der Schneide eines Schwertes ist, und ich sehe jeden Moment die Notwendigkeit für ewige Wachsamkeit.

Die komplette Kontrolle des Geschmackssinns ist der wichtigste Schritt, um sein Versprechen nach Keuschheit zu erfüllen. Mir *ist aufgefallen, dass, wenn ich meinen Geschmackssinn kontrollieren kann, es sehr viel einfacher ist, mein Versprechen der Keuschheit zu halten. Deshalb beobachte ich meine diätetischen Experimente nicht nur von dem Blickwinkel eines Vegetariers, sondern auch von dem Blickwinkel eines Brahmacharis (keuschen Mannes) aus.«* [*]

Im Gegensatz zu den Worten Gandhis beschreibt Richard Sipe, aus dessen Buch *Celibacy in Crisis* dieses Zitat stammt, auch Aussagen von Priestern, die sich in der christlichen Religion dem Zölibat versprochen haben. Für einige ist es genau umgekehrt: Sie finden es wichtig, sich wenigstens andere Genüsse zu erfüllen. Statt Sexualität erlesenes Essen, gute Musik, Kunst, Theater.

Im christlichen Abendland wird verkündet, Jesus habe ohne Frau gelebt. Einige behaupten, Maria Magdalena sei seine Gefährtin gewesen, aber das ist natürlich ebenso reine Spekulation wie die Annahme, er habe keusch gelebt. Wir sind aufgewachsen mit »der Sünde des Fleisches«, und Sexualität ist selten als etwas Natürliches, Schönes und Lebensbejahendes dargestellt worden. Immer lag etwas Drohendes darüber: Das fing schon mit Eva und der Schlange an und ging weiter mit den eventuellen ungewollten Schwangerschaften, Abtreibungen, Krankheiten und einer Sexualität, die nur innerhalb der Ehe erlaubt ist.

Obwohl wir uns intellektuell vielleicht davon trennen wollen, so ist der Einfluss doch unterbewusst spürbar. Gerade die unterschwellige Erwartung, wie man als spiritueller

---

[*] A. W. Richard Sipe: Celibacy in Crisis, Brunner-Routledge 2003.

Mensch mit der Sexualität umgeht oder sie erlebt, ist enorm: Priester müssen beziehungsweise sollen keusch leben. Wahre spirituelle Meister lieben jedermann gleich. Und wenn wir uns dann für Sexualität entscheiden, genügt ein »normaler« Orgasmus nicht mehr. Da müssen schon himmlische Engelschöre auffahren und diverse außerkörperliche Erfahrungen dazugepackt werden.

Ich frage mich, ob es wirklich so ist, dass umgeleitete sexuelle Energie zu einer schnelleren Erleuchtung führt. Zu einem besseren, glücklicheren Leben. Natürlich weiß ich, dass jeder seine eigenen Entscheidungen trifft, was er in diesem Leben erleben will – mit der Hilfe und Unterstützung Gottes natürlich, aber trotzdem gibt es da ja noch unsere freie Wahl. Und wenn ich mir anhöre, was Gandhi dazu zu sagen hat, frage ich mich, wozu? Ist Selbstkasteiung wirklich etwas, was uns weiterbringt? Verschwenden wir dadurch nicht große Kräfte, unseren Gaumen zu bezwingen, statt diese Kräfte woanders einzusetzen? Ich denke mir, dass Gandhi da die löbliche Ausnahme ist. Ihm war es offensichtlich gleichzeitig möglich, sich mit der gleichen Kraft auf seinen Körper und den Wunsch nach Kontrolle der Lust zu konzentrieren wie auf seine Mitmenschen und seine Aufgabe.

LD Thompson schreibt über seine Versuche der Keuschheit Folgendes:

»Es war am Anfang meines leidenschaftlichen Forschens nach spiritueller Perfektion, als ich von New York City in eine Holzhütte in den Wäldern des Nordwestens zog. Ich hatte dort nicht viel zu tun, außer zu meditieren, am Strand des Pazifiks spazieren zu gehen und noch mehr zu meditieren. Ich ging kaum in

den nächsten Ort, und deswegen hörte ich auch auf, mich zu rasieren. Dann überlegte ich mir, ob ich nicht nur aus reiner Eitelkeit Sport machte, und hörte damit auf. Und nach kürzester Zeit hatte ich nicht nur einen Vollbart, sondern auch zwölf Kilo zu viel auf den Rippen.

Ich tat das, um mich besser zu verstehen. Ich wollte wissen, wer in mir ... und vor allen Dingen durch was in mir ich meine Entscheidungen treffe. Will ich mich deswegen pflegen, weil ich es so will, oder mache ich es für die anderen? Suche ich mir bestimmte Klamotten aus, weil sie mir gefallen oder weil sie einen bestimmten Effekt auf die anderen haben?

Ungefähr zur selben Zeit beschloss ich, keusch zu leben. Man hat ja von alten verstorbenen Meistern und großartigen Lehrern gehört, dass sie keusch gelebt haben und dass das Vorteile für das spirituelle Leben haben soll. Ich hatte gehört, dass, wenn man keusch lebt, die Energie nicht mehr ›verschwendet‹ wird. Wenn man keusch lebt, dann hilft diese nicht ausgelebte sexuelle Energie, die hellsichtigen Fähigkeiten zu schärfen, und man bekommt heilende Kräfte. Ich war begeistert.

Am Anfang war das nicht besonders schwer. Schließlich lebte ich allein in einer Hütte ohne weitere Stimulierung. Ich hatte nicht einmal einen Fernseher. Nach ein paar Tagen begannen die ersten Schwierigkeiten. Ich ertappte mich dabei, wie ich mich sexuellen Fantasien hingab und es nicht einmal merkte, wenn ich damit anfing. Das dauerte eine Weile, bis ich darüber Kontrolle gewann, und so brachte ich meine Gedanken zurück auf spirituelle Themen.

Allerdings begannen meine richtigen Schwierigkeiten zirka zwei Monate später: Ich wachte auf, und obwohl ich verzweifelt versucht hatte, im wachen Zustand keine sexuelle Energie zu verschwenden, musste ich in meinen Träumen doch sehr aktiv gewesen sein. Ich hatte einen feuchten Traum. Ich hatte so was nie als Teenager, und hier fand ich mich in meinen Dreißigern und hatte meinen ersten. Wieder bemühte ich mich, alle Gedanken an Sexualität loszuwerden, und es gelang mir wohl auch. Allerdings passierte drei Wochen später dasselbe noch mal: wieder ein ›wet dream‹, ob es mir passte oder nicht.

Ich kämpfte und kämpfte für sechs Monate, und endlich, endlich fragte ich in meinen Meditationen Solano danach.

Er sagte das: ›Es ist wichtig, dass du deinen Körper verstehst und seine Sehnsüchte. Es ist wichtig, dass du dich zur Grenze deines Bewusstseins bewegst. Dass du verstehst, wer du bist als spirituelles Wesen, als Körper, als Persönlichkeit. Wo bist du nur Ego, wo reagierst du nur aus Gewohnheit?

Im Laufe deines Lebens wirst du immer wieder vor Herausforderungen stehen, die dich schon als Kind begleitet haben: Welche deiner Spielzeuge interessieren dich noch? Welche willst du behalten? Welche loswerden? Das sind die Dinge, mit denen du dich zurzeit auseinandersetzt. Eines Tages werden diese Spielzeuge nicht mehr existieren. Denn du hast gelernt, was du von ihnen lernen wolltest, und du wirst woanders nach Spielzeug suchen.

Deshalb, mein Freund und Meister, würde ich dir Folgendes vorschlagen: Sei in deiner Sexualität immer mit Ehrenhaftigkeit dabei, nimm es als einen heiligen Akt an. Sei dir immer klar, dass diese Sehnsucht die Sehnsucht ist, sich mit dem Göttlichen zu verbinden. Jeder Aspekt von dir nimmt Kontakt auf mit der Quelle, aus der du kommst; und so wirst du deine Schwingungen erhöhen in einer sexuellen Verbindung. In einer idealen Partnerschaft findet der sexuelle Austausch mit diesem Wissen und mit dieser Ehrenhaftigkeit statt.‹

Und damit ließ ich mein Erlebnis mit der Keuschheit hinter mir. Aber diese Erfahrung half mir, meine Sexualität in meine Spiritualität zu integrieren, und jetzt ist mein sexueller Ausdruck ein vollkommen integraler Teil meines spirituellen Wachstums. Und nicht, wie vorher, etwas Separates.«

In seinem bereits zitierten Bestseller *Celibacy in Crisis* beschreibt der ehemalige römisch-katholische Priester und Psychotherapeut A. W. Richard Sipe, wie er sich die letzten vierzig Jahre mit dem Zölibat beschäftigt hat. Er schreibt nicht nur über sein eigenes zölibatäres Leben während seiner Jahre als Priester, er führte auch über fünfundzwanzig Jahre Interviews und Gespräche mit mehr als anderthalbtausend Priestern, ihren eventuell vorhandenen sexuellen Partnern oder sogar Opfern.

In seinem Buch beschreibt er unter anderem einen jungen Mann, der vor der Priesterweihe steht und natürlich dabei nicht nur an Gott, sondern auch an das Zölibat denkt. Da er sich sehr jung für das Priesteramt entschlossen hatte, war er ziemlich naiv, was Sexualität anging, und nahm an, dass jeder sexuelle Akt in einer Schwangerschaft endet. Da er sah, dass das durchschnittliche Ehepaar zwei bis drei Kinder hatte, dachte er, dass er beim Entsagen der Sexualität ja nur auf zwei oder drei Male im Leben darauf verzichten würde. Und das schien ihm kein so großes Opfer zu sein. Erst sechs Jahre später wurde ihm sein Irrtum bewusst.

Sipe fand natürlich auch Priester, die sich sehr wohl darüber im Klaren waren, worauf sie verzichteten. Der rote Faden, der sich durch ein erfolgreiches Zölibat zieht, ist folgender: Arbeit, die einen vollkommen fordert, anderthalb bis zwei

Stunden täglich Gebete, eine enge Gemeinde oder Gemeinschaft mit anderen, kaum Alkohol, eine Stabilität und – besonders auffällig – eine Ordnung nicht nur im Charakter,
sondern besonders im alltäglichen Leben.

Der Autor geht übrigens davon aus, dass nur ungefähr zwei
Prozent derjenigen, die sich auf das Zölibat eingeschworen
haben, auch wirklich zölibatär leben.

Offensichtlich ist dies sehr schwer zu erreichen. Ich würde
mir wünschen, dass die Enthaltsamkeit nicht eingefordert
wird und eine rein persönliche Entscheidung sein kann.

Warum will ich plötzlich nicht mehr so viel über Gott reden?

Die Dame, die da neben mir im Flugzeug saß, wollte reden. Sie schaute mich aufmunternd an, und ich begrüßte sie höflich. Ich hoffte, dass man mir meine Abneigung einem Gespräch gegenüber nicht ansah. Ich wollte sie schließlich nicht verletzen.

Wenn ich allein fliege, genieße ich die Stille und Ruhe auf so einem Elf-Stunden-Flug von Los Angeles nach Deutschland, wo ich damals lebte.

Ich hatte ein Buch dabei, ebenso meine Musik, und bereitete mich darauf vor, mich durch sämtliche deutschen Magazine zu schmökern. Doch an meinem gemütlichen Lesen wurde ich durch die Sitznachbarin erst mal gehindert. Was ich denn so mache, wollte sie wissen, und ich sagte ihr, dass ich Bücher schreibe. »Worüber denn?«, fragte sie, und ich zögerte. »Ich schreibe über Spiritualität.« Neugierig schaute sie mich an, und ich merkte, dass sie sich gedanklich ihren Fragenkatalog zurechtlegte.

Das hatte ich befürchtet. Ich begann mich unwohl zu fühlen. Jahrelang hatte es mir großen Spaß gemacht, über Gott zu reden oder über meine Bücher. Ich erinnerte mich daran, wie ich vor ein paar Jahren beschlossen hatte, meine

Belehrungen endlich abzulegen. Ich gewöhnte mir an, nur in kurzen Sätzen zu antworten. Früher benutzte ich jede Gelegenheit, um ohne Pause selbst auf die harmloseste Frage ewig lang und mit prall gefüllten Sätzen einzugehen. In meine Antworten schob ich geschickt weitere spirituelle Informationen hinein – natürlich immer ungefragt. Zum Beispiel erklärte ich auch gleich in diversen angefügten Halbsätzen, was der Sinn des Lebens ist, wie die Welt funktioniert oder warum Reinkarnation so wichtig ist. Wenn der andere nur den »Fehler« machte, sich irgendwie weiter interessiert zu geben (und ich nahm jedes auch noch so kleine Zeichen als höchstes Interesse wahr, selbst ein verzweifelt gemurmeltes »Hm«), fuhr ich mit meinen Ausführungen fort.

Später ermöglichten es meine kurzen Antworten dem Gesprächspartner hingegen, sich darüber klar zu werden, ob er denn wirklich mehr von mir hören wollte. Manche mochten es, manche mochten es nicht. Irgendwann gelang es mir, das einfach so hinzunehmen. So erwiderte ich auch die erste Frage meiner Nachbarin im Flugzeug (»Wie sind Sie denn dazu gekommen, Bücher über Spiritualität zu schreiben?«) mit einem kurzen »Durch Schmerzen«.

Ich konnte sofort sehen, dass sie mehr wissen wollte, trotzdem gab ich auch zögernd die Antworten auf ihre nächsten Fragen. Ich wollte nicht über meine spirituelle Arbeit reden. Ich hatte es schon Tausende Male getan. Irgendwie wurde meine Spiritualität privater. Damals wusste ich noch nichts über die unterschiedlichen spirituellen Phasen. Ich wollte lieber über andere Dinge reden. So sagte ich es ihr einfach.

Sie war überrascht.

Ich war erleichtert.

»Das ist aber ungewöhnlich«, meinte sie nach einer kurzen Pause, »die meisten Leute, die sich mit Gott beschäftigen, sind immer ein bisschen – na, wie soll ich sagen? – belehrend«, fügte sie fast entschuldigend hinzu.

»Ja«, seufzte ich, »da kannte ich auch mal eine …«

Irgendwie fühlt man sich fast schuldig. Da trifft man jemanden, der gehört hat, dass man sich für Engel interessiert, und da heißt es sofort: »Sie müssen unbedingt meine Freundin Soundso kennenlernen. Die ist genau so wie Sie.« Dabei bedeutet das »Genau so wie Sie sein« auf jeden Fall erst einmal etwas Ungewöhnliches, wenn nicht gar etwas ganz Seltsames. Fast wie wenn man eine Person ohne Daumen mit einem anderen Bekannten ohne Daumen zusammenbringen möchte: »Ihr habt euch bestimmt viel zu erzählen.« Nach dem Vorschlag, doch unbedingt »Soundso« zu treffen, nickt man dann höflich und versucht, schnell das Thema zu wechseln.

Was der Gesprächspartner nicht ahnt, ist, dass wir nicht so wenige sind. Jeder, der sich bereits lange mit spirituellen Themen beschäftigt, hat nicht mehr das Bedürfnis, sich dauernd darüber auszutauschen. Das hat er nämlich schon über viele Jahre getan. Da wir endlich erkannt haben, dass man andere nicht mehr überzeugen will. Weil wir uns auch schon vor einer Weile das Missionieren abgewöhnt haben, haben wir ebenfalls kein Interesse mehr daran, den Gesprächspartner zu einem spirituellen Leben überzeugen zu wollen.

Was also bleibt? Der Glaube zieht sich ins Private. Er hat sich dort niedergelassen, weil er sich im Äußeren schon ausgetauscht hat. Jetzt ist vieles selbstverständlich geworden. Die täglichen Gebete. Das Segnen des Essens. Meditationen.

Kontrolle der Gedanken. Mitgefühl. Hilfsbereitschaft. Selbsterkenntnis. Das heißt nicht, dass wir fertig sind. Solange wir leben, wird es Seelen-Hausaufgaben geben. Und doch hat die Selbstverständlichkeit etwas Süßes. Sie kommt mit der Gelassenheit, die wir uns doch so gewünscht haben; und jetzt, wo sie da ist, ist sie uns fast nicht aufgefallen.

Die Perle als Stolperstein oder
Was haben wir gelernt?

Als ich in Kalifornien lebte, abonnierte ich das *Utne*-Magazin. Es ist eines der Magazine, die immer ungewöhnliche Artikel haben, neue Gedanken diskutieren und interessante Auffassungen wiedergeben. *Utne* sieht sich als Stimme für eine alternative und unabhängige Presse. Die Themen reichen von Umwelt bis Wirtschaft, von Popkultur bis Politik. Im April 2004 schrieb Nina Utne eine Kolumne, die mich sehr beeindruckt hat und die ich mit ihrer Erlaubnis hier wiedergebe (der Titel allein – »Was ich in fünfzig Jahren gelernt habe« – hat mir schon sehr gefallen):

»Weihnachten wurde ich fünfzig Jahre alt, und beim ehrenwerten Rückblick auf ein halbes Jahrhundert erkenne ich die Landschaft meines Lebens in allen möglichen subtilen Schattierungen, die – je älter ich werde – immer weniger schwarz und weiß sind. Das überrascht mich. Ich hatte nicht erwartet, dass meine mittleren Jahre mir solch moralische Grautöne präsentieren würden.

Als ich in einen Kindergarten kam, der auf einem Bauernhof untergebracht war, stellte ich schnell die Verbindung her zwischen dem Essen von Fleisch und dem Töten von Tieren. Ich wurde mit drei Jahren Vegetarier, und damit entwickelte ich

mich auch zu einem Geschöpf mit unumstößlichen Moralvor-
stellungen. Immer wieder versucht, die Grenze zwischen Richtig
und Falsch genau zu definieren.

Mit Mitte dreißig trank ich weder Alkohol noch Kaffee, nahm
niemals Drogen zu mir – weder auf Rezept noch zum Vergnügen
oder zur Entspannung –, aß kein Fleisch, war neurotisch, obses-
siv, intolerant, selbstgerecht und hatte dazu noch fürchterliche
Migräne. Zu diesem Zeitpunkt ließ ich mir auch noch vier Weis-
heitszähne nur unter Hypnose ziehen. Die Zähne bin ich zwar
ganz gut losgeworden, aber irgendetwas anderes wuchs in mir.
Als ich später noch mal zum Zahnarzt gehen musste, um zwei
kleine Löcher gefüllt zu bekommen, war ich steif vor Angst. Mein
Zahnarzt, der auch ein Freund war, schlug vor, dass ich doch
Lachgas ausprobieren sollte.

Als ich dem nach langem Hin und Her endlich zugestimmt
hatte, veränderte sich damit etwas in meinem Leben. Mir wur-
de klar, dass durch meine Sturheit in moralischen Fragen giftige
Emotionen produziert wurden, die wahrscheinlich körperlich
schwerer zu verdauen waren – nicht nur für mich, sondern auch
für meine Mitmenschen – als irgendeine andere Substanz.

Nach außen hatte ich mich nicht verändert, aber mir fiel auf,
dass es sich bei den Leuten, die das Leben am meisten zu ge-
nießen scheinen und spirituell am höchsten entwickelt sind, um
diejenigen handelt, die sich am wenigsten von starren Dogmen –
was ›richtig‹ oder ›falsch‹ ist – einengen lassen.

Ich musste an den Bauern in Wisconsin denken, der mir mit
Tränen in den Augen erzählte, dass er die Köpfe seiner Schwei-
ne streichelt und ihnen etwas vorsingt, wenn der Metzger sie
tötet. Ich musste an die wichtigsten und beeindruckendsten spiri-
tuellen Lehrer denken, die ich in meinem Leben so kennenge-

lernt hatte, und einige von ihnen aßen Fleisch, rauchten, tranken, nahmen gelegentlich Marihuana zu sich oder amüsierten sich anderweitig, alles Dinge, die ich vor meinem letzten Zahnarztbesuch verdammt hätte.

Eine selbst auferlegte Regel nach der anderen ist in meinem Leben weggefallen. Eines Tages wurde mir ein Fleischgericht vorgesetzt, das jemand mit sehr viel Liebe zubereitet hatte; und mir wurde klar, dass es das einzig Richtige in diesem Moment war, diese Gabe anzunehmen – obwohl ich mein Leben lang Vegetarier gewesen bin. Und genau das tat ich. Seit diesem Essen nehme ich gelegentlich Fleisch zu mir (von organisch ernährten und frei laufenden Tieren); deswegen bin ich jetzt wohl auch kein Vegetarier mehr.

Mir sind die Tiere noch genauso wichtig, wie sie es mir als Dreijährige waren. Und natürlich weiß ich jetzt sehr viel mehr über all die Streitfragen zum Fleischkonsum; deswegen kann ich intellektuell auch meine Veränderung in meinen Essensgewohnheiten nicht rechtfertigen. Ich kann nur sagen, dass es sich richtig anfühlt. In diesen Tagen scheint das einzig Wichtige zu sein, sich ein offenes und weites Herz zu bewahren.

Wir haben zurzeit ein hervorragendes Beispiel darüber in meinem Utne-Magazin. In meiner letzten Kolumne schrieb ich darüber, dass wir ab jetzt eine Tabakanzeige im Heft akzeptiert haben, und alberte darüber, dass mein gelegentliches Rauchen zusammen mit meinen Yoga-Übungen vielleicht ein Zeichen meiner Flexibilität sind. Daraufhin erhielt ich einige Leserbriefe – die meisten waren vom Ton her nicht ärgerlich, sondern eher überrascht und enttäuscht von unserer Entscheidung.

Also, so sehe ich diese moralisch fragwürdige Angelegenheit: Ja, die Anzeige gibt unserem Magazin dringend notwendiges Einkommen, aber ich würde sie trotzdem nicht annehmen, wenn ich der Meinung wäre, dass es moralisch falsch sei. Und doch kann ich nicht hundertprozentig sagen, dass ich keine Zweifel an unserer Entscheidung hege, eine Zigarettenanzeige ins Magazin zu nehmen. Ich bin nicht fürs Rauchen, und ich will auch nicht, dass meine Kinder rauchen. Und wahrscheinlich wären Leute, die rauchen – selbst wenn es nur wenig ist –, gesünder, wenn sie es nicht täten. Aber trotzdem glaube ich, dass es möglich ist, nur ab und an zu rauchen und nicht gleich daran zu sterben, und dass dies nicht fürchterlich abstoßend ist.

Vor ein paar Tagen, als ich über das alles nachdachte, las ich einen Kommentar von einem Arzt, der in einem alternativen Gesundheitsmagazin schrieb, dass Margarine viel ungesünder als Zigaretten sei.

Und doch, wenn unsere Leser mir von den Leiden schreiben, die Raucher und ihre Familien durchmachen müssen, dann frage ich mich immer wieder, ob ich richtig gehandelt habe. In der Tiefe meines Herzens glaube ich nicht, dass das Abbilden dieser Tabakanzeige irgendjemanden dazu bringen wird zu rauchen, der das nicht sowieso schon tut. Und für die Leute, die rauchen, ist es wahrscheinlich besser, zu einem organischen und puren Tabak zu wechseln. Wir werden diese Anzeige also erst einmal im Magazin lassen.

Der persische Weise Rumi schrieb: ›Außerhalb der Ideen, was richtig und falsch ist, liegt ein weites Feld. Lass uns dort treffen.‹«

Ist das nicht eine wundervolle Vorstellung, sich dort auf diesem weiten Feld zu treffen? Nina Utne beschrieb mit solcher Klarheit für mich die Umwandlung eines Stolpersteins in eine

Perle. Die Enge der Vorstellungen – wie was zu sein hat – verwandelte sich in eine Großzügigkeit.

Sharon Walker ist Malerin, Schamanin und Heilerin. Sie gehört zu meinem engsten spirituellen Kreis:

»Mein sechsjähriger Enkelsohn Bryce kommt jedes Wochenende während des Schuljahrs mit einem Chamäleon nach Hause. Es ist seine Aufgabe, bis zum nächsten Montag als ›Babysitter‹ für das Tier da zu sein. Ich habe deswegen häufiger Zeit, es zu beobachten, und da fiel mir auf, wie perfekt es sich an seine Umgebung anpasst: Mag es sein Käfig sein, ein Baum oder eine Zimmerpflanze.

Ich habe mich selbst oft dabei beobachtet, wie ich die verschiedensten Glaubensgedanken oder Philosophien anprobierte – wie man neue Kleidung anprobiert –, um zu sehen, ob sie zu mir passen. Kann ich diese Weisheiten der anderen auch wirklich gut tragen? Passen sie harmonisch zu mir? Stehen sie mir?

Vor Jahren reiste ich einmal nach Indien; und als ich zurückkam, hatte ich nicht nur einen Akzent, sondern auch zehn Saris bei mir. Wann immer ich einen Sari trug, fühlte ich mich, als ob ich über einen See von Blumen gehen würde. Ich fühlte die Freude der indischen Frauen, ihren Glauben, ihre Harmonie. Und dann fiel es mir auf: Ich kann diesen Frieden auch ohne den Sari fühlen. Ich muss ihn nicht tragen. Ich bin keine Inderin, ich bin einfach kein Hindu. Ich bin ich.

Als ich anfing, mich mit der indianischen Kultur zu beschäftigen, und an vielen Zeremonien teilnahm, hatte ich wieder in kürzester Zeit einiges angesammelt: Schildkröten-Rasseln, Federn, Steine, Sweetgrass, Salbei, Tabak, Medizinbeutel, Frie-

denspfeifen und so weiter. Je nachdem, mit welcher Gruppe ich unterwegs war, schnappte ich auch hier sofort deren Sprachrhythmus oder Akzent auf. Wieder passierte mir das Gleiche.

Nach einer Weile erkannte ich: Ich bin in diesem Leben keine Indianerin, ich bin ich! Ich habe zwar immer noch die Federn, die Steine, den Salbei, das Sweetgrass und alles andere, aber ich habe meine eigene Musik darübergelegt, nicht die Musik eines anderen.

Sabrina und ich sind uns da sehr ähnlich. Wie ich passt sie sich mal wieder wie ein Chamäleon ihrer Umgebung an oder probiert – wie man beim Einkaufen ein Kleid anprobiert – eine Weisheit aus, um zu sehen, ob sie zu ihr passt. Wir schmeißen uns jedes Mal so vollkommen in eine neue Idee, einen neuen Gedanken. Uns hält nichts zurück, wir tauchen vollkommen ein, um dann, nach einer Weile, wieder zurück ins Zentrum zu kommen und wieder wir selbst zu sein.

Was während all dieser ›Chamäleon-Erfahrungen‹ passiert, ist, dass wir mehr und mehr verstehen, wer wir sind. Wir Menschen sind stets auf unserem spirituellen Weg, und dieser Weg hat viele Seitenpfade, die uns Abenteuer versprechen. Doch alle diese Seitenpfade bringen uns immer wieder zurück auf die Hauptstraße. Das sind keine Umwege, die wir da ausprobieren, sondern wichtige Erfahrungen, damit wir unser eigenes höchstpersönliches Gleichgewicht und Harmonie mit unserer eigenen Göttlichkeit finden. Wir werden keine spirituellen Menschen, wir waren es schon immer. Wir sind bereits so hier angekommen.«

Sharon ist eine wunderbare Frau. Ihre Perle war die Erkenntnis, sich von allem das zu nehmen, was zu ihr passt, und den Rest zurückzulassen.

Samantha Khury ist Animal Communicator und ebenfalls eine meiner engsten Seelenschwestern. Sie lehrt weltweit, wie Tiere mit Menschen kommunizieren. Sie ist verheiratet, hat vier erwachsene Kinder und lebt in Los Angeles:

»Ich war zwanzig Jahre alt, als ich mit meinem Meditations-training begann. Ich hatte zwei unterschiedliche Ziele für meine Meditationen: Einmal brachten sie mir ein Gefühl des Einseins mit Gott, dessen Rat ich suchte und dessen Präsenz mich immer mit wundervollen Einsichten erfüllt hat. Wenn ich mich mit Gott verbunden fühlte, dann half mir das beim Aufbau meiner Intuition, und ich fühlte immer einen tiefen Frieden in mir. Das zweite Ziel war das Fokussieren auf meine Unzulänglichkeiten: Ich wollte Selbstzweifel loswerden, Schmerzen aus meiner Kind-heit und diverse selbstzerstörerische Verhaltensweisen, die mich von meiner Erleuchtung abhielten. Ich verbrachte viel Zeit da-mit, tief in mich zu gehen, und verarbeitete verschiedene Dinge, damit ich mich von alten Glaubensbekenntnissen heilen und trennen konnte.

Ich hatte zu diesem Zeitpunkt sehr viel Stress in meinem Leben. Ich kümmerte mich um meine vier Kinder, fünf Hunde und fünf Katzen, eine Kuh, einen Hasen, einen Hamster, meinen Schwiegervater und meinen Ehemann. Wie Sie sich vielleicht gut vorstellen können, konnte ich es kaum erwarten, in der Stille meiner Meditationen zu sein. Obwohl ich ein relativ normales Leben als Mutter und Künstlerin führte [Samantha war damals Porträtmalerin], *wollte ich doch wissen, warum ich hier auf dieser Erde war und was ich brauchte, um mein Gehirn zu hei-len und all die Gefühle von Wertlosigkeit zu überwinden, die ich seit frühester Kindheit mit mir herumschleppte.*

Ich konnte damals weder richtig lesen noch schreiben, geschweige denn rechnen. Dinge, die alle anderen Kinder in meinem Alter recht mühelos erledigten. Jede Nacht lag ich in meinem kleinen Bett und betete: ›Lieber Gott, bitte gib mir ein Gehirn, das funktioniert!‹ Mein Herz sehnte sich nach Akzeptanz, und ich wünschte mir immer, dass ich wenigstens etwas richtig machen konnte.

Ich hatte enorme Schwierigkeiten beim Denken, beim Behalten von Informationen und konnte mich kaum konzentrieren. Diese Tatsache frustrierte mich ungemein, und mein Selbstbewusstsein mochte sich deswegen nicht richtig formen. Daher fühlte ich mich besonders zu diesen Meditationen hingezogen, die die Vergangenheit und den damaligen emotionalen und physischen Stress entfernen sollten.

Jede Woche, über siebzehn Jahre lang, erhielt ich in meinen Meditationen neue Ideen und Gedanken, wie ich die gerade aufkeimenden Emotionen verarbeiten konnte. Ich nannte sie ›meine Energie-Werkzeuge‹. Das waren manchmal bestimmte Farben und Lichter, die ich durch meinen Körper schickte – jede dafür verantwortlich, eine Emotion wie Angst, Schmerz, Traurigkeit und Wertlosigkeit zu entfernen. Es machte mir Spaß, die bewegenden Lichter in mir zu fühlen. Mir war nicht klar, wie viel Zeit ich damit verbrachte, durch meine alten Emotionen zu gehen, Jahr für Jahr. Es wurde ein nicht enden wollender Kreislauf. Ein Teil von mir wünschte sich sehr, das zu ändern, aber ich wusste nicht, wie.

Eines Morgens wachte ich auf, und ich fühlte mich sehr unwohl, hatte aber keine Ahnung, warum. Ich fühlte eine Schwere auf mir liegen, die meine Schultern nach unten drückte, als ob ich einen Riesenstein an einer Halskette trüge. Mein Verstand war wie vernebelt, und mein Herz tat mir weh. Ich zögerte meine morgendliche Meditation hinaus. Mir war nicht klar, weshalb ich so zauderte. Es dauerte über eine Stunde, bis ich endlich in dem Stadium der Meditation war, das mir so vertraut ist. Ich hatte Meditationsmusik im Hintergrund laufen, und sie half mir, in einen regelmäßigen Atem zu sinken, und nach fünf weiteren tiefen Atemzügen wurde auch mein Verstand still. Meine Schultern entspannten sich, und die Schwere verschwand.

Als mein Körper ruhig wurde, hörte ich die weiche, stille Stimme in meinem Kopf, die mir sagte: ›Samantha, betrachte genau, was du da machst. Du kannst noch siebzehn Jahre damit verbringen, deine vergangenen Emotionen zu verarbeiten.‹

Ich fragte: ›Was meinst du damit?‹

Diese weiche, stille Stimme ließ mein Herz vibrieren, und da gab es ein seltsames Geräusch in mir, das sich so anhörte, wie wenn man eine lange Bahn Stoff zerreißt. Mit diesem Geräusch schien auch mein Gehirn auseinanderzureißen. Ich sah vor meinem inneren Auge eine Leinwand. Auf dieser Leinwand war so etwas Ähnliches wie ein Fußballfeld. Nun, ich interessiere mich nicht besonders für Sport, und so war ich doch sehr überrascht, dass ich plötzlich diese Imagination hatte. Die Stimme kam wieder, und sie sagte mir, dass ich nicht harmonisch lebte. Ich brauchte dringend mehr Gleichgewicht.

Als ich auf das Fußballfeld schaute, zeigte mir meine Seele die Spieler. Das weiße Team hatte drei Spieler, die hell leuchteten, auf der einen Seite des Feldes. Das andere Team trug dunkle Kleidung und war mit einer Aura von Traurigkeit umgeben.

Die Stimme sprach wieder, gerade als ich diese immense Traurigkeit und Schuld in mir fühlte, und ich bekam Schluckbeschwerden. *Die Tränen waren nahe daran, aus meinen Augenwinkeln herauszulaufen. Ich hatte das Gefühl, als ob ich in mir gerade ein Erdbeben erlebte und dass dies notwendig sei, damit ich endlich andere Wege gehe.*

Ich fühlte die Weisheit, als ich sie hörte: ›Samantha, siehst du, wohin du deine Energie und worauf du deinen Fokus gelegt hast? Die dunklen Spieler repräsentieren all deine vergangenen Traumata, deine Ängste, deine Wut und dein Gefühl der Unzulänglichkeit. Schau, du hast Hunderte von schweren, dunklen Gestalten auf der einen Seite deines Spielfeldes.‹

Ich fing an zu weinen. Ich fühlte mich so unglaublich schuldig, und ich umarmte mich selbst fest, umschlang mich mit beiden Armen und begann, mich hin und her zu wiegen. Danach griff ich mir ein Taschentuch, trocknete meine Tränen; und nach einem unglaublich tiefen Seufzer fühlte ich mich irgendwie befreit. Meine Aufmerksamkeit wurde wieder auf die beiden unterschiedlichen Seiten meines Spielfelds gelenkt.

Die Stimme in mir sprach weiter: ›Du konzentrierst dich mehr auf das, was nicht im Gleichgewicht ist in deinem Leben, als auf das Licht, das du wirklich bist. Siehst du die drei hell strahlenden Spieler auf deinem Feld?‹

›Ja‹, antwortete ich.

Eine liebevolle Stärke kam von der Stimme, als sie sagte: ›Diese repräsentieren die Akzeptanz deiner selbst. Der Rest zeigt dir das, was du nicht mehr bist. Konzentriere dich auf das, was du jetzt bist.‹

Die Stimme erklärte weiter: ›Wir wissen, was du glaubst: Du glaubst, wenn du alles wegnimmst, was du nicht bist, dann wird das, was du bist, übrig bleiben: ein erleuchtetes Lebewesen, das du sein möchtest. Wir kennen deinen Wunsch, im Dienste Got-

tes zu stehen. Doch dies bedeutet nicht, dass du darunter leiden sollst. Du bist schon das Licht, das du sein möchtest.‹

Ich war Mitte dreißig, als ich dieses lebensverändernde Erlebnis hatte. Ich bin nun über sechzig Jahre alt; und wenn ich zurückschaue mit dem Wissen, das ich jetzt habe, dann hätte ich mich mehr darauf konzentrieren sollen, was ich bin: Gedanke, Liebe, Licht. Ich wünschte mir, ich hätte eine engere, tiefere Verbindung zu meinem Körper aufgebaut. Ich wünschte, ich hätte mich mehr daran gefreut, am Leben zu sein. In Körperform zu sein. Ich wünschte mir, ich hätte mich mehr bewegt und mehr Spaß gehabt. Hätte mir erlaubt, zu spielen. Wissend, dass ich das Licht bin, das ich suche. Jetzt, wo ich weiß, was ich bin, wünsche ich mir, ich hätte das schon früher gewusst: Damit wäre mein Leben bestimmt mit mehr Lachen erfüllt worden, mit mehr Freude, mehr Lebenslust, mehr Kreativität und mehr Liebe. Es beginnt alles damit, sich selbst zu lieben. Sich selbst zu akzeptieren.«

Wenn Sie Samantha jemals treffen sollten, dann wird Ihnen auffallen, wie herzlich und warm sie ist. In ihrer Nähe fühlt man sich unglaublich geborgen. Ihre vielen Jahre des ernsthaften spirituellen Studiums haben ihr eine Weichheit gegeben, die selten zu finden ist. Wenn sie darüber spricht, das Leben leichter zu nehmen, hat dies für mich etwas unglaublich Beruhigendes. So ist ihre Perle auch meine geworden.

Ich bin für alle meine engen Freunde – spirituell aktiv oder nicht – unendlich dankbar. Sechs Freundinnen nenne ich meine Seelenschwestern. Wir versuchen uns mindestens einmal im Jahr zu treffen und gemeinsam zu verreisen. 2003 fuhren wir für eine Woche nach Italien in den Urlaub. An einem dieser Tage flog ich nach Frankfurt, um einer Beerdigung beizuwohnen. Im Haus von Freunden, einer großen, sehr engen und lebhaften Familie, hielt ich mich über den Nachmittag hinweg auf. Stunden später fühlte ich mich plötzlich fremd. Ein seltsames Gefühl der Schwere und Depression überkam mich, und ich wollte am liebsten verschwinden. Ich wusste nicht, was genau geschah, aber ich wusste, dass irgendetwas passiert ist, was nicht von mir ausgelöst worden war.

Ich ging nach draußen, um einen kurzen Spaziergang zu machen. Kaum hatte ich die Haustür hinter mir zugezogen, fühlte ich den dringenden Wunsch, mir ein Taxi zu nehmen und wegzufahren. Was war bloß los mit mir?

Ich lehnte mich an einen Baum und betete. Ein Bild kam hoch: Ich sah einen Schwamm. Ich verstand sofort, was das bedeutete. Ich war in die Familie hineingekommen und habe sofort vieles aufgesogen, was an Trauer und Schmerz vorhanden war. Und nun war ich voll. Deshalb dieses seltsame Gefühl. Ich wusste, dass ich Hilfe brauchte.

Also zog ich mein Handy heraus und rief meine Freundinnen in Italien an. Ich bat sie um Unterstützung. Ob sie sich bitte jetzt gleich zu einer gemeinsamen Meditation hinsetzen und mir helfen könnten, meinen Schwamm wieder auszudrücken.

Sie versprachen das.

Innerhalb der nächsten zehn Minuten fühlte ich, wie es mir leichter wurde. Es war eines meiner erstaunlichsten Erlebnisse. Natürlich wusste ich um die Kraft der Gebete, aber es ist trotzdem immer wieder schön, wenn man es auch erleben darf.

Kurze Zeit später ging ich zurück zu meinen Freunden. Ich war wieder ich. Nicht ohne vorher meinen Schwamm vor der Haustür abzulegen.

Der Stolperstein der Einsamkeit, des seltsamen Gefühls, wurde dieses Mal rasch umgewandelt. Die Reinheit der Perle zeigte sich durch die Hilfe meiner Seelenschwestern sehr schnell. Meine Intuition half mir, klarer zu verstehen, was hier passiert ist und wie ich es verändern kann. Und so geht es uns allen. Das ist ja das Wunderbare an diesem spirituellen Weg, dass er uns im Leben hilft.

Also, was habe ich gelernt, was behalten? Meine täglichen Gebete sind mir wichtig. Meine Meditationen auch. Doch ich bin nicht mehr so streng mit mir. Ich gehe ein bisschen großzügiger mit mir um. Ich wollte plötzlich nicht mehr »alles wissen«, da geht es mir genauso wie Polly. Irgendwie hatte ich die Antworten auf die Fragen gefunden, die ich während meiner spirituellen Suche stellte. Ich habe für mich herausgefunden, warum ich lebe (um Erfahrungen zu sammeln). Meine Fragen nach Gott, den Engeln, dem spirituellen Leben, den Gebeten, dem Zusammenhang zwischen Körper und Seele, all das habe ich für mich beantwortet bekommen. Natürlich gibt es noch Tausende von anderen Fragen, aber plötzlich fielen mir keine mehr ein. Oder, besser gesagt, alles Weitere war zu abstrakt, als dass es mich wirklich emotional interessiert hätte. Was nun wirklich genau am Ende dieses Lebens passiert, das werde ich schon noch rechtzeitig erfahren – wenn ich selbst wieder mal gehe. Darüber muss ich mir zurzeit keine weiteren Gedanken mehr machen, den Rest finde ich dann bei Gelegenheit schon heraus. Jetzt bin ich erst einmal hier.

Wenn ich meine Freunde, die schon lange auf dem spirituellen Weg sind, gefragt habe, was ihre Perle war, dann wiederholt sich immer wieder eine Aussage: »Das Leben leichter zu nehmen.« Sunny, deren Mann an Krebs starb, formulierte es so: »es zu erlauben«. Sie sagte: »Ich habe durch meine Herausforderung gelernt, dass im Universum alles in perfekter Ordnung ist. Diese Stolpersteine liegen genau da, wo sie hingehören. Wenn ich sie auf meinem Weg finde, dann versuche ich jetzt nicht mehr, sie herumzuschieben. Ich akzeptiere, dass sie da sind, erlaube ihnen, da zu sein, und schaue sie mir genau an. Und wenn ich wirklich genau hinschaue, dann fällt mir immer wieder auf, wie schön sie sind. Für mich sind sie wirklich wie Perlen und von größtem Wert auf meinem Weg. Wenn sie klein sind, gehe ich auf ihnen, sind sie größer, gehe ich um sie herum; und wenn sie so groß sind, dass sie meinen ganzen Weg blockieren, dann erlaube ich mir, so lange geduldig zu warten, bis die Lösung kommt. Da finde ich vielleicht eine neue Straße, die plötzlich auftaucht. Oder dieser Riesenstein verschwindet, weil er nur eine Illusion meiner Angst ist. Ich muss »es« nicht mehr »machen« ... ich muss es »nur erlauben«.

Mir fällt gelegentlich auf, dass ich Weisheiten und Lehren vergesse, die ich schon verinnerlicht zu haben dachte. Das irritiert mich jedes Mal, und ich muss mich dann immer wieder daran erinnern, was ich denn eigentlich weiß. Vor kurzem ertappte ich mich mal wieder dabei, dass ich über Tage in meinen Gedanken zu achtzig Prozent in den Angelegenheiten von drei engen lieben Menschen war. Alle drei gehen durch anstrengende Phasen, und ich ging mit. Natürlich weiß ich, dass ich gelegentlich einen Vorschlag machen kann – wenn ich denn gefragt werde –, aber der Zeitaufwand, der sich da in meinem Hirn abspielte, stand in keinem Vergleich dazu. Schließlich ist es ihr Leben und nicht meins.

Ich meditierte darüber, um Klarheit zu bekommen. In meiner Meditation zeigte sich folgendes Bild: Ich sah ein eingraviertes Metallstück, auf dem die verschiedenen wichtigsten Weisheiten in Stichworten draufstanden und das neben meinem Bett stand. Jeder von uns hat seine eigenen Weisheiten, die gelegentlich vergessen werden. Das sind meine:

Meine Perlen
Habe ich mich schon bedankt?
Bin ich im Jetzt?
Bin ich in meinen Angelegenheiten?
Wann ist meine Zeit der Stille?
Erinnere dich: Wachstum entsteht durch Widerstand.
Erlaube es und lasse los.
Lache, singe, tanze.

Ich habe akzeptiert, dass ich Mensch bin. Und damit bestimmte menschliche Erfahrungen sammle und bestimmte menschliche Gefühle habe. Und die will ich nicht mehr loswerden. Ich habe erkannt, dass diese Gefühle richtig sind und mir wie bei einem Thermometer mein Wohlbefinden anzeigen. Eben wie Sunny so wunderbar beschrieb: »es zu erlauben«. Und ich will mir Gefühle nicht mehr ausreden oder versuchen, sie wegzumeditieren. Ich bin gelegentlich sogar in der Lage, sie als spannend zu empfinden.

Ich weiß, was es bedeutet, Verantwortung zu übernehmen.

Ich weiß, was es bedeutet, sich um andere zu kümmern. Ich weiß, was es bedeutet, diszipliniert, mutig und mit einer konzentrierten Zielstrebigkeit neu zu beginnen.

Doch das ist nicht das ganze Leben. Ich fange gerade an, zu ahnen, was Hingabe bedeutet. Was Loslassen bedeutet. Ich möchte mehr lachen und aus tiefstem Herzen fröhlich sein. Meine Tochter ist mittlerweile neunzehn Jahre alt, und ich versuche immer noch, sie ihr eigenes Leben leben zu lassen und mich nicht dauernd einzumischen. Und ich merke, dass ich meinem Geburtstagswunsch vor fünf Jahren – nach mehr Innigkeit – nähergekommen bin. Ich fange an, mir wirklich Zeit zu nehmen für die Menschen, die mir nahestehen. Ich möchte jetzt einfach »leben lernen«. Ich glaube, da bin ich noch nicht gut drin.

Und dieses Mal, nur dieses eine Mal, setze ich mich nicht unter Druck. Es gibt kein Ziel, das ich zu erreichen habe. Und wenn ich es in diesem Leben nicht schaffe, dann halt im nächsten.

Wozu sonst ist die Ewigkeit gut?

Danke

Einige Familienmitglieder, Freunde und Bekannte haben an diesem Buch mitgewirkt, und dafür möchte ich mich ganz herzlich bedanken. Nicht nur, dass sie mir ihre Zeit gegeben und dabei ihr Herz und ihre Erkenntnisse für uns alle aufgemacht haben, sie mussten auch wochenlang E-Mails und Telefonanrufe von mir ertragen, in denen ich sie immer wieder nervte, bis ich endlich die versprochenen Erlebnisse hatte:

»Meine Lieben, es ist mir nicht möglich, in Worten auszudrücken, was für eine große Freude es mir macht, euch in meinem Leben zu haben. Danke, danke für eure Nähe, euren Beistand, euren Humor und eure Großzügigkeit. Thank you all for being a part of my life. I could not do it without you. I love you forever.«

Für Julia, meine großartige Tochter:

»Ich danke dem lieben Gott jeden Tag dafür, dass ich dich als Tochter haben darf. Ich hoffe sehr, dass du als Erwachsene nicht jahrelange Therapien brauchst, um über deine seltsame Mutter hinwegzukommen. Ich liebe dich in alle Ewigkeit!«

Ich bedanke mich bei Goso Kageneck, dem Mann, den ich liebe – für alles, was ihn ausmacht; und das ist viel –:

»Ich weiß, du dankst dem Himmel dafür, dass wir uns erst jetzt wiederentdeckt haben, nachdem das ›Schlimmste‹ schon vorbei ist. Versprechen kann ich allerdings nichts. Ich danke dir, dass du dein Herz und deine Arme für mich geöffnet hast, und dafür, dass du mich liebst.«

Für Richard:

»Thank you for staying in my life. I couldn't have wished for a better friend.«

Ich bedanke mich bei meinem Verleger Gerhard Riemann:

»Danke, Gerhard, wie immer für deinen Rat und deine Ideen an unserem mittlerweile vierten Buch, das wir zusammen machen.«

Bei meinem Lektor Ralf Lay:

»Neben dem Dank noch eine große Entschuldigung für meine fürchterlichen englisch-deutschen grammatikalischen Verrenkungen, die dir bestimmt noch mal extra viel Arbeit gemacht haben. Und nochmals danke für die Überarbeitung, die dann doch sehr viel mehr Arbeit war.«

Und bei Werner Lord, Lektor bei Goldmann:

»Lieber Werner, danke, dass du dich wie immer um das ganze ›Drumherum‹ kümmerst, das so viel Arbeit, Überblick und Zeit verlangt. Es ist beruhigend, zu wissen, dass du die Geburt des Buches so wundervoll betreust.«

Ich bedanke mich für die unendliche Liebe, die ich von meinen Engeln und von meinen Lehrern Jesus, Zarathustra, Solano und Theo fühlen darf.

Ich danke Gott, der mein Vater und meine Mutter ist, auf Knien für die Gnade, leben zu dürfen.

Und ich bedanke mich bei Ihnen – für Ihre Zeit und Ihre Geduld. Möge dieses Buch nützlich sein.

Anhang

Bei zweien meiner Lehrer möchte ich mich besonders bedanken. Da es sich um erfolgreiche Autoren handelt, will ich sie hier kurz vorstellen:

Byron Katie*

Ich habe viel von Byron Katies System gelernt. Sie schlug vor, dass jede Aussage, die man macht, durch vier Fragen und eine Umkehrung überprüft werden sollte. Man soll den anderen beurteilen (was man ja im spirituellen Training normalerweise unbedingt zu vermeiden versucht), um an die Wahrheit zu kommen. Beispiel: »Mein Vater nervt mich immer.«

Erste Frage: »Ist es wirklich wahr?«

Antwort: »Ja, du kennst meinen Vater nicht! Er nervt dauernd.«

Zweite Frage: »Kannst du wirklich wissen, ob das wahr ist?«

Antwort: »Nun ja, natürlich gibt es da Momente, in denen er mich nicht nervt. Aber die meiste Zeit schon! Er will immer – na ja, meistens! – recht haben und gibt mir dauernd Ratschläge.«

---

* www.thework.com.

Dritte Frage: »Wie fühlst du dich, wenn du diesen Gedanken denkst?«

Antwort: »Ich fühle mich unwohl, wenn ich in seiner Nähe bin, da ich ja immer nur darauf warte, dass er mir wieder einen Ratschlag gibt.«

Vierte Frage: »Wer wärest du ohne diesen Gedanken?«

Antwort: »Ich wäre wahrscheinlich ruhiger und würde mich nicht so schnell aufregen, wenn ich nicht dächte, dass er mich immer nervt. Vielleicht könnte ich sogar sehen, dass er sich nur Sorgen um mich macht, oder vielleicht ist es ja seine Art, Liebe auszudrücken.«

Am Schluss kommt die *Umkehrung* des Satzes »Mein Vater nervt mich«.

Antwort: »Mein Vater nervt mich – ich nerve meinen Vater. Wahrscheinlich stimmt das sogar. Es wird wohl nicht so einfach sein, wenn sich der eigene Nachwuchs gar nicht für den Rat interessiert.«

Katie erklärt unter anderem, dass es drei Angelegenheiten im Universum gibt: meine, deine und Gottes Angelegenheiten. Meine Angelegenheiten sind klar, »deine« Angelegenheiten auch. Mit Gottes Angelegenheiten meint sie zum Beispiel, »wer leben oder sterben wird, wie das Wetter ist, wie die Welt im Allgemeinen dasteht« und so weiter. Und wenn ich mich in deinen oder in Gottes Angelegenheiten befinde, dann bin ich nicht in meinen eigenen.

Ich weiß noch gut, dass ich fast jedem Kommentar aus dem Weg ging. Der Sinn war es natürlich, immer in den »eigenen« Angelegenheiten zu bleiben. Was in einem Gespräch freilich so gut wie unmöglich ist. Ich weigerte mich damals, irgendwelche Ansichten preiszugeben, und stellte stattdessen immer nur die berühmten vier Fragen als Antwort. Fast jeder Satz, den ich von meinem Gegenüber hörte, wurde in dieses Muster gedrängt; und so fragte ich mich täglich hundertmal: »Ist das meine Angelegenheit?« Meistens war es das nicht. Und so vermied ich jeden Rat, jeden Kommentar, jeden Witz. Was mir bis dato nie passiert war, geschah: Ich wusste nicht, worüber ich nachdenken sollte. Ich hatte lange Phasen, in denen ich Dinge einfach nur beobachtete, weil sie nicht »zu meinen Angelegenheiten gehörten«.

Ich erinnere mich noch, wie erstaunt ich war, dass einige meiner Freunde für das System so wenig Begeisterung zeigten. Ich war fasziniert von diesem »Immer wieder überprüfen« und »Warum ich was denke«. Byron Katies Methode hat mir sehr geholfen, und ich benutze sie auch heute noch gelegentlich. Zur Freude meiner Mitmenschen nicht mehr mit der Intensität wie am Anfang.

Eckhart Tolle*

Ein anderer Lehrer, der mich sehr beeindruckt hat, ist Eckhart Tolle. Als sein Buch *Jetzt!*** herauskam, war ich gerade selbst auf Buchtour, und hatte so die wundervolle Gelegenheit, sein Werk jedem zu empfehlen, der zu mir kam. Obwohl ich es weiß Gott noch nicht zu irgendeiner Art Meisterschaft im »Jetzt«-Leben gebracht habe, so unterstützen mich Eckhart Tolles Bücher regelmäßig. Von ihm habe ich

---

* www.eckharttolle.com.
** Eckhart Tolle: Jetzt! Die Kraft der Gegenwart, Kamphausen 2000 (Originaltitel: The Power of Now).

gelernt, Gefühle, die ich habe, wirklich zu haben. Hineinzu-schauen in meinen Körper, wo die Gefühle denn sind, statt sie loswerden zu wollen. Praktisch sieht das so aus, dass wir uns, wenn wir einen Schmerz im Herzen fühlen, darauf konzentrieren und uns selbst fragen, wie sich denn dieser Schmerz anfühlt. Ist er heiß, ist er scharf, ist er weit, pulsie-rend, starr? Je mehr wir uns darauf konzentrieren – auf Ge-fühle wie Angst, Schmerz und so weiter –, desto weicher wird dieses Gefühl, bis es dann erstaunlicherweise ganz verschwin-det. Danke, Eckhart Tolle!

Informationen von und über Sabrina Fox finden Sie unter
www.SabrinaFox.com

Bücher von Sabrina Fox
Wie Engel uns lieben, Droemer Knaur Verlag
Der klitzekleine Engel, Aquamarin Verlag
Die Sehnsucht unserer Seele, Goldmann Verlag
Auf der Suche nach Wahrheit, Goldmann Verlag
Mrs. Fox will wieder heim, Droemer Knaur Verlag
Von Engeln begleitet, Droemer Knaur Verlag
Über die Heilung von Krisen, Droemer Knaur Verlag

Meditationen und Musik
Zum Herunterladen: www.SabrinaFox.com

Engelkarten
»Von Engeln begleitet«, Box mit 89 Karten, Anleitungsbuch
und Seidentuch, Droemer Knaur Verlag

Engelskulpturen
www.SabrinaFox.com
oder
Alabaster Licht und Erde
www.Alabaster-World.de
Telefon +49 911 9469933